上海大亨

杜月笙

杜月笙秘書 胡敍五｜著／蔡登山｜編

授權及聲明書

茲有《杜月笙別傳》經本人審閱確為先嚴秘書胡敍五之著作，今將重印特提供先嚴珍貴照片數十幅，以光其書。

杜美霞

二〇一三年二月四日

杜月笙
DILAY STUDIO

杜月笙

杜月笙與孟小冬
香港結婚照

六十大壽壽堂，
蔣中正贈的匾額

六十大壽賑災活動

杜月笙六十大壽接受賀禮

賑災募款餐會

粉墨登場飾黃天霸

杜月笙坐在臺下聽戲

杜月笙在臺下看孟小冬《搜孤救孤》

在上海開會

在上海開會

孟小冬剛到臺灣的歡迎會，中間站著的是陸京士

孟小冬與章遏雲盛裝出席家族聚餐

杜美娟與孟小冬

序

一本被輕忽的重要傳記
——寫在《杜月笙傳》之前

蔡登山

杜月笙（一八八八至一九五一），名鏞，號月笙，與黃金榮、張嘯林並稱「上海三大亨」，是中國近代史上一個最富傳奇性的人物。不僅於他以一個來自鄉下的十五歲孤兒，單槍匹馬闖入上海灘，由一個三餐不繼的小混混，在小東門外十六鋪水果行當一個小學徒，中年以後卻搖身一變成為了威震上海灘的大亨；還在於他發跡之後的所作所為，儼然已由青幫白相人「脫胎換骨」，成為了現代實業家、社會名流與地方領袖，成為相當活躍的政治風雲人物。

杜月笙長袖善舞，對前清遺老、軍閥政客、黨國高層、社會名流，乃至金融工商鉅子，無不執禮甚恭，看他恂恂如也，鞠躬如也的周旋於達官顯宦群裡，揖讓於耆老縉紳中間，傾力結交，甚至結拜為把兄弟，或收為門生弟子，給予經濟支援，或月奉規銀，養為食客。而蔣氏高層如孔詳熙、宋子文、戴笠等，無不結為杜氏豪門密友。有這樣一張足以操縱政界、工商金融界的關係網，有法租界做靠山，杜月笙在上海灘可謂左右逢源、縱橫捭闔，一呼百諾，各方信服，萬姓輸誠，終成為一代人豪。

劉紹唐在談到《杜月笙傳》時說：「杜氏自稱『樸實無文』，因為他出身寒微而未受教育，終其一生沒有信函日記等材料遺留下來。中年以後，雖顯赫一時，對民國政治及政治人物有極重要的影響，也主持過許多大企業，但正式史料記載則絕無僅有。推其原因一方面由於杜氏具有謙沖的美德，許多事情由他出面解決，他卻不願別人在事後提起；另一方面，若干人士受杜氏之惠以後，往往有一種極微妙的心理，即在事後多不願、或不敢甚至不屑把杜某人的關係坦白地說出來。在這種『口說為憑』的情形之下寫傳記，最容易也最困難。容易者可以說『死無對證』；困難者眾說紛紜，各是其是，取捨為艱。」劉紹唐在出版這部由章君穀詳細採錄杜月笙身邊門人、親屬、好友等口述的杜月笙生平行跡，而擴展和演繹的《杜月笙傳》時，都已經有如此的感慨了，何況其餘呢？

因此坊間雖出版了大量的杜月笙傳記，或傳奇，它們都犯了一個嚴重的弊病，那就是游談之雄，好為捕風捉影之說，故事隨意出入，資其裝點。更有甚者，更以「遺聞」、「佚事」、「揭秘」為名，大肆謾罵、譏詆，遂行其某種政治目的。而其內容往往只是拾綴陳言，輾轉傳述，甚至以訛傳訛，離所謂歷史真相，真不可以道里計。

「傳記」雖然不全等於「歷史」，但它多少必須忠實於「歷史」。如果「傳記」不忠實於

「歷史」，那不是「傳記」，而是「小說」而已。因此史學大師孟森（心史）說：「凡作小說，劈空結撰可也，倒亂史事，殊傷道德。即或比附史事，加以色澤，或並穿插其間，世間亦自有此一體。然不應將無作有，以流言掩實事，止可以其事本屬離奇，而用文筆加甚之；不得節外生枝，純用指鹿為馬方法，對歷史上肆無忌憚，毀記載之信用。事關公德，不可不辯也。」

而當今之所謂《杜月笙傳》者，可說都是後來者誇誇其談的，甚至都沒有人親見過杜月笙本人。即令名記者徐鑄成寫的《杜月笙正傳》，作者與杜氏也僅有一面之緣，其中的可信度有多少？實在令人懷疑。等而下之的寫杜月笙者，更令人不忍卒讀。但這其中有本一直被人輕忽的《杜月笙外傳》，是反而更有史料價值的。《杜月笙外傳》原刊登於香港《春秋》雜誌，登了好長一段時間，後來出了單行本，作者署名「拾遺」，採「拾遺補闕」之意。他甚至在一開頭就故意與杜月笙劃清，不讓人有任何的聯想。後來我從金雄白的文章得知「拾遺」就是胡敍五的筆名，他正是杜月笙的中文秘書之一。杜月笙因不通文墨，後來很相信捏筆桿兒的人，為了做好文字工作，他請了翁佐卿（左青）、邱訪陌、王幼棠、胡敍五，四個人當秘書。其中翁佐卿是張嘯林的門生，由張介紹給杜的；邱訪陌，由陳群介紹的；王幼棠（曾任淞滬員警廳秘書）由劉春圃介紹的；胡敍五由黃炎培介紹（曾在上海地方協會任秘書）。而其中以胡敍五先生做的時間最久，胡敍五甚至一直跟隨杜月笙到香港。這事我也求證於杜月笙的女兒杜美霞女士。

金雄白說：「我一向認為寫像杜月笙這樣的一個人，自然不失為極佳題材，但任何人有他的長處，也會有他的缺點，更何況於他。所以為杜氏立傳，褒貶之處，下筆頗難得當，而敍五以與他多年賓主之情，知道得多而翔實，評論得生動而中肯，文字的優美，反成餘事。」幾年前，我在上海見到杜月笙好友楊管北的兒子楊麟，他的書架上也有本《杜月笙外傳》，我問他對此書的看法如何？他說真實，尤其寫他父親的那段，真是親歷其境。

胡敘五因長期跟隨杜月笙，因此該書有極高的真實性，例如有關「高陶事件」，書中說：「月笙看過字條，深悉寄老（案：徐寄廎）為人，十分謹慎，如非千真萬確，落筆不致如此堅定。認為事不宜遲，利在速洽。即於翌晚飛往重慶，一面囑采丞留港稍候。其時蔣委員長適有桂林之行，原擬小駐，聞此密報，一宿還渝。召見月笙，前席專對。即囑月笙從速返港秘密進行。月笙返港後，又著采丞從速返滬。纔逾十天，溯老（案：黃溯初）蒞港。當將宗武（高宗武）去日經過、密約要點，逐一和月笙細說，並製成筆錄，俾月笙不致遺忘，得向當局詳陳。於是月笙在同一月內又作第二次重慶之行。」據徐寄廎〈《敬鄉樓詩》跋〉回憶：「時杜月笙君在港，與溯初無素，余為介紹，一見如故，爰偕赴陪都，以某事言之於當路。」而據蔣介石一九三九年十二月十八日日記云：「下午與俄使談外交，與月笙談汪事。」是胡敘五的記載真實不虛。

一九五一年八月七日，杜月笙叫來胡敘五，說是要口述遺囑。時家人、好友均在室內，拭淚點頭。杜月笙這時已是兩頰凹陷，臉色白中透灰，說上幾句話就要大喘幾口氣。他緩緩說道：我已病入膏肓，行將離世，茲將所遺財產（包括現金、債券、不動產等），按具體分配方案，留給各位夫人及子女……各位繼承人要努力守成，艱苦創業，云云。杜月笙口述後，叫胡敘五重讀一遍，然後掙扎著簽上自己的名字「杜鏞」。老友錢新之、陸京士、顧嘉棠、吳開先、徐采丞五人，應杜之邀請，於遺囑上副署，監督以後遺囑的執行。八月十六日杜月笙病逝香江，一代人豪在此劃上句點。

胡敍五後來則孑身客寄香江，僅靠賣文為生。據金雄白說：「敍五狀貌如三家村學究，木訥又如一謙謙君子，對同文中稍有一得的人，即服膺勿替，說話帶有濃重的安徽土音，雖訥訥不出於口，但嫉惡如讎，極富正義感。他因曾為杜月笙佐筆政，過去時與俠林中人交遊，最難得的就是並未沾有此中習氣。敍五下筆輕盈，辭意茂博，如以貌取人，不信是出於其手。」一九七〇年他病逝香港，身邊沒有一個家屬，也沒有一個親戚，寥寥十餘朋友，為他在殯儀館草草辦妥了臨終大典，就送往火葬場安葬。

是《杜月笙外傳》其史學意識、其文筆、其閱歷，足可作史，不宜等閒以內幕、秘聞之屬視之。為此這次重排出版特將書名更名為《杜月笙傳》（因已有徐鑄成的《杜月笙正傳》在先），並恢復其本名「胡敍五」及職位「杜月笙的秘書」，還其本來面貌，亦希望讀者更能重視此書之價值，它遠較之坊間誇誇其談的「杜月笙傳奇」，還是高明太多了。

目次

序 一本被輕忽的重要傳記——寫在《杜月笙傳》之前／蔡登山 一五

第一部 杜月笙傳

第一章 論行藏開端抗戰 二五
第二章 明大義悄別申江 二六
第三章 門前依舊車馬喧 三四
第四章 地下展開龍虎鬥 四二
第五章 助反正高陶離滬 五一
第六章 籌餉饋川康運土 六〇
第七章 海外援僑舉私債 七一
第八章 寄閒情山城玩賭 八二
第九章 謀開發西北遠遊 九一
一〇一

第十章　運物資鴻溝無阻　一一一
第十一章　章士釗促請組黨　一一九
第十二章　李祖永勸買黃金　一三一
第十三章　奉密命策反東南　一四〇
第十四章　回上海變生肘腋　一五〇
第十五章　高喊打倒惡勢力　一五九
第十六章　頭銜仍是好風光　一六七
第十七章　家門有慶展排場　一七六
第十八章　師弟同心結恆社　一九〇
第十九章　風聲緊老病離鄉　二〇一
第二十章　朕兆凶飯碗落地　二一〇
第二十一章　因譫囈補談身世　二二〇
第二十二章　論恩怨略溯從頭　二三〇
第二十三章　生死都在中元節　二三九
第二十四章　邦國長存任俠名　二四八
附錄　二五八

第二部　側寫杜月笙

1 杜先生傳／錢永銘　二九一
2 我的父親杜月笙／杜維藩　二九二
3 過庭錄／杜維藩　二九六
4 杜月笙先生六十年江湖傳奇／金風　三〇二
5 說杜月笙先生／馬五　三〇七
6 抗戰時期的杜月笙／吳開先　三一九
7 杜月笙拒絕赴臺定居內幕／唐人　三三二
8 江湖奇人杜月笙／王覺源　三四五
9 杜月笙俠義天下聞／黃立懋　三五二

第三部　杜月笙移靈臺灣記錄

三七六
1 杜月笙先生遺囑　三九七
2 杜先生逝世記／陸京士　四〇〇
3 靈櫬移臺　四〇二
4 安厝經過　四一一
5 迎月笙先生靈櫬歸葬國土／陳定山　四一五
編後記／蔡登山　四二〇
四二三

第一部

杜月笙傳

胡敘五

第一章

論行藏開端抗戰

筆者按：杜月笙死已數十年。數其生平：由市井之輩竄躋到國際知名，由不名一文闊綽到揮金如土；三言兩語能使對方信服輸誠，一呼百諾而不覺其頤指氣使；所謂文豪名士，明知其胸無點墨，樂與交遊；若干達官顯宦，更因他豪爽過人，深相結納；平生似與政治無緣，而其潛力所及，也頗能鼓動風雲，影響局勢。

迨至一棺附身，百事都了。臺灣方面，曾以「節義聿昭」匾額作為褒揚；中共肯定他為「流氓頭子」之後，對於他在大陸的遺屬、遺產，仍按照一般看待，並無其他。身後是非，誰能管得；蓋棺定論，自在人心。退一萬步言，杜月笙個人的成功是無法加以否認的。

一、赤手空拳打出新天地

上海寧海路杜月笙住宅第一進大廳上，掛著饒漢祥（黎元洪總統的祕書長）撰贈的一副楹聯，黑底金字，髹漆生光。聯云：

春申門下三千客。

小杜城南尺五天。

這短短十四個字，雖不免飾美過情，推崇逾份。但就其半生過程而論，他於這類誇獎，似不須過分謙遜惶愧。所謂「春申門下三千客」，若按杜氏當年在上海的那種作風與氣概，較之戰國時代的春申君實有過之而無不及。至於「小杜城南尺五天」這句下聯，指的長安南郊的杜曲地方，為盛唐時期貴族住宅區，由於簪纓世胄，門第高華，才顯赫得去尺五的氣勢（如今西安南門外，仍有杜曲、韋曲，但早已淪為附廓之小村集了）。他們都是世族之家，席豐履厚，發揚蹈厲，原不足奇；而月笙的身世，草茅卑末，只是一個破落家庭的窮小子而已。他從小沒有受過教育，所接觸的多是橫眉怒目、挺胸露肚的市井；所體驗的只是小賭檯、燕子窠、花煙間的生活。打熬掙扎，純憑赤手空拳打開一片天地。社會上對於這樣人原不寄以深期厚望的，可是在他一朝發跡之後，居然氣度不凡，自成風格：論養士，雖夠不上珠履三千、孤寒八百，但「待臣而

舉火者」，卻是大有其人；論氣勢，雖夠不上「鄭楊段薛」，炙手可熱，但提到他的尊姓大名，

「閒話一句」，自令人另眼相看；論事業，雖夠不上焚券市義、奪符救趙，但在抗戰時期，以一平民地位，出錢、出力，也曾轟烈地幹過一場。

歷史是由人寫成的。歷史不會重演，人物哪有定型。把古人勘照今人，或把今人比擬古人，總嫌貌似神乖，不夠真實。月笙自有其時代背景與社會環境，更有其獨特的性格。由於他能夠掌握著自己的性格，利用和配合當時的背景和環境，所以他雖出身卑微，而踏入社會以後，成功之門，有開無闔，終於成為民國以來的一個怪傑！

中日之戰、拳匪之亂，在月笙童年裡相繼發生。昏庸腐朽的清廷，不斷地遭受挫折與失敗。自從上海有了租界後，其他不論，單就「治外法權」一項，就夠利用來培養一切罪惡，只要不危害到租界本身的安全和利益，眼開眼閉，貓鼠同眠，盡讓你暢所欲為，煙賭娼妓，猶其小焉者也。這個十里洋場，乃逐漸成為馬路英雄的溫床。月笙早歲以一孤兒，渡浦而西（杜氏為上海對岸之浦東人），自乏親朋故舊，提攜扶助。為了解決眼前三餐一宿，水流濕，火就燥，因而混跡其中，固屬於自然趨勢。可是開始做白相人，並不是一件易事。月笙在一段悠長的歲月裡，龍門要跳、狗洞要鑽，自然經歷了重重的風波險阻，才能毛羽日豐，門戶獨闢。終於在上海法租界裡，漸漸與黃金榮、張嘯林鼎立齊名，同掌著煙、賭兩業。及後，時勢推移，世情多變，張嘯林飲彈而亡，黃金榮侘傺以死；只有杜月笙一枝獨秀，屹立不倒，成為此輩中後無繼起的唯一人物。

二、三鼎甲變為一枝獨秀

如所周知，黃金榮、張嘯林對於月笙的歷程都有過影響力。尤其在月笙初出茅廬、華路藍縷之際，黃金榮確曾盡其培植扶持之雅。但由於彼此個性不同，能配合於一時，卻禁不起時代齒輪的推碾。所以黃、張、杜三人昇華到三峰挺立之後，處人處世，各異其趣，因而演成各自不同的結局。

黃金榮以當年上海法租界捕房總探長地位，赫奕一時。退休以後，年事漸高，世情看淡，手裡經營幾家戲館、劇場，生意不惡，日進紛紛，盡夠他優遊卒歲，頤養餘年，保持著「黃老太爺」的徽號。不料時代無情，巨流衝擊，終於使他由飄浮而沉溺了。張嘯林原是杭州人，來滬以後，易地生根，氣勢之盛，亦是一時無兩。怎奈生性傲慢，老氣橫秋，加之心徑狹仄，往往白眼向人。講出話來，無論什麼場合，「三字經」脫口而出，因而人們對他多抱著「敬而遠之」的心理。抗戰以後，忽在偽組織方面有所活動，給他的隨身保鏢林懷部一槍斃命。

而月笙在種種比較下，其行徑則迥然不同：他未必篤於疏財，但能夠張眼吃虧；他未必果於仗義，但能夠熱心好勝。他有相當的風度，待人接物，廓然有容。他有好名的心理，廣於交接，力爭上進。當他在上海既經大露頭角，掌握煙、賭兩行，位列三雄之日，可謂生財已有「大道」了，但他的金錢像潮水般湧來，依舊讓它像潮水般淌去。憑著這些身外之物，他從四面八方，拉短了人與人之間的距離。犬馬聲色，上海一隅，獨步全國，月笙便是此中的最佳東道。波譎雲詭，隨時隨處，都有陷阱，月笙便是此中的有效護符。所以冠蓋往來，多與他取得聯繫；如果風月場中，惹下了風流罪過，解紛排難，多屬此公；他一手掌握的是「力」，先聲所至，已足奪人；一手掌握的是「錢」，神尚可通，何況使鬼！他不讓你有挾而求，逞其大慾；他也不讓你含冤負屈，無以遮羞。在瞭解情偽之後，權衡審度，他可以掏出私囊，賠錢息事。其他種種，亦輒如此，往往銳身自任，急人之急。他掙的是個面子，大家彼此心照，後會有期。

如當年孫哲生先生和嚴××女士的糾紛，即早經月笙出面調解。迨至一九五〇年，餘燼復熾，鬧上公堂，猶須他在病榻上向法官作證，即其一例。又如民國十六七年之交，段錫朋及童某、許某等，在滬組織政團，號稱「少年建國社」，資用來源，由北方某一顯要接濟，而由童某奔走聯繫。其次，童某自天津以手提箱滿載現鈔三萬元，乘船抵滬，在滙山碼頭登岸。迨入旅舍，則滿儲現鈔之手提箱，不翼而飛。諸人痛惜欲死，乃推許某向月笙求見乞援。月笙欣然接見，詢問經過，告以「姑待下文」。

次日，電話囑許某速來。

既到，月笙出一手提箱示之曰：「是這個麼？」

許極稱是。

又問：「中儲何物？」

答稱全箱現鈔。

杜夷然諄囑曰：「請加查點，如有短缺，可仍告我。」

許某拜謝不遑，狂喜持歸。三萬青蚨，分文不爽。此又其一例。

「一・二八」前後，煙、賭兩行，月笙都已洗手不幹，偌大開支，多仗騰挪挹注，以資維持。到了民國二十二年冬，度歲之資，諸待籌措，他浼人向張公權（嘉璈）說項，希望在中國銀行移貸三十萬元。公權自視甚高，一口拒絕。又不久，公權卸任中國銀行總裁職務。又不久，公權轉任鐵道部長，這時，他意識到辦鐵路不比辦銀行，辦銀行大可南面而坐，做部長必須八面玲瓏。猛憶起他和月笙有過這重公案，不免心懷疙瘩。於是反轉頭來，託人向杜解釋，希望以後遇事幫忙。

月笙對來人說：「以前他不肯通融借款，為的他掌管的是國家銀行，許多手續，不能和一般商業銀行隨隨便便。他不肯以公徇私，我很諒解。現在他做部長，鐵路也是國家的。如有用我之處，我不是給張公權做，我是給鐵道部做，我怎不幫忙，我又怎肯以私害公呢？」

迨至抗戰以後，公權由渝去美，資斧短絀，由月笙貸以二十萬元，始壯行色。

由於這些表現，所謂正統人物，也都改變初衷了。因此，當年上海華格臬路（即寧海路）杜公館，在那夕照將沉、華燈初上的當兒，車水馬龍，門庭如市。這裡面有拳粗臂壯的患難弟兄，也有顯赫清高的名流學士；有呼盧喝雉的通宵大賭，也有評量時事的雄辯高談。座客常滿，樽酒不空，洵極一時之盛。

三、熱心公益與維護治安

至於地方公益，各省災荒，當年在滬主持賑務者，不出朱慶瀾將軍、許世英先生兩人；而主持捐募的，則往往由月笙獨挑大樑。有時為了義演籌賑，他也會粉墨登場，不管走板荒腔，居然大演其「黃天霸」。所以當時「杜月笙」三字，真是響遍春申。可是社會上仍有一些以正統自居的人物，總覺得他是個偏鋒角色，彼此殊途，薰蕕異器，不願和他過分接近。無如事到頭來，身當其境，不由你不對他刮目相視，引為知己。

猶憶民國二十年，長江大水為災，上海商業銀行發生提存風潮，金融界很受影響，情勢相當險惡。月笙和一班存款大戶，都是朋友，諄諄勸告，務以大局為重。於是未提存者停止提存，已提存者復行存入，風潮乃漸平息。當時上海銀行主持人陳光甫先生，與月笙僅為點頭朋友，交殊泛泛，及經此事，始憬然瞭解月笙之為人。

談到地方治安，國家大計，月笙憑著那份潛力，也自有他的一套神通。

民國八年，黎元洪總統被迫下野，避難來滬，稅駕於法租界杜美路二十六號。民國二十二年，張學良少帥解職南來，準備出國，駐節於福煦路一八一號。其間防範保護，月笙都負了相當責任。

尤其是民國十九年，上海法商電車工人大罷工事件，法租界巡捕房雖使盡威脅利誘，全不生效。法總領事愁然無計，張驥先因推薦月笙試行調解。張為留法學生，早歲加入同盟會，身與鎮南關之役，曾任雲南省交涉使司，退職後來滬轉任法國哈瓦斯通訊社社長，常出入法國領事館，形同客卿，故能參預其事。法領事與月笙原係熟人，認為茲事體大，杜某不足語此，拒不接納。繼而工潮益形惡化，張復進言，法領姑妄聽之，偕張往訪月笙一談。月笙詢明資方讓步之最大限度後，僅答以「試試看」一語。法領對杜氏本無信心，亦僅客套地說聲「拜託」而別。

月笙為履行諾言，開始與工人代表磋商，數度折衝，較前稍稍接近。乃擬定復工辦法，回覆法領。但法領仍以工人所索與資方所願支付之各項費用，約差四五萬元，認為距離尚遠，不肯接受。至此，月笙乃運用他的手腕，顯出他的顏色來了。他一面對法領擔保照資方原定方針辦理，限日復工，一面對工人聲言，一切依照勞方所提條件，法領已經畫諾，本人負責執行。像這樣故弄玄虛、牛頭不對馬嘴的行徑，在他人確是輕舉妄動，在月笙則是另有計較。原來這批工人中有些是他的門徒，通風報信，他已掌握著勞方的虛虛實實。而那相差的四五萬元，月笙卻準備自掏腰包，全部賠墊，寧願「做媒賠出女兒」。人力、財力，不假外求，還有辦不通的事麼？結果，「閒話一句」來個戲劇化的收場。工人皆大歡喜，市民同聲稱頌，法領感慨有加，「杜月笙」三字又進一步地躍上去了。

到了抗戰前後，月笙所作所為，對於國家民族，致力更多。筆者為了行文方便起見，即自抗戰時期開場，連類所及，再將杜氏以前事蹟，倒敘夾述。人生有其美麗的一面，亦有其醜惡的一面，杜月笙究屬如何？憑事實來作證吧！

第二章

明大義悄別申江

「一・二八」淞滬戰事發生，十九路軍奮勇抵抗，全國人心，大為振奮。上海人身當其境，更為悲憤填膺。因此，以「後援」為唯一工作的上海市民地方維持會，即時宣告成立。舉凡前方慰勞、後方救濟以及軍用物資之蒐羅供應，皆屬於該會工作範圍。會長史量才，副會長杜月笙、王曉籟，會員如虞洽卿、錢新之、張公權、陳光甫、胡孟嘉、胡筆江、黃炎培、沈恩孚、徐新六、徐寄廎、穆藕初、郭秉文等凡數十人，均屬上海金融實業、教育文化各界之領袖，各以其個人身分參加此一組織。

一、由地方協會到後援會

人才既然集中，力量自屬雄厚。前方戰事打得再接再厲，後方援助亦幹得多采多姿。後因敵軍在乍浦登陸，迂迴包抄，我軍不得不放棄淞滬，退守蘇常。旋由上海外交團居間調停，簽訂協定，規定淞滬境內，我方不得駐兵，戰事乃告結束。大家都明瞭這是暫局，大難臨頭，方興未艾，所以此一「後援」組織，僅在名義上由「維持會」改稱為「上海市地方協會」，並不因戰事結束而解散。表面工作，辦理平民教養、民食調劑、國貨提倡，以及統計全市各項資料等等。實際上即為注視日本軍閥動態、國際變化，以及各類調查，並隨時延攬各業知名之士，擔任會員，參加合作，實力益臻鞏固。未及二年，史量才被刺身死。會長一職，即由月笙繼任。在那民氣發揚的時期裡，氣象確有不同，此一畸形的民間組織，屹立於黨政勢力範圍之外。所有經費，統屬自籌，並沒有引起深度的猜疑與指摘。

民國二十六年七月七日，「蘆溝橋事變」爆發，全面抗戰揭其序幕。八月十三日，「淞滬事變」再度爆發，全面抗戰於焉形成。上海市地方協會經過五年準備，後援工作，不僅駕輕就熟，且多部署就緒。自可再露身手，發揮效能。但月笙此時對時局的看法，已非比往日，他覺得這回與以前不同，對日抗戰是整個的，不是局部的；是持久的，不是暫時的。必須另行組織，擴大範圍，把黨、政、工各階層分子，聯合一致，才能圓滑進行，應付大局。因此，力排黃炎培等仍以協會為本位的主張，邀集潘公展、駱清華、陸京士、陶百川、周學湘、童行白、吳開先等代表黨政工各方面的人物與協會原有重要會員，擬定具體辦法，正式成立上海市抗敵後援會。並推定主席團，以陶百川為祕書長，下設籌募、救護、供應、宣傳等委員會。月笙以其中最關重要者莫如籌募，次則供應，即自告奮勇，擔任籌募主任。而以供應事務屬之錢新之。至於宣傳、救護，則由一向擅於貼標語、喊口號的人物分承其乏。

二、千載難逢的報國機會

在開始期間，因勸募甫在進行，會中並無的款。青黃不接，而一切支銷，費用浩繁。月笙只好個人墊付。反正呼風喚雨，原是他的特長，而熱烈贊助者，亦樂於借墊，故能逐步推動，應付裕如。及至捐款雲集，庫存日豐，吳開先提議撥還墊款，他卻堅決不受。

他說：「市民捐款，原為抗敵勞軍，怎能扣抵墊款！」

同仁有知底蘊者，背地勸他不必因公賠累。

他笑著答道：「這是千載難逢的一次賠墊，受點累算得什麼！」

最後，擬將墊款列入他個人捐款項下。

他又拒絕地說：「列入常務委員會的捐款項下吧！單寫我的，豈不把我變成鋒頭人物？」

其時，張治中所率部隊，駐紮真茹，缺乏交通器材，希望多多捐助電話用具及機器腳踏車等。他接報後，由個人捐助電話總機一具、分機十具、機器腳踏車四部，星夜專人送往。當時電話總機市面缺貨，四出購求，未能立時獲致。他急急要把他所經營的中匯銀行的總機拆下送去，該行經理期期以為不可。

他對著那經理說：「行裡留著條把線路，也就夠了，你急？還是軍隊急？」

正在相持不下之際，幸在西門子洋行覓得總機一具，原是定貨，經情商後，願意轉讓，其事乃解。

抗戰後期，吳開先路過桂林，與張發奎將軍同乘一裝甲保險車，風馳過市。

張氏指著車子問吳道：「還認得麼，這是當年你們後援會送的。」

吳答道：「我自認得，但你猶未清楚，這不是後援會所送，是杜月笙送的。」

張愕然，吳乃以實情具告。原來滬戰期間，張發奎將軍駐浦東督戰，杜月笙、錢新之、吳開先等擬往慰勞，事先商量以致送何種慰勞品為宜。

吳開先提議：「後援會收到毛巾、香煙、罐頭食品等一類捐贈品，堆積如山，將去勞軍，每一士兵分到一份，也很得體。」

月笙微笑說：「好是好的，我看還欠隆重一點。我是浦東人，知道浦東地面相當遼闊。我和張向華是熟人，知道他是位勇將，論地、論人，我們似應給他籌個比較安全之計。」

隨即主張除普通慰問品外，另購一輛裝甲保險汽車，專供張氏乘坐指揮，免得在槍林彈雨下過分冒險。這個主張，當然得到贊同，但事實上有些不便。一因此項裝甲車，市面極少，價值奇昂；二因支用巨款購車，恐遭非議，大家都有點猶豫不決。

月笙已覘其意，拍著吳開先的肩膊說道：「不必擔心，車價由我獨負。話須聲明，名義要用後援會。因為這部車子，目標太大，私人贈受，有些不大方便。」

過了數天，車已購妥，即由月笙等三人親自送往。此中內情，當時張發奎自然無從得悉。在月笙六秩誕辰中，黃炎培送一立軸祝壽。其文曰：

江陰封鎖線，由犧牲若干輪船而成。此被犧牲之輪船，由政府商同各公司徵發供應。當會議時，有人私語杜先生：「大達公司以先生之力，當可免此慘烈之義務。」杜先生大不謂然，答稱：「吾正應首先參加，否則何以對國家？更何以對朋友？」開會，先生果首先表示應徵。於是大家躍踴參加，而封鎖線以成。此是拙著《抗戰以來》之一節。先生之愛國尚義，不惜犧牲私人利益，大率類此。」（下略）

原來在「八・一三」事變爆發前幾天，日本兵艦多艘溯江直上，停泊在武漢一帶。戰事既起，政府擬予截留，下令封鎖江陰江面，徵發商船，鑿沉江底，使河床壅塞。兵艦吃水較深，無法飛渡。怎知行政院祕書黃濬（秋岳）早向敵方洩漏機密，以致商船徒做犧牲，日艦仍相率逸去。月笙其時任大達輪船公司董事長。黃炎培所寫的，就是這段故實。

三、分享八年離亂的滋味

那時杜公館內門客，有一派人對於抗戰前途，開始即抱悲觀。認為兩國實力，相差懸殊，貿然抗戰，無異以卵擊石。按當時的情勢說，講的亦是實話，並非故意袒護日人。就中以劉春圃為首，不時在月笙面前，畫龍點睛地說長說短。這些話在那時是最犯忌諱的。尤其是那一班圍繞著月笙左右的患難弟兄，如顧嘉棠、芮慶榮、葉焯山之流，生就一副「霹靂火秦明」的性格，在這民族生死關頭，個個摩拳擦掌，特別起勁，巴不得拿日本人生吞活剝。平時他們鬧著玩兒，往往握緊拳頭，向著磚牆、土壁撞擊得灰飛粉落，表示孔武有力；劉春圃是慣聞習見的。所以碰到這幾位仁兄在座的時候，劉春圃自審雞肋不足以當尊拳，總是閉住烏嘴，悶聲不響。可是他們早知道劉春圃慣於傳送洩氣的言論，不響亦不饒他。每當大家在一起時，幾對火眼金睛，同時迸出兇光，直盯到他身不由主，肅靜迴避。三個月後，國軍果然不支，轉移陣地，劉春圃談言微中，對他們卻仍不敢正視。

這時杜公館內又另有一些灰色分子出現，所持理論和劉春圃不相上下，但居心大不相同。劉春圃只以清客身分，就事論事；這些人卻患著政治病，很想抓個機會洩憤吐氣。陳人鶴（群）便是此中代表，輕描淡寫地不時在月笙面前分析譬解。顧嘉棠這些人礙著杜氏的面子，不好當面折辱他，但在背後指指戳戳，也就使陳人鶴不敢過於肆言無忌。

上海因有租界區域，抗日分子在這屏障下雖可容身，但形勢一天迫緊一天，除非改變初衷，安全終受影響。因是月笙之必須離開上海，已為不可避免之事。消息漏出，卻急壞了張嘯林。他和月笙比屋而居，一向出雙入對，真個是「焦不離孟，孟不離焦」。可是杜、張兩人的心境各有不同。張因他兒子法堯，留法學習法律，歷時數載，花費數十萬，畢業回來，仗著他的聲勢，滿以為庭長、推事，俯拾即是；不料當局毫無理睬，終得不到一官半職，把他氣得一佛出世，二佛涅槃，心窩裡對政府早有疙瘩。當時他在莫干山休養，聽得消息，趕回上海，力阻月笙離滬去港，免得他獨身孤掌，無所依憑。月笙唯唯否否，虛與委蛇。實則杜月笙心頭，早鐫上一個印象，這些遊說阻撓，全是白費。

事緣在「一·二八」以後「八·一三」以前那段時期中，日本海軍軍令部長永野修身，歸自日內瓦，道經上海，訪問月笙，提議由日本政府撥出三千萬日元，和他合辦中日建設銀公司。其用意是一石兩鳥：一方面使他和宋子文所辦的中國建設銀公司競爭貿易，從而引起摩擦；一方面使他於無意間投入日方掌股之中，以後可供鞭策驅使。當時月笙自覺以平民身分與外國政府合辦一商業，在體制上大大不合，辭謝不受。

唯永野並不因此死心，不惜百般遷就，密談中，打蛇隨棍上，即請由月笙自設公司，而以日資為後盾，並先供給三千萬日元為創辦基金。這樣優越的條件，越發顯出是政治上的投資；月笙原非笨，也就越發委婉而堅決地予以拒絕。此時月笙心口相商，在那善價可沽的時候，自己尚能愛惜羽毛，不肯供人利用；難道在這兵敗城亡的時候，賴在上海不走，等待日本人來威脅利誘？所以，他的離開上海已具決心。但因經手事多，身輕腳重，不免有所躊躇。

在民國二十六年十一月二十六日前夕，杜氏突然接到宋子文電話，告訴他船票已經購妥，明晚登輪。到此一剎那間，千斤擔子，也得放下，那些營營擾擾的事，也就顧它不得。於是祕密地草草治裝，在二十六日深夜裡，帶著一個隨身侍役，雇輛出差汽車，悄悄地直向公和祥碼頭駛去。那時法國郵船「阿拉美斯」號正是燈火通明。登船一望，宋子文、胡筆江、徐新六、錢新之這些人早已據案圍坐，口講指畫，正在大打「沙蟹」。俄頃，代理上海市市長俞鴻鈞亦姍姍其來。

而那與杜月笙貼鄰之張大帥（張嘯林諢號），則正在擁衾高臥，做其清秋大夢，萬不料月笙已自高飛遠走了。

潮頭初上，明月將生，法郵船冉冉地駛出吳淞口。月笙面對著縱橫三十年的黃浦灘頭，黯然道別。從此，打疊心情，去分享那八年離亂的滋味了。

第三章
門前依舊車馬喧

《禮記．曲禮篇》曰：「入境而問禁，入國而問俗。」香港居民雖多數為華人，但在主權上則為英國殖民地。月笙對於此點，十分知趣：一方面體會到本身的特殊身分，一方面瞭解到這塊土地上的環境並不同於上海租界。所以他到港後，小心翼翼，絕不願牴觸當地的禁忌和習俗。那班患難兄弟以後也就接踵南來，初時以為仗著他的聲勢，不妨幹上一番「駕輕就熟」的勾當。但經他剴切曉喻後，大家心中有數。雖在飲酒作樂上依舊過著紙醉金迷的生活，而於犯禁、犯忌的事件卻不敢悍然沾手。因此在那四年逗留期中，他這一系統裡的馬路英雄，大體上都能互相約束，沒有出過亂子，也就沒有給他找過麻煩。

一、車水馬龍的熱鬧場面

當時月笙住宅賃在九龍河柯士甸道一一三號。一層普通的洋樓，內部布置，如尋常住戶，簡單樸素，並不華麗。客廳兩壁，掛著許世英老先生所臨的〈聖教序〉八大六幅。中間壁上懸著楊千里先生所贈的聯語。聯云：

三顧頻煩天下計。
一生好作名山遊。

千老為江南名手筆，詩書篆刻，精絕一時。這聯集杜句，渾成工整，沒有半個敗字，又能盡其稱頌能事，後來他擔任了月笙的私人祕書。同時月笙又在香港中環告羅士打酒店，租賃七〇五室作為辦事處，派其祕書翁左青長駐其中，接待賓客，一住四年，至日本人占領香港，租賃關係才告終結。自有該酒店以來，他可算是唯一的長期住客。在這房間內陳列著一件與他不甚調和的東西，就是書架上也擺上一部《魯迅全集》。

在他住宅裡，那份氣氛和上海並無二致，依舊是車水馬龍，臣門如市。所不同的，在上海那份熱鬧場面是在黃昏未臨、華燈將上的那段時間；在九龍則變為整個的上午罷了。其中風雨無阻每晨必到的要推顧嘉棠、芮慶榮、葉焯山三位患難弟兄。他們到來，自稱「掛號」，表示每日報到的意思。和月笙點頭道早以外，並不多說閒話。各顧各的，搭著別人談談他們昨天耍樂的經過，其中當然包括嫖經、賭經以及朋儕艷祕與社會異聞。就中特出的還得推顧嘉棠其人，濃眉環眼，挺胸腆肚，穿上袍兒、褂兒，總掩不住他那份「赳赳武夫」的本色。可是粗莽中又帶些嫵媚。

在杜家進進出出的人物，當然是良莠不齊，魚龍混雜。月笙一樣招待，倒沒有什麼。可是落在嘉棠的眼裡，有時卻不肯輕易放過。最妙的是他在杜家對付某個大老千的動作：一面嬉皮笑臉地說東說西，摟住這位老千表示親密熱絡，一面卻出其不意地在他豐厚渾圓的尊臀上狠狠地捻上一把。這在尋常人來說，稀鬆平淡，原算不了什麼。但在老千的感覺上，觸及尊臀，等於給他個奇恥大辱。無奈自身是個翩翩顧影的半老郎君，面對的是個拳粗臂壯黑旋風般的大漢，縱然不甘忍受，也就不敢發作，只見他臉上陣紅陣白，強自鎮靜，免被旁人發覺。怎料這班座客們，在嘉棠撩撥著他的當兒，早已眼底留神，等待好戲上場。及至奇峰突起，彼此之間，不約而同，鬧出個哄堂大笑。嘉棠也就在這大笑聲中，滿懷暢快，踮住腳尖兒，一溜煙地跑開了。

原來這位老千生就一副玲瓏心竅，鍛鍊出十個魔術般的指頭。在賭國裡，北自平、津、膠、濟，南至滬、漢、港、澳，在賭局裡，不計生張熟魏，無問場面鉅細，只要摸上花骨骰，他總要露出一手，精巧熟練，大有公孫舞劍、紅線盜盒之妙。這時他雖上了年紀，仍然額角無紋，面白無鬚。想見其青春時代，敷粉薰香，當有張緒當年之概。又因他久處北方，巴結過不少顯宦，雖是事過境遷，仍自春風得意。往往在不知不覺間，開口總長，閉口督辦，翹起大拇指，說得天花亂墜，流露出那份「談笑有高官，往來無白丁」的高華氣派。顧嘉棠惱怒他吃的是下流的飯，吹的是滿嘴牛皮，所以不時在他三停之內，單揀中停，在那聚寶盆邊、銷金窟處，捻他一把，搔其癢處。月笙原本鄙薄這宗行貨，也就忍俊不住，讓他胡鬧去吧。

二、佳餚美酒食客快朵頤

此外，如秦待時、江倬雲、湯斐予、吳季玉、楊千里、王曉籟、龐京周、毛和源諸先生，也幾是杜家每日必到之人。一頓中飯，他們多是座客。江倬雲輩且自謔為「常務委員」，每到必吃。滿檯之上，楚楚家餚，不下十數簋，肥鮮適口，在江南風味中略帶點廣東菜式。飯後濃茶一盅、水果數事，供應得食客們大快朵頤，捫腹而去。

就中有位王愘成先生，每個星期，參加飯局，自限週末一次。他是國會議員，一生反蔣，曾被禁閉多年。抗戰勝利後以民主人士姿態一度出任中共政權下的財政部副部長。當時避難來港，旅況蕭條。他坦白說出每天三頓，多以白開水和麵包充飢。在杜家吃頓中飯，完全是為了膏腸潤吻，爭取營養。可是他卻樽節出一些錢來，在他五十以上之年，仍然聘人教授英文，希望有天能夠直接吸收西洋文化。其艱苦卓絕，在杜宅中要算是位不平凡的食客。月笙抱著來者不拒的態度，吃得越多，他越高興。有時甚至輪班吃飯，大有「看竹何須問主人」之概。滑稽地說，也許是變相的「人民公社」吧！

二十年前，香港不似今日繁榮。單說外省菜館，港、九兩區僅有寥寥幾家。就中以張竹坪先生主辦的大華飯店規模最大，但亦只沾川味一菜。談到江南時鮮，如風雨重陽裡的洋澄湖蟹、霜侵雪壓後的冬筍和塌棵菜，莫說菜館裡全付闕如，饒你走遍全島，壓根兒不易找到。只有杜家應時應節地從上海運來。自己吃不了，一籃一籃地分送朋友。西風客邸，誰無蓴羹鱸膾之思。得此充腸，也就慰情聊勝，稍解鄉愁於萬一。筆者在後文提到的黃瀏初先生，在其所著《鄭樓詩草》中，一篇七古，就是專詠月笙貽蟹的故事。這些原不值錢的東西，經過千餘里海程後也就令人刮目相看了。

月笙是不飲酒的。為著滿足友好們的嗜好，又把當時在港不易買到的上品太雕從上海遠遠運來。這在經常沉湎在白蘭地、威士忌裡的酒客看來，一盞黃湯，香醇淡遠，別有一番風味，更使脾胃受用。所以在杜家初次開罎之際，王正廷、錢新之、李組紳、李組才諸先生都做了不速之客，聞訊而來。為了盡歡起見，約定每人先盡三盞，才許拈餚揀菜。向不用酒的得以冷開水代替。結果，一罎紹興酒喝得點滴不留。而飲水決賽，則由朱少屏先生奪得冠軍，先後喝了二十個大玻璃杯。月笙也不後人，喝了七大杯。在那河山破碎之際，依然逸興遄飛，豪情不減；全由於堅信抗戰必勝之一念，所以個個仍是心恬氣壯。所不幸的，朱少屏後以受任為駐馬尼拉副領事，在「太平洋戰事」中遇難殉職。一場勝飲，竟遺他日黃壚之痛。

三、深夜清晨案頭忙卷牘

月笙其時擔任兩項職務：一為中國紅十字會副會長，一為賑濟委員會第九區特派員。兩個機構都設在他住宅的緊鄰。清晨八時，兩處祕書抱著卷牘而來，向他解說事由，陳明辦法，由他認可蓋章。好在多是例行事件，等到賓客絡繹到來，他的公事，也已辦好。於是周旋於座客之間，聽聽新聞，談談時局。他宅內並無隱祕地方，主人能到，客亦能到。遇著重要事宜，只有避往陽臺角落，靠著欄杆，和人細斟密酌。飯後小睡一小時，即使過海到告羅士打七〇五室。這時在他家用過中飯的食客，又就先後而來，咖啡、紅茶，狼藉几案。

楊千里先生在其自嘲詩中有這麼一聯：

冒霧揚舲朝渡海，捲簾呼茗午登樓。

所謂渡海，去的就是杜家。所謂登樓，指的就是告羅士打。這裡面也就包含月笙日常生活的一部分。

千老是位實心眼的人，以為接受了祕書任務，應分幹點實際工作。可是數月以來，除了伴食伴飲，並無一事相煩，不無悒悒。每以「拾遺」（唐代官名）自況，意思是指要待人家遺下來不做的事，他才能撿著去做。人家不遺，他就無事可幹。和他所寫的詩，同樣表示精神上有點不快，其實是書生之見。月笙對人是自有分寸的。以前在上海，楊哲子（度）先生、章行嚴（士釗）先生，都曾為他辦過文墨。但只限於重要的應酬文字，瑣碎的事，絕對不敢奉煩。他雖不曾讀書，而這類作風，卻彷彿有點禮致商山四皓之意。楊千老是不免過於拘謹了。

入夜以後，如遇當晚有人飛渝或明晨有船駛滬，這才是月笙正式辦公時間，相當緊張。因為他的往來信件，幾於全部託帶，絕少假手郵局。他和三位祕書共坐在一張方檯上，一個祕書，拆信唸信；另兩個祕書，聽著他的吩咐，分別作覆。在那短促的時間裡，幾十封信，邊拆邊寫。既無所謂起稿，自無所謂謄清，馴至簽名亦由祕書代庖，蓋章更無此例。每封完全後，只須將信中大意撮要告知，便算完事。所以信內用字是否妥當，前後語氣是否銜接，全沒點推敲餘暇。關於重要函件，內容是否有誤，直待接到回信，明瞭對方已經領會原意，這些祕書們才能放下一樁心事。

有次為了「高陶反正」一案，他有封要信託鄭毓秀博士帶呈蔣先生。這不是尋常信件，詞句既須斟酌，字跡不容潦草。當然不免多耗時間。可是倉卒之間，越要求工，越難落筆，而飛機將次句鐘待發。急得鄭博士從電話中嚴催緊促，隱約還聽得她的高跟鞋踏在地板上蹦蹦作跳。月笙平日在信中最注意的只有一點，對於「鈞鑑」、「鈞安」與「勛鑑」、「勛安」分得最嚴，還不知是他從何處學來的知識。院長級的大官必須雙「鈞」齊備。如果這位院長後來調任省府主席或其他官職，那麼寫作雙「勛」，他又在所不計了。

等到全部信件寫完，東方將近發白，他才欠呻而起，連說：「這堆垃圾，總算掃了，總算掃了！」

一面在煙筒裡掏出大把香煙分塞在各個祕書的口袋裡，說聲：「辛苦！你們多抽兩枝去吧！」

四、風懷友誼瑣瑣述王錢

風花雪月，其時月笙已此調不彈，偷得餘閒，多半在藍塘道嚴惠宇家，挖花打牌，閒談解悶。惠宇多財善賈，豪爽好客，人稱「小孟嘗」，所以在他府上亦自有其「座滿樽盈」之概。此外，又常隨鍾秉峰等盤桓於西林俱樂部，聲色之好，視聽之娛，亦止於逢場作戲。倒是他的兩位好友，卻都桃花入命。一位是錢新之先生，酒後糊塗，驀地碰上風流孽障。在糾纏不清之下，還仗月笙法力，突陣驅魔。一位是王曉籟先生，稟賦獨厚，自號「得天居士」。每日十二時喜賦得一個「閒」字。一班交際花兒、交際草兒，震於他的大名，以為他是上海商會會長，必然腰纏萬貫，攢眉擠眼，紛紛勾搭。他也就媸妍不論，並蓄兼收。樂得藉此野草閒花，排遣無聊歲月。在告羅士打樓下茶座裡，往往由雌雄雙檔開始，剎那間坐滿圓檯全座。珠圍翠繞中著個黑胖宋三，左顧右盼，自得其樂。有時卻不免「吃素逢著月大」，呷呷碰上「乾血」。茶費越喝越多，心頭越坐越急，只有眼巴巴地望住窗口，等待熟人路過，給他付賬解圍。毛和源先生就曾幾次做過他的替死鬼。那時他總是一個虎步，跳出門口，連喊著：「老毛！老毛！救駕！救駕！」毛和源只得跟他進去，敷衍一番，付賬了事。

每年冬天，月笙總得去重慶一行，為著上海方面的敵後工作，在年度將次終了時，須與有關各方做個綜合檢討；有時又為友好事務，不得不遠道效勞。如民國三十年冬季之行，則半為著交通銀行的逆潮而去。事緣該行總管理處設在重慶，但其董事長錢新之、總經理唐壽民則前常川駐港，唐壽民且始終未曾去過重慶。於是浦拯東便以重慶分行經理身分包攬一切，憑著業務上的關係，上至財政部，下至有關各方，路路打通，頭頭是道。正在推進一步，準備抬出財部次長徐堪兼任該行董事長而由其本人取代唐壽民之際，不料這項密謀竟然傳到月笙耳裡。月笙與新之交情甚厚，本身亦為交通銀行董事，於彼此密商後，認為必須先發制人，否則為人所制。於是刻期飛渝，相率晉謁蔣先生。瞻對之下，一個自承年老力衰，又兼不能長駐首都，職守有虧，請求准予辭職。一個卻旁敲側擊，以為在此時期，人事上最好一動不如一靜，以免紛亂。這齣雙簧，預先排妥，純為探測蔣先生的口風意指。及待聽到溫諭有加，諄諄勸勉，他倆意識到最高當局，信任並未動搖，外面搞風搞雨尚不足敗乃公大事，心頭塊石，安然放下。回行以後，新之立刻行使職權，先將浦拯東調任祕書，改委湯鉅接充渝行經理，待後補報董事會追認。滿天烏雲瘴氣，瞬息間一掃而空。從此他倆之間，置腹推心，更為契密。

在那四年中，月笙場面既闊，手頭又鬆，經濟上自不免鬧著饑荒，全靠呼風喚雨，東移西補，才能敷衍過去。其後高陶一案，政府曾撥給經費國幣二十萬元，這是他在整個抗戰期間得到國庫補助之第一次，亦即為最後的一次。此二十萬元，兌成港幣，不過數萬元，也就在此一案中用得一乾二淨。峰回路轉，後來又有一注財源，突然落在他的手上，滿以為累累債務，可以藉此清償。不料到頭還是春夢一場，只剩個紙面上的富貴罷了。

第四章 地下展開龍虎鬥

上海為我國精華集中之區，至此因戰略需要，忍痛棄守；但於其淪陷後的情報蒐集，行動展布，仍須積極進行。必須派遣地下人員，潛蹤密駐，發縱指示，才能領導群倫，激發民氣。而在敵偽方面，對於這一要區，其重視程度固不在我之下，防範之嚴、偵查之密，自較其他淪陷區嚴厲十倍。因此，敵我雙方的明爭暗鬥，於此亦最激烈。當月笙隨同宋子文等抵達香港不久，南京旋告淪落，政府西遷漢口，東南半壁，馬亂兵荒，有些工作當然聯絡不上。但在上海的敵後布置，因兩租界依然屹立，仍不失其掩護作用。月笙乃藉此一段時間，從事部署，以期配合日後新形勢的發展。

一、布置上海的地下工作

那時港、滬間航運交通，並未受阻，每次輪船來往，多有月笙自己的人。經過反覆聯繫後，大部分留在上海未及撤退的負責人員，以及英、法兩租界巡捕房內重要華員、海關關員、滬港線海員等，均已聲氣相通，連成一片。尤其是他的基本幹部恆社子弟兵在上海行業中占有相當地位，其中不乏雞鳴狗盜之雄，只須「老夫子」一聲吩咐，更是如臂使指，靈活自如。所以月笙本人那時雖已離滬，但其潛力所及，對於抗敵工作，並不因易地而告中輟。單就國民黨先後所派往上海的地下工作人員說，如蔣伯誠、吳開先、吳紹澍之流，彼等在潛行赴滬以前，必先到香港和月笙做一通盤檢討，其間如抵滬時如何掩護登陸？抵滬後如何居住隱蔽？工作怎樣推動？經費怎樣補充？其所需要協助人員如何就地遴選？蒐集到的情報和資料以及政府所頒給的指示如何相互溝通？逐項逐節，經過縝密規劃後，他們像吃過定心丸，才敢悄然就道。

月笙在港病故後，當年潛赴上海的地下工作人員之一的吳開先曾撰文紀念。追述這段往事，歷歷可數。茲節錄片段，以見一般：

二十八年夏，余（吳開先自稱，以下同）在重慶，奉命潛行赴滬工作，越至港，往晤月笙先生，請其協助。月笙先生即謂：「茲事體大，須十分機密，上海方面須先有布置而後動身。」囑將所持總裁函件及密電碼，封作小包，由其派員祕密帶滬。並代為致函黃金榮、金廷蓀，說明余此去緣由，須與上海工商銀錢業鉅子晤面。請假廷蓀寓所，由黃、金兩位出面宴客，俾易晤面，而不致啟人疑竇。余抵滬之日，即分別往訪，自惟交誼本淺，但因月笙先生一函之介，黃、金兩位竟冒險為余宴客兩次。當余乘輪赴滬進入黃浦江時，萬墨林已駕小舟至輪旁迎候。在法租界外灘登陸後，交通工具及住居寓所，均已由月笙先生先期通知留滬人員代為布置。所有恆社在滬社員，均奉有月笙先生命令，絕對服從余之指揮。凡屬恆社有關人員開設之茶樓、酒肆、旅店及戲院、工場、商店，余均可隨時指定為交通站及祕密聯絡之所。

二十九年返滬時，余仍繼續力勸工商銀錢界及知識分子，轉入大後方。其不能離滬者，亦堅其信心，不為敵偽利用。終汪逆之世，上海銀錢業知名之士，無一敢甘冒不韙而參加敵偽金融組織者。此事第一由孔庸之部長之運用得力，第二應歸功於杜月笙先生之鼓勵成功。

三十一年三月十八日晚間，余突被捕。直至十月十一日經徐采丞多方設法，始得恢復自由。采丞處積電尺餘，均為月笙先生探詢情形撥款營救之電。……一面請顏惠慶先生等出面說情，一面向日方軍政人員致送厚禮，並對獄吏及承審人員予以厚賂，聞月笙先生個人耗費在百萬元以上。

二、配合行動與戴笠合作

當國軍在上海撤退前後，戴雨農（笠）及杜月笙等另組江浙行動委員會，糾眾數千人。其中大部分，為由上海市地方協會領導下之上海市民訓練委員會徵集遣送江陰花山營地，接受八十七師主持為期三個月軍事訓練的廠店員工。恆社分子亦多加入。配以輕裝軍備，準備在敵後游擊，委劉志陸為總指揮。劉氏早年曾代理山東省督軍，與月笙為八拜之交。終以形格勢禁，餉彈難繼，未易支持，乃由戴雨農予以改編。其後忠義救國軍之組織，即以此為胚胎。另一部分之恆社分子，則轉入軍委會調查統計局，參加特務。月笙抵港後，與軍統駐港負責人取得密切聯繫。所有上海一帶各項動態，彼此交換情報，互相諮詢。為求工作展開，直線以外還得走著曲線，金錢以外還得借重裙帶關係。這些人事上的錯綜微妙，在月笙說來是瞭解得太多了。所以他又隱然處在顧問的地位。至於軍統方面潛往上海的地下人員，行前到後，一如上文吳開先所述，同樣得到由他布置下的協助。因此，戴、杜之間，交誼深厚。其在採取行動制裁漢奸工作，事先多由彼倆密商，臨事互相配合。

事如傅筱庵繼蘇錫文接任上海「大道市政府」市長後，正在志得意滿之際，突被廚司朱老頭劈死一幕，就顯得這裡面的蛛絲馬跡。傅筱庵原為盛宮保（杏蓀）的「家臣」，遜清末年，推行新政，多由盛宮保主持。因此傅氏在招商局、中國通商銀行等機構內都握有相當權力。他和國民黨一向對立，當孫傳芳和國民革命軍在江西作戰時，傅氏以招商局的立場，密電孫傳芳：「所有江輪，悉供調遣。」表示熱烈支持的姿態。後來改革幣制，廢兩為元，他所綜管的通商銀行，內部空虛，搖搖欲墜，財政部趁機整頓，把他的地位連根掘去，於是傅氏怨恨益深。此時他滿以為借仗敵人勢力，可以吐氣洩憤。哪知一念之差，終於鑄成大錯。

話說回來，當時我方是怎樣找到朱老頭這條路線的呢？原來那時重慶派在上海的特工，已經奉到對傅制裁的命令，所苦筱庵戒備甚嚴，所居虹口地方，不啻禁區中之禁區，平時出入，尚極不便，何況要幹殺人勾當，因此一時難以下手。無意間他們忽在華格臬路杜公館的門房內，發現這個老頭。經過一番搭訕，才知道他幹的是傅宅廚司，和杜家司閽同是山東老鄉。於是抓住機會，用細磨功夫，引朱老頭入港。難得的是朱老頭也是血性男子，加上山東人的爽直脾氣，竟然一口承擔下來。一天晚上，傅筱庵和周文瑞、魏晉三等一班朋友，同在盛老三宅內，臨時把越劇名伶姚水娟拉來，演《盤夫索夫》一劇，興高采烈，直至凌晨三點以後傅才回去就睡。據說傅是獨居的，也許因應酬疲倦，寢門忘記上鎖。在天邊露著魚肚白的當兒，朱老頭躡到上房，隨手探門，驀地門隨手開，真是喜出望外。他在這些日來原是隨時準備著的——「此時不幹，更待何時！」陡從胸前取出利刃，鼓足勁力，向著這位黃粱夢裡的現任「市長」，當頭劈下。可憐傅筱庵喊聲「饒命」都來不及，已自三魂渺渺，七魄悠悠，趕向森羅殿報告去了。朱老頭於完成任務後，退出上房，回到廚房滌清血污，取出菜籃，掛在腳踏車的扶手上，推著車兒，直奔大門。平時這個時候，正是他上市買菜的當口，已成慣例。所以門內司閽、門外崗警，依舊和他點頭道道「早」。朱老頭出了大門，騎上單車，撳響車鈴，在「丁丁東東」中穿街越市，直到踩上滬杭公路，才使足腿勁，猛踏車盤，絕塵而去。那份乾淨俐落、好整以暇的神情，竟和他做菜、做飯一般。輾轉到了重慶，他在交通銀行二樓見到月笙。看他白淨面皮，蓄著一撮山羊鬍子，誰會料到他竟是殺人兇手？月笙對他相當客氣，他也沒有一句丑表功，笑嘻嘻地只求賞碗飯吃。

又在南京汪政權的儲備銀行將次成立之際，重慶潛滬特工，對著該行普通行員加以制裁，接連幹掉幾個。汪政權方面即以吳四寶為首的七十六號特工起而報復，對著屬於重慶政府的中中交農四行行員連加殺害，也就死了多人。這些無辜的枉死者，談不到是「漢奸」，也談不到是「漢忠」，他們唯一的目的，只在養家活口。在渝、寧雙方報復下，行員們已成驚弓之鳥，寧願餓死，不願返工。演變所及，勢將牽連到兩方銀行停止營業。而就當時情勢說來，吳四寶的陰影已籠罩著整個上海，盡可明火執仗，為所欲為。重慶特工，形格勢禁，自是相形見絀。萬一留滬之中中交農四行因此停業，還得擔負嚴重的責任。局面如此尷尬，而面子又不能不掙，只有由第三者出面斡旋，杜月笙自屬最佳人選。於是由他著人帶個口訊，要吳四寶派人到港接洽。江湖上講的是交情，吳四寶做人相當四海，衝著月笙面子，滿口承諾，居然派出一位與他相識的代表到來。接洽結果，彼此心照，這位代表也就趁此投拜在他的門下，一面由重慶派充中行副理，交易而退。偌大風暴從此煙消雲散，直至日本人進占租界中交四行統被接收為止，沒有發生特殊事故。

三、一文一武惓惓在心頭

另一方面，當時國內的社會名流、林泉耆宿，以及北洋政府的官僚軍閥，為了潔身自好，多已先後來港。這些人中，大都行李蕭條、客囊羞澀。如張仲仁、楊雲史、湯斐予、劉放園、楊千里、吳光新、曾雲沛、李贊侯諸人，既抱黍離麥秀之悲，不免門巷斜陽之感。逢年過節，月笙斟酌緩急，每有饋遺，俾得隨寓而安。至於身輕腳重，迫於家累，或因老病交侵，無法離開故土的人，月笙也不時函囑其滬寓留守，酌情點綴。偽維新政府醞釀之際，流言四起，或傳張三失節，或謂李四自媒，沸沸揚揚，疑真疑假。這時月笙最惓惓的，為留滬之一文一武。文是章士釗，武是許崇智。月笙對於他倆，交情很厚，當然無所懷疑於他倆的人格。但悠悠之口，盡有巧舌如簧。有人認為梁鴻志是詩壇祭酒，章士釗是文壇耆宿，在北洋政府時代，原有同僚之雅。針芥相吸，不無「落水」可能。許崇智將軍自是錚錚鐵漢，但在全面抗戰之下，寄身於四面受著敵偽包圍的上海租界，雖說居住各有自由，而在大團結上總不免是個漏洞。這些揣測，談來娓娓。月笙於是函電交馳，信使敦促，以全力堅浼他倆離滬到港。後來章士釗接受蔣先生的禮聘，專講邏輯，由港飛渝。許崇智由月笙陪同下，飛往重慶，與蔣先生覿面，以示精誠團結之意。公誼私情，月笙總算釋然於懷了。

四、張鳴歧送來一副楹聯

「太平洋戰事」爆發後，上海租界既被敵偽接手，月笙的若干老友，處此境界，無法不向敵偽遷就，接受一些無足輕重的名義，事先輾轉徵得月笙的默契。勝利以後，此輩多被判為「漢奸」，嚐到鐵窗風味。也許局面有變為月笙始料所不及，因而無從援手，但他的「閒話一句」招牌，卻不免有些減色！

這是後話。且說當時賑濟委員會委員長許世英老先生，以民族正氣，必須維護，淪陷區內知名之士，必須爭取，免為敵偽利用。既要爭取，第一非錢不可，而此項經費了絕不能長期由月笙私人獨負。於是呈准政府，按月撥款五十萬元，交由月笙以賑委會常務委員兼第九救濟區特派員地位主持其事。濟助對象，除由賑委會綜合有關方面提名彙轉月笙照發外，月笙亦得以其個人之意支配。濟助地區，以款項能直接或間接遞達為原則，並不以第九救濟區之粵、桂、港、澳範圍為限。上海方面，由月笙委託徐采丞就近辦理。其時在淪陷區將錢送入，大非易事。因為授受兩方，彼此多非素識。談吐之間，隱約示意，未便將來龍去脈，如平時之暢言無阻。在受者難免疑為釣鉤之餌，別有用心；在授者又疑人心難測，懼將授人以柄。所以開始辦理時，各懷鬼胎，都恐因錢賈禍。上海以外淪陷區，則由月笙託人設法輾轉遞達。其時遠如息影海安的韓紫石先生（曾任江蘇省長）、天津的張鳴歧先生（遜清時任兩廣總督），都曾受到此項接濟。張鳴歧且曾託人設法將其親筆集杜楹聯一副，帶送月笙，以資紀念。聯云：

老夫生平好奇古；
使君意氣凌青霄。

上聯假借工部二言將其薑桂之性老而彌厲的本質，隱約表露，極具身分。

過此以後，月笙又曾幹上一件傑作，機出無心，喜來望外，那就是震撼當時的「高陶反正」事件了。

第五章
助反正高陶離滬

「高（宗武）陶（希聖）反正」，在八年抗戰中是樁大事。高宗武帶港發表的密約草案，不僅震撼國際，日方亦自吃驚。而在相反相成的微妙情勢下，後來成立的南京偽府，關於此一密約草案的難題，也自間接受到解救的效用。胡蘭成在所著《今世今生》一書裡提到此事，有云：「日方有意把基本和約與戰時的暫定混為一談，單方面提出了一個草案——即是陶高發表的密約草案。及被陶高發表了，日方果然也驚，不得不又把基本和約與戰時暫定的協定分開。後來南京政府成立頒布的基本條約，即大體依照當初汪先生與近衛所做的，僅是些原則，多少也是陶高事件之賜。……」以一個身歷其境的人追述往事，自是相當可信的。月笙和高宗武、陶希聖兩人，本來無甚淵源。但由於當時掌握高、陶反正關鍵的黃溯初先生，認為只有月笙才夠合作，所以請他出面，居間撮合。其實黃溯老與月笙亦屬素昧平生，只為溯老耳食到月笙還能講點江湖道義，所以不惜交淺言深，竟向他透露個中機密。

一、高宗武離港前後經過

抗戰初期，京滬淪陷，政府西遷漢口後，高宗武以外交部亞洲司司長地位，奉命駐港，辦理情報工作，在香港雪廠街太子行大樓賃一寫字間，掛著「宗記洋行」招牌，以資掩護。實際名稱為日本「問題研究會」，聘有通曉日文人員，翻譯日方書報，編印叢書發行。其最重要的情報部分，則僅由宗武與其祕書李毓田從事活動和掌管。在此期間，宗武曾去東京一行，探悉日方不願以蔣先生為交涉對手，意頗堅決。故於其歸途繞道上海，與滬上金融界之周作民、徐新六等提出討論。大致認為抗戰前途，極為可慮。日方不以蔣為交涉對手，含意當有所指。汪精衛為國內第二個領導人，如由汪出面交涉，當能邀日方之一盼。因此，建議汪氏離開漢口，逕往羅馬。以德、義、日三國間為軸心國家，移駐其間，可以得到種種便利。否則去馬尼拉，距日、距華，均不過遠，聲氣易通，且可就近吸收同情人士。一待風氣轉向，再行出與日方周旋，中日事件，或可藉以結束。

宗武由滬歸港後，即將此項建議密函汪氏。旋得汪覆電，內稱：「來函已悉，弟對國事，依會議為之，個人絕不作主張。銘。」寥寥數語，似不感興趣。汪與宗武間原有專用電報密碼，而此電則用駐港外交部特派員辦事處之密碼譯轉。其時香港《華僑日報》對宗武行動，略有所聞，曾在報端稍加透露。高大不懌，認為有損名譽，準備採取法律行動。該報浼月笙出面調解，其事乃寢。此為杜高間之最初接觸。

民國二十七年十二月十八日，汪精衛突由重慶飛往昆明，旋去河內，於是月二十九日發表以和平結束戰爭之艷電。汪系分子，在港、越兩地，大為活躍。所謂近衛三原則——善鄰友好、共同防共、經濟提攜——早經宗武二度潛往日本持歸。艷電內容，即為闡明三原則的意義。此時宗武更以「日本通」的姿態與影佐禎昭所主持的梅機關取得聯繫。其中犬養健為日本前首相犬養毅之子，與宗武為帝大同學，彼此之間，尤屬沆瀣一氣。迨至翌年（民國二十八）五月，汪精衛離越去滬，港越汪系分子，亦幾於傾巢而出，追蹤前往，宗武自為其中重要之一員。

在臨行前幾天，他約他的祕書李毓田做一攤牌式的談話，向著毓田說道：「你以為我們是王克敏、王揖唐一流人物麼？他們是賣國求榮，我們是以和平救國。形勢擺在面前，我們沒法不揹上這十字架。但我們絕非投降，我們只是接受日人的領導。你我同學，共事多年，希望彼此始終合作。」

毓田雖非處於高位，但對日人的認識卻很深遠，寧願割席，不願同流，仍留香港過其流亡生活，從此宗武、毓田之間，消息斷絕。一年以後，宗武忽託人帶來口訊，除向毓田致候外，並說一切還是在香港的好。可見其時宗武在滬已感受到所受的不是味兒了。

二、黃溯老勸高回頭是岸

在汪政權成立以前，宗武又因密約問題做第三度東京之行。與近衛談判，大起反感。宗武已明確地意識到所謂和平救國，等於將整個國家民族命脈葬送。他正在滿懷憂憤之際，驀地念及其同鄉（永嘉）父執黃溯初先生，僑居長崎之曉濱村，釋疑辨惑，此老大有智慧，相距匪遙，何不登門就教？於是驅車就道，訪舊論心，一夕深談，發人深省，宗武反正之念遂決。

黃溯初先生為留日老前輩，歷任國會議員，隸研究系，與梁任公、湯覺頓等關係極深。在梁任公的智囊團中，溯老於財政經濟方面，占著重要地位。袁世凱稱帝改制，梁任公搭乘煤船經由香港輾轉去滇，協助蔡松坡推翻洪憲，再造共和，溯老亦即此煤船乘客之一。宗武自遊學日本以至服官從證，溯老之提攜誘掖，致力甚殷。抗戰以前，他因商業經營失敗，去日隱居，過著簡單的獨身生活。為了排遣時日，從事日本語源研究。旅居既久，與當地村民相處頗得。故雖戰事發在，從未受到日人猜忌。

他和宗武見面後，劈頭便說：「我聽到你戰後來到日本多次了。滿以為你早就要來看我。這次才來，真是個難得見面的機會啊！」語中帶刺。

宗武自感惶愧，因將幾年中種種經過，全盤托出，大有「季主問卜」之概。

溯老於是正色對他說：「一個幹政治的人，頭腦要和冰一樣的冷，熱情要和火一般的熾，唯其冷才可以沉思觀變，唯其熱才能當仁不讓。目前你看到草案的苛酷，才感到犯了不可饒恕的罪惡。其實你離開重慶那一天，便已撒下了毀滅的種子。抗戰力量，誠為微弱。但合則猶可圖存，分則自掘墳墓。政見儘管不同，主張儘管互異，但在今日情形之下，站在國家民族立場，必須追隨著蔣先生。至低限度，亦應自託於抗戰陣營之列。根本說來，這並不是服從蔣先生，我們所應硜硜信守的是中國人在國破家亡的正義傳統。回頭是岸，今尚不遲，只要抱定決心，一切我來區處。」

宗武此行，所要商量的正是切身問題。大海中既獲南針，反正之念，自更堅決。於是彼此約定，宗武先歸，溯老隨後亦回上海。

三、兩次飛渝發表密約

為了避免疑猜，溯老到滬後，與這批和平救國志士，也就和光同塵，彼此過從。汪精衛畢竟是位謙謙君子，懂得禮賢下士，浼請溯老，在財政經濟方面，多多指教。溯老揑著鼻管好笑，覺得他委實可憐。此時溯老最急急的只為高的問題，如何早日與重慶取得聯繫。由於他與徐寄廎先生以同鄉而兼至好，所以遇事只和寄老商酌。又鑑於本身以往經驗，如以此事與國民黨官僚直接接觸，深覺不堪承教。思得一社會上有力人士，擔起居間責任。在信義上彼此交孚，在合作上推誠相與。寄老便直覺地提起杜月笙來，認為除他以外，沒有第三個適當之人。溯老離國過久，情形隔膜。但亦曾聽到月笙雖是出身江湖，其行徑卻不類於「過橋抽板」的儈夫市儈。於是決將這樁買賣，奉送與月笙承辦。其時已是十月，徐采丞適從香港返滬。甫抵家門，寄老踵至，將大致情形，撮要告知。隨手掏出一張條子，上面僅書「高決反正，請向渝速洽」九個字。即浼釆丞原船返港，速與月笙接洽。

在一個陰沉的下午，釆丞拎著手提箱，突然在告羅士打七〇五號杜氏辦事處出現，月笙不免大吃一驚。猜疑他在上海出了亂子，不得不匆匆原船回轉，萬不料他帶來的卻是高的反正這樁事件。月笙看過字條，深悉寄老為人，十分謹慎，如非千真萬確，落筆不致如此堅定。認為事不宜遲，利在速洽。即於翌晚飛往重慶，一面囑釆丞留港稍候。其時蔣委員長適有桂林之行，原擬小駐，聞此密報，一宿還渝。召見月笙，前席專對。即囑月笙從速返港，祕密進行。月笙返港後，又著釆丞從速返滬，付以兩項任務：一為速浼黃溯初先生來港面洽；一為協助高等及其眷屬安全離滬。才逾十天，溯老蒞港。當將宗武去日經過、密約要點，逐一和月笙細說，並製成筆錄，俾月笙不致遺忘，得向當局詳陳。於是月笙在同一月內又做第二次重慶之行。報告既畢，蔣委員長親筆作書，露封交由月笙轉致宗武，許為「浙中健者」。欣慰之情，流露於行間墨裡。而在月笙，於高等未經到港以前，焦急煩瘁，一時卻未易得到寧貼。由渝回港以後，除與溯老不時晤對外，日夕懸盼著上海消息。迄至民國三十年一月五日，高、陶兩人同乘「柯立芝總統輪」安然到港，兩家眷屬不久亦先後南來。心頭塊石，才得拋下。可是小麻煩接踵而來了。

其一為那份密約草案，經宗武內弟沈惟泰攝成底片交高太太帶港，曬印擴大呈送重慶外，其另一份由宗武夫婦共同署名，於草案前加一敘言，略述經過，約數百言，然後交與月笙轉致中央社發表。事態至此，功德將次圓滿。不料主事者指摘宗武在署名之下，缺少圖章，不足徵信。只允發表密約草案，敘言應予剔除。其實宗武夫婦並不吝此一章，奈因倉皇離滬，未及隨身備帶。況敘言僅屬序跋一類文體，無關宏旨，一章之缺，何足重輕？始猶根據事實，互相解釋；繼則意氣用事，相持不下月笙左右為難，急中生智，沒法不使出江湖上的「噱頭」了。

月笙對著他的助手說：「這件東西，明天必須見報，否則我們這場辛苦，完全白費。拚著夜飯不吃，必須把它弄妥。我現在去吳鐵老公館，你就待在我處。如我十一點還沒回來，你就顧輛車，趕向吳家，指名尋我，質問我到底是否全部發表，還是敘言定要刪去。那時你注意我臉上的表情，如果是個尷尬面孔，你就大聲發話，聲明此來是受高某之託，要將全部文件收回。你盡可裝模作樣，聲色俱厲，擺出一副要使我受不下去的嘴臉來。吳鐵老對你並不相識，絕不會戳破機關。這麼一詐，也許可以轉圜。」

杜氏說罷即匆匆去了吳鐵城公館。

那位助手奉命之下，挨到夜晚十一點鐘，夜色已深，黃鶴猶渺，於是如法炮製，在吳公館賣弄虛玄。吳鐵老果然落進圈套，應允轉囑主事之人，將草案敘言全部刊載，此事乃獲一戲劇性的解決。

其二為護照問題。高之反正，絕無條件。如果說是條件，只有終未遂願的外交護照一項。因他到港後預定去美深造，故有護照要求；又因他個人體面及行旅方便，故要求的是一份外交護照。在密約草案發表前，這點要求，等於雞毛蒜皮。有關各方，滿口承諾。迨至正式申請，忽然變卦。發給的是官員護照，並將其名改為「其昌」。宗武對於改名，倒認為是政府好意，以便其沿途過境，不致招人注意；但於改發官員護照一節，則大大不以為然。視為前恭後倨，有意輕侮。轉託月笙即將官員護照退還，改發普通護照。對於這些負氣的話，月笙以居間地位，只有自責其效勞不周。於是函電紛馳，分向重慶有關方面，要求踐諾。無如事過境遷，始終不得要領。

後來還是黃溯老出來打圓場，他表示：「這樁大事，幸虧月笙承辦，猶能委曲求全，負責到底，總算我老眼無花。否則我們今天，誰來理睬？話說回來，在這嫉功忌能的官場，恐怕月笙本人，亦自有其難言之隱。我們得過且過，何必刻舟求劍，致使月笙過分地為難呢？」

宗武經此勸喻，心始釋然。他兩夫婦就憑這份官員護照，橫渡大西洋往美國去。此後高、杜之間，時通消息。月笙患有嚴重氣喘病，宗武在美為之遍訪名醫，探尋病因，又為之訪覓有效藥品。一九四九年，宗武並就日本國境內擇一終年氣溫與喘病患者比較相宜之地點，函勸月笙移家東渡，以利休養。迨聞月笙噩耗，又馳函其友人李毓田代為致唁。遠隔重洋，深情款款，在這世道澆薄之際，也就不易多覯了。

四、陶希聖由香港到重慶

在這一段光陰裡，陶希聖過的倒是閒適生活。經由月笙之手，政府按月撥給港幣三千元，辦著一份月出兩期的《國際通訊》。薄薄的小冊子，完全贈閱，不須發行。出版後包紮一大綑，交由月笙託人帶往重慶分送。香港市面卻不易看到一份。他太太是位中饋能手，燒的湖北魚丸，香甜滑嫩，著舌能溶。缺的是不懂酒性，威士忌當做黃酒燉來飲，一時成為奇談。無如好景不常，

「太平洋戰事」陡然爆發。這份快樂家庭，破碎事小，希聖本身安全卻是大大之憂。那時月笙已去重慶，抱病頗重。當局囑他開列旅港重要人物名單，以便派遣飛機前來搶救。他開出的第一名便是陶希聖，一面急電希聖緊急準備。無奈飛機只能在深夜到達，著陸時間極短。車輛已被香港政府徵用，希聖根本無法跑到機場，回渝之念，只得放棄。

迨至九龍失陷，希聖嚇得不敢回家，終日在街頭盤旋，東住一宵，西宿一晚。最後挈家帶眷，匿居於彌敦道黃醫生家的後樓。好在日軍不久疏散人口，希聖參加由杜宅一班人組織的難民回鄉隊，始於民國三十一年一月二十八日脫險離港。他在行前，預防被人覷破，特別化裝。每天用椰子殼燒油搽臉。這是帶有刺激性的油脂，直搽得他雙淚直流。同時猛吸其黃金龍香煙，加速改變面部、手部的膚色。過兩三天，總算把他那蒼白的面容變成久病新癒的憔悴漢子。他的眷屬在他離港後的第三天，搭上「白銀丸」，由高彤階護送去廣州灣。夫婦臨行，彼此互約：一踏上中國地，第一件事就是給杜月笙打電報。因為隨身帶著極少的錢，沒有月笙，沒法得到充分的接濟。後來他兩夫婦和孩子們都平安地到達重慶，月笙始告放心。

希聖旋由陳布雷先生汲引，分擔了文學侍從的工作。官俸無多，緩急時有，月笙便成為他的外府。儘管月笙經濟情形，當時並不甚佳，但於他的需求，總是有求必應。勝利以後，希聖地位日高，蹤跡日遠。在月笙公子維屏涉及破壞金融案件時，偶然也想到他。可是十八樓頭（月笙滬寓），座客常滿，卻不易見到陶先生的紆尊降貴了。

五、玩世獨奇的黃老先生

杜工部詩云：「一心與人成大功。」黃溯老足以當之無愧。這次「高陶反正」事件，幕後全是由他策畫，但絕不居名，更無所「利」。事成以後，溯老在九龍塘借賃一間廳房，仍然過其簡單的獨身生活。月笙於他尊重異常，敬禮備至；但他卻從不跨進杜宅一步。遇有疑難問題，或逢國際局勢變化，月笙往往起個絕早，跑到九龍塘去，登門就教。

溯老有一特殊本領，常把各報同類消息，歸納一起，再將類似消息，穿插其間，又追溯到以前報導，互相印證。在茫無頭緒之中，每每被他發掘出一個有系統的線索來，大有智燭機先、談言微中之妙，所以月笙不去則已，一去總是待上老半天。洗耳恭聽，忘其坐久。

溯老交遊甚廣，但此時能登堂入室者僅有劉放園、賈果伯、秦待時、李毓田及筆者數人。春秋佳日，不時偕遊郊垧，在農家烹雞煮酒，醉飽以歸；紀之以詩，互相唱和。當雨季裡，溯老有個奇特的動作，他在大雨滂沱之際，穿起膠鞋，撐開雨傘，坐在花園內的藤椅上，對著山頭瀑瀉、天畔雲垂，怡然自得。同居的往往驚訝著老頭子發了神經，而不知其正欲藉此驟雨疾風，一洗其心頭積鬱。

民國三十年年底，蔣先生電邀溯老赴渝一行，返港後，他和筆者說：「這回我和蔣先生鬧過一場了。我數說他在北伐以後，對於蔡松坡的滇南起義、梁任公的學術文章，全無一字褒揚，且將紀念節日取消，顯見國民黨氣度之淺。蔣先生被我鬧得面紅耳赤；陳布雷事後且批評我：『昂頭天外，旁若無人。』倒是蔣先生在我告辭時，他因知道我曾因墮樓受傷，行走不便，攙扶我走下臺階，總算是優容好禮的了。」

其後四月間，國民政府突頒明令，褒揚任公，即源於此。香港淪陷後，溯老由廣州轉往桂林。迨桂林告警，轉往重慶，寄寓渝郊外大興鄉「棋王」謝俠遜家。與月笙所寓之汪山交通銀行宿舍距離不遠，至是始稍稍有所往還。

一天，他在杜處遇見張君勱先生，突然以滑稽突兀的臉孔對著君勱說道：「你們張家確是闊極一時了。你是黨魁（社會民主黨），介弟入閣（張公權），娶個弟媳（張肖梅）居然也是參政員。袁公路四世三公，恐比不上你張氏一門三傑吧！」

這番話說得張君勱先生瞠目視，不知所措。杜月笙以主人身分，更感踧踖不安。可是溯老若無其事，繼續笑談下去。

至民國三十四年夏秋之交，溯老偶沾微恙，溘然長逝。蔣先生特撥治喪費三十萬元。勝利以後，杜月笙為之歸櫬上海。著有《鄭樓詩草》，徐寄廎為之刊行。

二十載光陰，風雲變色。大千世界，瞬息成塵。當時承辦高、陶事件之人，率皆下世。獨遺主角兩人，回首前情，當不免感慨萬千吧

第六章

籌餉饋川康運土

在人生歷程上，除走直徑、曲徑外，有時還會走上回頭老路。饒你認為絕無可能的，可是在不知不覺間湧現出新的局面來，由於客觀情勢，你非得回頭經歷一番不可。民國十年以後，在上海提到「鴉片煙」三字，無庸諱言，會使人直覺地聯想到杜月笙。實際上，他確曾憑此一塊墊腳石，使出渾身解數，立身結客，把那花團錦簇排場建築在黑海沉陰之上。後來他在社會上占有相當地位，體會到這些勾當不容繼續經營。在「一•二八」中日間發生淞滬戰役以前，幡然變計，把這條生財大道，完全放棄，洗手不幹。甚至他本身那口嗜好，在友好勸喻下，從善如流，戒除淨盡。到此境界，算得是脫胎換骨，伐毛洗髓。從此「花摧罌粟，癖絕芙蓉」了。哪知十年之後，抗戰期中，他會受到當局委託，以商辦名義運銷川康存土。攘臂下車，馮婦重來，這是萬萬意想不到的，也就不期而然地踏上回頭老路了。

一、外國人筆下的杜月笙

三十年前，月笙在煙土方面的名氣是夠響亮的。莫說在中國，甚至遠在太平洋彼岸的書報上亦自喧嘩一時。筆者行篋中僅存的一本《亞洲內幕》（*Inside Asia*）裡，就有此類記載。在著者約翰・根室（John Gunther）的筆觸下，一開始便用惡毒的比擬，把他稱為上海的考平（Capone of Shanghai）（按：考平是個無惡不作的美國黑社會頭子）。接著寫出如下的記述：

這是個引人矚目的猛漢。稱為中國最有趣的人物。他是多年的上海煙土大王，因此積累了巨量財富。他已近五十之年，從前是個賣馬鈴薯的小販。當然，他是經過一段艱苦的歷程而爬上銀行家和慈善家地位。他是一個重要的地方銀行——中匯銀行的董事長，也是中國銀行的董事。他於慈善事業銳身自任，在強烈反抗日本人的上海市地方協會內又是一個能幹的領袖。

他早年投身於販毒，在青幫裡是個權力的領導人。照例地他轉變到政治方面。實際上，凡屬愛國革命的團體都是由祕密組織在適當期間轉為公開。俄國的共產黨、義大利的法西斯莫不皆然；他的青幫也屬如此。他於蔣介石將軍有過重要的貢獻，所以他是少數可信任分子之一。在蔣從左轉到右的時候，他和以國民黨起家的兩陳兄弟同是把蔣和地方財閥拉攏的居間人。

杜氏的總部設在上海法租界杜美路。隱蔽在高牆內的那座房子，接連著迷人的花園，中間供著神龕。現在他是受著尊敬和愛國的人。他控制著報館、電力公司、交易所和紡織廠，已不僅是銀行家和慈善家了。

這裡有個難以置信的故事。說他早年對於一個干預他販毒的大官深致不滿。一天清晨，這位大官發現一具大而靚的棺材送到他的大門口，據說是他幹的。

一九三八年他去了香港。據法租界權威人士的想法，認為他對於中國亡命者（指抗日分子）過於熱心援助，如果他繼續留在上海會惹出意外事件。他是有把日本人當早餐吃的名氣的。

這些話，無論其為毀、為譽，均屬似是而非，不切實際。但有一點是肯定的，他那經營鴉片的名聲確已響遍遐邇了。同時，在美國其他書刊內，大都有一鱗半爪的記載，失實的當然很多。抗戰期中，他的學生朱學範多次代表中國勞工出席於美國舉行的國際勞工會議。歸來的時候，總是帶回許多本有著這類記載的書報。他的門弟子中有些為著老夫子的名譽攸關，主張採取法律上的行動。有些卻認為不必，因為書刊上的記載，看過算數，誰會把它深藏腦海？如果因此採取行動，反而弄到滿天星斗，使人加深印象。所謂「見怪不怪，其怪自滅」，因此也就算了。

清代初期，廣州為唯一對外通商口岸，鴉片之滲透全國，自以廣州與澳門為基地。廣州十三行為經營鴉片的大本營，潮汕人士以其地緣和人緣的便利，具有聯繫。所以在上海經營鴉片，亦以潮幫為巨擘。月笙投身此一營運裡，始終都和潮幫取得合作。

當初上海洋場，範圍不大，洋涇濱為英、法兩租界的分界線。濱南歸法國人統治，從法大馬路外灘直達洋涇濱一帶，最為繁盛。法國人只是要錢，並不像英國人多少還顧點面子，因此法租界成為無賴地痞的溫床、下流營業的集中地。憑著孔方兄通鬼通神，租界當局對這撈什子的買賣，不僅眼開眼閉，且幾成為窩主。但捕房勢力其時尚未與白相人合併。青、洪兩幫，各自為政。兩幫之內，又各分為支派，彼此爭雄。以故，在捕房與幫會對立之外，又形成各幫各派對立現象。煙土是大利所在，三山五嶽的好漢們，當然不肯平白放過。仗著人多勢壯，強搶煙土，已是司空見慣之事。有時又鬧著「黑吃黑」，這一幫拚著性命強搶而來的，斜刺裡突被另一幫攔截而去。就中最有名氣的是八大個黨和小八個黨。「窩裡反」的後果往往釀成血案，捕房也就無可奈何，表面上雷厲風行，骨子裡外張內弛，不了而了。

二、由搶土談到公開買賣

談到搶土方法，分著「撓鉤」、「套箱」、「硬爬」種種。

「撓鉤」是在楊樹浦一帶幹的。原來私運煙土的輪船進了吳淞口後，販毒的押運人員便把它一包一包向著水裡直攛。憑著吳淞口會合長江、黃浦江和黃海在漲潮時那股完全倒灌的水勢，只須扣準時刻，攛下去的東西會被水勢沖流而西，盡可撈回上岸。但強中更有強中手，另一批黑吃黑的高手也就準時埋伏一旁，進行無本買賣——他們窺伺著波浪中那些載浮載沉的土包子，說時遲，那時快，一手瞄準電筒，一手使出撓鉤把它鉤搭上岸。人多手快，霎時間把鉤搭來的搬上準備好的汽車，在月黑風高裡疾駛而去。

「套箱」是在新開河土棧附近幹的。原來這些煙土都是用美孚火油鐵箱包裝。有些高手，就憑他們熟練的手法，趁煙土上棧的時候，雇了馬車裝著美孚火油空木箱在棧房附近兜來兜去，等到卸貨的當兒，他們用一個木箱套一個洋鐵箱，見貨便套，套好便走。販毒原是犯法勾當，失主不敢聲張，除非戒備森嚴，使其無從下手。但他們也會用聲東擊西假途滅虢等種種詭計，使土商們措手不及，無從支應。

至於攔路搶麻袋包的「硬爬」，更是神出鬼沒，無從防範了。

黃金榮以法捕房督察長地位，手下原有幾位健將和不少緝私幫手。對著如火如荼的搶土案子，竟自無法可措，想不出整頓辦法。倒是他那位紅顏知己桂生姐卻給他保舉出一個人來。莫小覷她是三綹梳頭、兩截穿衣的婦人，照樣拳頭上立得住人，臂巴上跑得住馬，一刮兩響，很有點鬚眉氣概。雖然流轉風塵，以前也曾見過世面。自和金榮結合後，借風扯篷，長袖善舞，居然自己創天下，名氣相當響亮。此時月笙已早託身黃門，由於桂生姐的慧眼識人，惺惺相惜，不時在金榮面前吹噓拂拭，地位逐漸提高。在三隻賭檯之中，給他派定一個，自立門戶。月笙人窮手面大，向來不把銀錢看重。在接管這隻賭檯後，得來的油水，一面為著老闆散財消災，一面自己結納朋友。遇著江湖上尷尬弟兄，倒翻袋底，傾囊相助，沒一點手顫肉跳。在經歷一段時期後，圈內圈外，就憑他自我紮起。桂生姐聽在耳裡，記在心頭，覺得江湖上雖談不上大仁大德，能夠重義輕財，也算是錚錚好漢。因此暗地留神，有心攛掇，所以碰上這個機會，便將他擢舉出來。

這些年間，月笙對於內幕情形，耳濡目染，早已參透個中三昧。既然有了用武之地，他便慫恿著金榮把這煙土行業設法歸併一致，創立公司。所有進出運銷，完全集中辦理。訂明三節結賬，派息分紅。這時張嘯林已來上海，與他倆早經結合。就由他們三個人集合有關方面，各顯神通，打通關節，把這私買私賣變成公開祕密。一面抱著「有飯大家吃」主義，各方兄弟，利益均霑，反正羊毛出在羊身上，誰都不會因此拆蝕。縱然有些幫口，不盡甘心，怎奈他們玉帛干戈，軟硬全套，大勢所趨，不由你不收帆轉舵。這套措施，倒隱然暗合統制經濟的意味。從此土商幫會和有關中外當局打成一片，以前種種對立狀態一掃而空，所有國產的雲土、川土北口貨及外來的波斯土、印度土，大部分在上海集中和分散，潮幫勢力反退處於附庸地位。法租界原是納污藏垢之區，此時倍見繁榮。一般為非作歹之徒，以及游兵散勇，間接、直接，分享著一福壽膏的一涓一滴，大家都有活路，社會秩序，在毒氣瀰漫下反而相當安定。

月笙是六轡在御，「百輛盈門」，後來又大營賭業，更自揮金如土，善門大開。單指小節而言，散出去的濟貧月摺，朔、望兩天，憑摺到他公館內具領救濟金的鰥寡孤獨，少則三十，多至百元，這筆數目也就大有可觀了。

三、由法領事談到劉部長

其間有一插曲。民國十六年，法國政府怵於上海法租界的臭名四溢，為適應當時情勢，特派一領事來滬，以禁賭、禁煙為任務。這位領事，年輕氣盛，對當地情形既乏深切瞭解，而於其時英租界之對煙、賭兩項仍採半放任態度亦不加以思慮。下車之後，雷厲風行。自恃理直氣壯，誰敢予侮。因此對於勸其逐步緩進的建議，概置不理。無如平日藉此營生的，千千萬萬，為數極眾，一時陷入飢餓邊緣，自然大起恐慌。更因此類勾當，楚河漢界，各有地盤，不容侵犯，縱然越界（越入英租界）居留，亦無法重理舊業。在此進退維谷之下，罡風陡起，暴行突張。其間傷人越貨，放火路劫，猶其小焉；甚至電線柱懸著人頭，捕房前爆著炸彈，把這旖旎繁華的法租界鬧成個慘霧愁雲的羅剎國。法領事初派警捕彈壓，後遣安南兵出動制止。這批穿上老虎皮的傢伙，大部分原吃著這項俸祿。無論寡不敵眾，即使人強馬壯，也為了財亡氣餒，不甘拚命。因此儘管他調兵遣將，依然無濟於事。而隔鄰英租界，為著他的躁切從事，惹起軒然大波，認為無端激變，影響治安，已自不無微言。迨後消息傳到巴黎，法政府因其年少好事，不懂殖民政策，亦自嚴電切責。經四面夾攻下，這位領事，大為懊喪。於是浼由張驥先陪往要求月笙出面斡旋。月笙原本勸他毋躁毋急，至此重申前意，仍請暫弛禁令，以後逐步肅清。法領只好收回成命，法租界也就恢復常態。

經過這番風浪後，月笙眼見當時北軍閥被打得落花流水，漢口、九江等地租也被次第收回。時代已經不同，因而考慮到黑道勾當應早脫身洗手。可是事實不能如此簡單，為了特稅關係，還須他駕輕就熟；迄至砲聲一響，國難當頭，才能把煙、賭兩行，悄悄地除牌收檔。他本身是沾有這口嗜好的，癮頭雖不甚大，究屬黑籍中人。雇著一個槍手專門打理燒煙、裝煙等雜役。據這槍手說：杜老闆吸煙，有其特性——每筒只在煙泡上半節對火吸進三五口，緊接著煙斗的下半節是從來不吸的。據傳這樣吸法，可以防止臉上泛露煙容。他又說：一般習慣，在三筒癮過欲仙欲死之際，往往捧著熱茶倒喉直灌。可是杜老闆喝的並不是茶，而是中藥金釵、石斛浸好的汁液。據傳這一味藥大有生津釀液功能，可使癮君子不致倒音變嗓。

在月笙結束煙、賭兩行後，有天，他的好友楊先生和他說：

「月笙哥！你近來樣樣都好，可惜還有一樣沒有改變。」

月笙瞿然問他指的是什麼，那位楊先生就打作手勢比給他看。

月笙笑嘻嘻答道：「是這個麼？正有此意。既然由你提起，費心一手包辦。」

楊也就毫不遲疑地滿口應承下來。他想：「杜老闆這樣的人戒煙，第一要鞏固他的決心，同時還得盡量減輕其家屬、親友的阻礙。上海一班名醫，彼此太熟了，本地胡椒不辣。最適當的是把現任衛生部長劉瑞恆博士請來。以他的官階和學識、經驗，先聲奪人，才夠使杜氏一門增強信念。」於是逕往南京，專誠請託。

劉、杜原屬交好，亦自一口應允，相率來滬。由劉部長給他檢查體格，認為絕有把握；針劑兼施，月笙並無所苦。過了一週，月笙偶患感冒，精神不免委頓，親友間大為起鬨。

金廷蓀且嘲笑地說道：「吃快活了。戒煙戒煙，提防老命戒掉。」

這些消息傳到楊的耳裡，也就不無疑懼。他趕緊往晤月笙，要他不可勉強。

月笙斬釘截鐵地對他說：「戒已戒定，死也得戒。這幾天偶爾傷風，值不得大驚小怪。他們起閧，當它放屁。」

果不其然，一月未屆，月笙的積年舊癮，通體戒除。楊既放下心頭塊石，親友亦自皆大歡喜。月笙於是假借劉志陸先生公館，擺上四桌豐富筵席，款待劉部長和楊先生，一面慶功，一面酬謝。約來賓客，除至親好友外，其餘半數，全是舞榭名花、秦樓嬌女，一時花枝招展，餚核雜陳。月笙和楊原是笑謔已慣的老友，指著一堂鶯鶯燕燕，呶著嘴笑向他問道：「那能？」（滬諺作「怎樣？」解。意思是問他有無胃口，他可以給他辦到）可見此時他是如何的意得志滿啊！

四、十餘年後忽重理舊業

抗戰時，筆者旅渝有句云：

三峽急灘寒賊膽，一冬濃霧蔭蒼生。

在爭取勝利下，大自然的急灘、濃霧都已被利用為防禦工事；那麼輸出川、康存土稍稍濟助餉糈支應，似亦未可厚非。況經指定只准以海外為推銷市場，則在國內當更不虞其發生毒化作用。所以在二十九年國民參政會一度質詢之後，也就不甚追究了。

其時戴笠兼領財政部貨運管理處，這項買賣，乃由戴笠和月笙接洽。在他洗手十餘年後，重理舊業，確屬意想不到。但為國家民族利益，駕輕就熟，份應效勞。於是召集資本，組織港記公司。對外接洽由月笙出面，內部業務則由鄭子嘉（潮幫）、顧嘉棠主持。並經洽有受主，全部運交廣州灣之陳某分銷海外，以符原議。各項部署，將次妥貼，詎日本人進占香港，大局起著重大變化，這便連帶地使原計畫停頓下來。輾轉至三十一年冬，方才起運，但已改變路線，由曲江一帶轉輸港、澳，即受主亦已被虎而冠者取而代之。那時月笙適遊西北，逗留西安，重陰積寒，喘哮時作；猶為種種難題，力竭聲嘶地在長途電話中和渝方折衝解釋。俗語說：「行貨不過手，過手是財香。」於是闈內大員、闈外將軍，只要搭上這條線的，無不染指分肥。甚至烏府先生，何等清要，亦以拈手為快。結果，廣州灣陳某做的是一場春夢，杜月笙贏得的是紙上富貴。餉糈供應，實際得了多少幫助，恐還是一個謎吧！

五、為免物議不遷入新居

倒是顧嘉棠、鄭子嘉兩人心中大不過意，特撥一筆款項，為月笙在汪山公路附近砌起一座石頭房子。這在他們是有例可援的：民國二十一年後，政府發行航空獎券，其總經銷任務由月笙保舉金廷蓀組織大運公司出面承辦。結束以後，廷蓀表示謝意，為他在上海杜美路蓋了一幢大洋房。所以此時顧嘉棠依樣葫蘆，奉行故事。可是月笙處事，有時極端謹慎。當年為著他與張嘯林一向出則同行，居則比戶，如果單獨遷往杜美路新居，難免老友心中不快。因此杜美路的房子，他始終未曾住過。此時他又想起當年楊虎在西湖造了一座美輪美奐的別墅，給蔣先生知道了，大發雷霆，幾至丟官撤職。他雖身分不同，不受官常之誡。但在國難時期，若遷進石屋，養尊處優，究難免於私評物議。所以汪山這棟石屋，他就未曾踏進一步。

勝利之後，他為喘症纏身、苦痛難捱，只好借重芙蓉仙子，提神益氣，於是一燈相對，重續前緣。而這兩幢房子，無獨有偶，汪山的賃給蘇聯大使館，杜美路的賣給美國領事館，鎌斧星條，遙遙並峙，杜月笙倒彷彿做起兩個敵視國家的居停主人了。

第七章

海外援僑舉私債

民國三十年十二月二日，月笙和錢新之聯袂由港飛往重慶。一半為著例行的上海敵後工作年終綜合檢討，一半為著籌畫中國通商銀行重慶分行開業。原定在重慶耽留兩星期，於是月十四日回港。不料「太平洋事變」，即在他離港後六天的十二月八日清晨發動。抗戰四年，流亡海外的老百姓，經過創鉅痛深之後，喘息甫定。至是又於硝煙彈雨之中，再度開始其流離轉徙的生活。如果當時他移後一星期首途，或提前一星期返港，則必身當此厄，其前途的變化，將不堪想像。乃竟不先不復，鴻飛冥冥，實邀天幸。猶憶林庚白先生，以諳子平之術，推算其本人命造，認為辛壬之間，險惡莫測。鑑於重慶時遭轟炸，深懍垂堂之戒，特挈眷來港，以策安全。不料行裝甫卸，適逢此變，竟在港喪生於日軍之手。可見吉凶禍福，縱能預知，而趨避從違，未必是人力可以自主了。

一、一著閒棋危時起作用

那次香港戰役，先後僅歷十八天。十一日上午英軍已自九龍撤退。十二日一早滿街都是日本旗。經過十八日香港總督楊慕琦派遣代表向日軍司令酒井中將款洽後，二十五日香港總督府即已高舉白旗。但在九龍陷敵後第四天，留在上海做敵後工作的徐采丞，因關心月笙及一系列親友，居然在兵荒馬亂中與九龍杜宅取得聯繫。此舉人皆訝為神奇。殊不知此中正自有故。

事緣民國二十九年冬，萬墨林因掩護重慶派駐上海地下工作人員如吳開先、蔣伯誠、吳紹澍輩，被日軍偵悉後，予以逮捕。經過嚴刑逼供，迄無吐露，情勢相當嚴重。墨林原受月笙指揮，為其在滬助手之一。經多方託人斡旋，終苦不得要領。采丞本業紡織，早年受知於史量才先生。史氏被害後，他周旋於錢新之、杜月笙之間。工商人士，向來不甚與聞外事，故在社會上初無藉藉之名。抗戰軍興，淞、滬陷敵，上海市地方協會主要人物相率離滬出走，他乃自告奮勇，以會員地位接任黃炎培所遺之該會總祕書職務，留駐上海。於是，出而參加淪陷後之滬市各類社團，從事於敵後活動。經常來往港滬，與月笙取得密切聯繫。但當時月笙不過視為一著閒棋，聊備一格而已。及至萬案發生，采丞在滬於無意間從其友人顧南群、朱東山的談話中，探悉有一北洋政府時代東北籍之國會議員金某，與日本興亞院之岡田坂田甚為相得。他是工於心計的人，在探實這條門路後，便以月笙駐港代表的姿態，和金某拉上關係，從而結交日本人以展開其為墨林營救的工作。其時日本軍、政兩方，派別頗多，對於尋求結束中日戰爭運動，正在各找線索。見他惘愊無華，不類買空賣空一流人物，認為由他搭上月笙路線，不失為一橋樑。於是買個交情，准將墨林保釋。

偌大風波，竟由采丞斡旋寧息。兼之以前「高陶反正」事件，亦是由他居間奔走。不料這著閒棋，居然發生重大作用，大出月笙意表，於是推心置腹，從此信任有加。此後采丞又因岡田坂田的介紹，輾轉結納日本海陸軍及憲兵隊之重要人物如川本之流。過從既密，情感日孚，故能趁九龍淪陷後日本興亞院派遣王邃園、韓××來港之便，即與杜宅取得聯繫。親友通信，多交日軍飛機帶返上海，因此采丞於港方情形並無隔閡。亦以此故，日軍對於月笙留港眷屬，與一般華人同樣看待，未嘗予以苛虐或騷擾。

月笙原患哮喘病，那次由港飛重慶，適值冬令，重慶開始進入霧季，陰翳潮濕，往往天日無光，對於月笙病體最屬不宜。正在哮喘大作、坐臥不寧之際，突聞香港之變，其所受的打擊倍見嚴重。他所最記掛的人，除前文所提之陶希聖以外，尚有金廷蓀先生。廷蓀於上海淪陷後，初猶安土重遷。迄後敵偽威脅日趨嚴重，感到本身不易立足時，乃離港出走，徘徊於浙、閩之間。他與月笙原屬患難弟兄，經月笙再四邀請，才於民國三十年十一月間到港。席未暇暖，忽逢此變，月笙以萬分抱歉心情，必欲使陶希聖與金廷蓀兩人首先脫險。故於重慶派遣飛機來港營救時，特來一電，叮囑儘先由陶、金兩位登機離港，親友中任何一人不得攘奪，包括其眷屬在內。無如當時格於戰時種種限制，終致事與願違，陶、金未能搭上飛機。同時又以港、渝間消息不明之故，月笙以在港友好眷屬，存亡未卜，疑慮益深，因此哮喘之病日益增劇。但為籌畫營救方法，又不得不打疊精神，勉強應付。所幸其門人陸增福於九龍陷敵後，首先冒險登程，取道東江一路，探索前進。行次惠陽，已入自由區，乃將香港戰事經過及親友無恙情形詳細電渝告知，月笙忐忑之懷，始稍寧貼，病情亦因而日有起色。

二、救生送死舉債全交誼

日軍占領香港後，為了米荒，下令疏散人口，准許居民組織回鄉隊，自由離境。於是紛紛藉此機會，以難民身分，結伴離港轉入內地。大部分取道東江經由惠陽轉赴韶關。一部分則循海道由廣州灣登陸轉往柳州、桂林。在飢餓和危險的邊緣裡，一面欣慰地倖為漏網之魚，脫出日本人的魔掌，一面悽惶地淪為喪家之犬，深感前路茫茫。心頭填滿國恨家仇，腳底踏著羊腸野徑。在寒風昏日之中，默默地一步一步前進。月笙的夫人姚玉蘭女士也就亂頭粗服、肩負手提，和他的公子維藩，雜沓在這些難民行列之內。

其時，賑濟委員會為應付此一緊急事變，將原設香港之第九救濟區（原轄粵、桂、港、澳各地）分為第七、第九兩區。第七救濟區特派員為陳志皋，駐在曲江，專辦粵省賑務。第九救濟區特派員原由月笙兼領，至是改委林嘯谷接充，駐在桂林，專辦廣西服務。兩人均屬杜氏門生，工作能力，相當堅強。怎奈官場積習，鬆弛遲鈍，無論風火雷霆，事關緊要，依然牛步徐行，緩不濟急。每一過境難民，辦妥登記申請審核等等例行手續，已須費去若干時日，及待賑款領到，其為數之微，恐尚不足抵補其待賑期內的膳宿支銷。

因此，月笙乃決計以其私人地位，自行成立救濟系統。無論其人向日交情之親疏厚薄，亦無論其人已否直接來電要求，只須在他腦海中有些迷茫印象，一經提及，統在資助之列。至少五百，多則巨萬，指定姓名、數額，分別電匯陳志皋、林嘯谷及柳州中央銀行經理趙沖就地致送，直捷了當。此輩陸續抵達重慶後，月笙擇其交情較厚的，分批在交通銀行客廳為之備酒壓驚。使其感覺人間尚有溫情，或可稍解轉徙流離之苦。其間又擇其家累較重、清貧如洗、一時生活未易安頓的，藉著握手言歡的客套，暗地裡捏好一捲鈔票向著掌心塞去，一面眉目傳情，預阻著開聲道謝。

統計此役，月笙先後所費約達二百萬元。儘管戰後法幣貶值，而依照當時黑市比例，尚合港幣四十萬元之鉅。他不是腰纏纍纍的富豪，更不是點鐵成金的術士，這些花花綠綠的青蚨究竟從哪裡來的呢？說來也許使人愕然，他竟是採取「打腫面、充胖子」的辦法，以董事長資格納著利息向通商銀行透支而來的。統計他在重慶四年中，平均透支至少一千萬以上，其償還方法，雖有種種，卻以賭的收入為最大宗。在他心境愉快的時候，躺在梳化椅上，敞開衣襟，手裡夾著一枝煙捲，於感慨和笑謔交織之下，對著二三知己，毫不隱諱地自承：多靠賭運幫忙，否則以物價那樣地高，開支那樣地大，他縱擅於呼風喚雨，也就不易抵受了。

他的親友在這次逃難中受苦最夠的，以金廷蓀為最。他寄寓在香港方面，戰事發生後，一海之隔，與九龍杜家失去聯繫。後以難民身分轉往內地，亦非與杜家有關人等同行，孑然一身，匆匆就道。以一個生活舒適已慣的人，手提包裡，跋涉長途，已自腳腫腰痠，頭暈氣喘。何況頻年兵燹之餘，東江道上，往往一二十里不見人煙，飢渴交侵，驚疑自擾。外加盤纏之費，極為有限，幾至數米為炊，併日而食，益滋人間何世之慼。迨行抵河源地方，賑委會設有一救濟站。主任吳思源係屬粵人，既不知他是上海灘的風雲人物，而他亦恥於自炫，不願在人前攀借許世英、杜月笙等大名。循例領到救濟費十五大元後，咬住牙齦默默地經由福建轉向浙西而去。

其中最不幸者則為湯斐予先生。湯氏當時年齡已越六旬，精力早經衰退。在朔風凜冽裡，淚墮如珠，涕零如雨。扶著一枝拐杖，步履蹣跚地追隨著大隊按日趕上五六十里的長程。所持僅有的行裝，因不勝負背之重，隨地委棄。其最心愛的一個香煙匣子，亦自送與他人。因他吸不來那些土製的劣質捲煙，又吃不起外國貨，倒不如索性戒絕，這煙盒子也就非所必要了。迨後行抵重慶，故舊相逢，半驚半喜，滿以為留得此身，猷可替否，猶足為國宣勤。不料顛沛長途，內傷已重，未及兩星期，便爾油枯燈盡，溘然逝世。萬里麻鞵，一腔孤憤，落得這樣收場，無不為之隕涕。他是賑委會的委員，許世英先生擬在公款內，撥給治喪費用。月笙聞此消息，不以為然。他慨然說道：

「如果政府以明令為湯老爺（友好間慣常稱謂）治喪，那當別論。若以賑款移做私人殯殮之費，那麼湯老爺睡的等於施棺、施材，無論死者不安，要我們這班活的朋友何用？」

乃以獨力經紀其喪，一面去電江西泰和，訪覓其子，來渝成服。「一生一死，乃見交情」，月笙足以當之無愧了。

至於其他外省留港的人，或因年老力衰，不堪行役，或因眷屬都在淪陷區，未忍遠離，各自有其不得已的苦衷，只好株守一隅，坐待變化。可是當時港九糧食問題極為嚴重。一般食物店門前，排隊輪購，蜿蜒成為長龍陣。九龍油麻地一帶，狗肉檔遍街皆是，飢不擇食，爭以得嚐一臠為快。無論廣東人和外省人，同樣以饑饉為唯一的恐懼，自分：縱不被殺，亦將餓死。但出乎意料地，留在上海的徐采丞又發揮其效能，從上海租賃一船，直駛香港，載運難民離境。該船於民國三十一年二月八日抵達，就其噸位所能負荷，來者不拒，盡量接載。於是顏駿人、曾雲霈、李贊侯、唐壽民、林康侯、劉放園、潘仰堯等一班名流以及杜氏一系列的親友連同蘇、浙同鄉，約近三百人，均由此船運往上海。「博施濟眾，堯舜其猶病諸。」只此一葦慈航，救得多少，便算多少，已自功德無量了。事先，采丞將此一計畫徵得日本人同意後，一面致電在重慶的月笙，聲明這項措施，完全限於救濟，絕不參雜其他因素。唯須得到重慶的諒解和許可，才敢賃船南駛。月笙以留港諸友，多半由他邀約而來。來渝者總算隨遇而安，留港者自當設法善後。於是分向有關當局，疏通解釋，終獲應允。一面電覆采丞照辦。采丞乃於二月三日借搭日本軍機，先飛香港，部署一切。行次閩、浙一帶洋面，座機發生故障，迫降臺灣修理。勾留一宵，於六月二日續飛到達，而該船亦即於八日駛到。經一星期的接洽布置，約在半月前後，采丞即陪同此三百人同船北返。

當采丞飛抵香港時，一班親友，如見久旱雲霓，悲喜交集。汪彥章詩：「地下皆冤肉，人間半劫灰。只今衰淚眼，那得向君開。」移以描摹此時情況，直使千古同慨。

統觀此役，月笙與采丞兩人，出其全力，直接、間接，援繫甚眾。今此兩人均已下世，而舞文弄墨者流，不曰月笙為流氓頭子，即曰采丞為經濟漢奸，一若其人一生，全無是處。殊不知這樣的流氓、漢奸，當時不患其多，卻患其少呢。

三、巴山聽雨舊好雜新知

月笙在重慶時，寓於汪山，在嘉陵江南岸，距重慶約二十里之遙，空曠高爽，附近一片梅林，臘盡春初，暗香浮動。交通銀行於此築一宿舍，二廳兩房，相當偪促。所幸門前有一草坪，叢木閒花，尚饒野趣。當地氣溫較之市區，約低十度。錢新之以其環境與月笙病體較為相宜，即請他下榻其間。月笙又以一房延請章行嚴（士釗）先生夫婦同住。每當週末或例假，門庭若市。自「龍門浩」以至「清水溪」、「張公坡」一帶，山兜滑竿，於山路崎嶇中，邪許前進，其中乘客大部分是去杜宅的人。新之又為他在打銅街交通銀行二樓，闢一巨室，備供辦公之用。月笙週一入城，週末還山，習以為常。

最初一個時期，上海方面，因日軍初入租界，加強控制，消息中斷，而香港的救濟工作亦已成為尾聲，所以他相當清閒。但那氣喘痼疾，因為山城氣候變化無常，卻使他大為困擾。每當發作之際，喉頭好像給一無可溶解的氣體阻塞著，胸前肋骨忽抽忽張，黃豆般的汗珠兒，不斷地在頭頂冒出。這時唯一急救辦法，只有燒著哮喘（Asthma）藥末，讓那裊裊輕煙透進他的鼻官，經過三五分鐘後，才能平息下去。他所延請的醫生，中醫為張簡齋先生，原在東南一帶，極負盛名。來到重慶後，因為不時為蔣先生診病，所以他的那口嗜好（鴉片），是當時奉旨特准的唯一人物。他的診斷，確是謹慎精嚴，寥寥幾味藥，其份量輕重，必先在另一紙上酌增酌減，儼如演習算術作題。待至認為銖兩恰稱、君臣配合，才肯落筆方案。西醫則為周綸博士，為留德醫生。

提起此人，實一情種。在與一德國女子失戀後，願以身殉，臥在火車軌道上企圖自殺。結果截斷一足，以致不良於行。他雖以小兒科懸牌，而於內科造詣亦深。其心性和平，處事嚴謹，和張簡齋一模一樣，所以月笙信之不疑。無奈這種疾病，迄無特效藥劑，高手延來，亦只能於治標上稍見微功，治本仍無辦法。嵐瘴交乘，霧淞侵襲，這短短的四年，大使他的病體越拖越壞了。

談到社會關係，月笙在重慶，比在香港更見圓滑。當時香港之何東爵士、周壽臣爵紳以及其他名流，雖與他有所往還，但止於泛泛交情，談不上應求之雅。其在重慶，上自府院部會，下至闤闠之流，彼此早結因緣，在那國難期間，痛癢更相關切。當地之劉航琛（四川財經界巨子）、范紹增（川軍副總司令）以前在滬，與他早成莫逆之交。至此以地主之誼，過從益見密切。劉航琛滿腹經綸，辯才無礙，擺起龍門陣來，上至天文，下至地理，源源本本，有條不紊，直使聽者心曠神怡。范紹增乾脆爽利，三言兩語，不蔓不支。蹺著腿兒，踅來踅去，找不出一些官場臭架。甚至呼著他的諢名「范哈兒」，也總是裂開笑口，向人問著：「啥子！啥！」抗戰前范氏曾去上海遊玩，事事滿意，但以未獲與當時上海名舞女黃白英一親薌澤引為此行缺憾。臨別時向月笙吐出口風。范氏返回川後，不到幾天，這位名舞女突然由滬飛渝，移樽就教。樂得范哈兒銷魂蝕骨，翹起拇指兒連喊「杜月笙真夠交情」，「硬是要得」。此時范氏在重慶來龍巷的公館，裙屐翩翩，車馬輳輻，朝朝寒食，夜夜元宵，月笙和他無分彼此，居然半個主人。門前緊對市公安局偵緝隊總部，兩名崗警，荷槍對立，倒像為保護他們耍樂而設的了。

第八章
寄閒情山城玩賭

香港報刊，以前載有關於月笙的賭博故事。大意說：在重慶時，月笙常與中川實業巨子劉航琛及康心如、心之兄弟交遊。有次在撲克遊戲中，場面極大。月笙賭運高照，把康氏經營的美豐銀行全部資產贏了過來。過幾天後，他和康氏兄弟說：「這是逢場作戲，認不得真。」隨手將巨額支票退還。在彼此禮讓間，月笙不耐客套，索性將支票撕成碎片，化為蝴蝶飛去。這些話，筆者當時亦在重慶，卻懵然毫無所聞。

一、呼盧喝雉中小輸大勝

就一般言，康氏兄弟並不是任性狂賭的人物。如果一擲把銀行資產全部斷送，恐怕他兩兄弟早就傾家蕩產，一敗塗地，自始便不會創建偌大般事業了。月笙的豪情勝慨，雖是有口皆碑，但慷慨亦自有其限度。如果贏進整爿銀行而又完全放棄，恐怕氣度上尚未夠如此寬闊。人總是人，而不是神。渲染過度，未免流為神話。反轉來說，賭的或輸或贏，誰都沒有絕對把握。萬一當時月笙負了，那他從何籌措如許金錢，填還這場賭債？作客之身，將成問題。一世英名，或將不保。據情論勢，必不致在落注、受注之間，不自度量，一如韓信將兵，多多益善。因此這項傳說，其真實性似尚待考。不過這班川中朋友和月笙時常玩耍，而注碼之大，異乎尋常，卻是如所周知的事實。

月笙在重慶玩賭的地方，大致只在劉航琛、范紹增兩處。劉航琛的郊區住宅，坐落汪山附近。從公路斜坡下去，便看到那座粉牆朱柱寬敞爽亮的精舍。和月笙所住的交通銀行宿舍，相距極近。週末月笙還山之後，如欲消遣作樂，便往劉宅挖花打牌。滑竿一頂，腳夫兩名，抬著他瞬息便到。在那夏屋渠渠之中，一面賭著，一面談著。牌聲以外，添上松聲泉瀝、鳥語花香，俗中有雅，靜裡取樂。所謂「竹林之遊」（俗稱賭博），倒有些名副其實。其在週一進城以後，則以來龍巷范紹增公館為耍樂之所。

范在川中，原為一位師長。政府統一川局以前，他已向中央輸誠納款。眼光、膽識，不似一般侷促一隅。抗戰軍興，他率部出川，隸屬於第三戰區，在浙西、贛北一帶駐防督戰，歷升到集團軍副總司令。民國三十年間，解職還渝。本來是位好客的人，各方袍澤、當地袍哥，都是他的知交好友，深相結納。重慶為戰時首都，遊樂場所大是缺乏。達官貴人，懍於節約之誡，愛惜羽毛，亦不敢公開玩耍。這時范紹增恰於前方退休，無官一身輕，有「朋」萬事足，便在他公館內，延賓款友，嘯侶呼朋，隱然成為酒色財氣的角逐場所。當地大官小官，正苦於情緒上的煩惱沉悶，有此居停主人，當然趨之若鶩。而那批從前方回都述職的高級將領，如果到了重慶而未曾去過范府，也就等於空入寶山。因此范公館中，入夜以後，往往噓氣成雲，揮汗如雨，喧闐雜沓，人頭著實興旺。每到三杯落肚，賭局拉開，「畢畢剝剝」的牌聲，清脆緊湊，賽如前線上鳴金擂鼓，和劉航琛府上的從容靜寂，大異其趣。

月笙和紹增無分彼此，又加顧嘉棠亦自借寓其中，幾於每夜必到，每到必賭。他在此道上雖不算頂兒、尖兒，但見多識廣，經驗豐富，比一般人自勝一籌。在鏖戰之下，輸是小輸，勝是大勝，此項收穫相當可觀。這裡面的四川朋友，手裡多掌握著一爿銀行，卻從來不用支票。賭輸之後，隨便取張紙條，寫上數額，簽個名兒，與支票發生同樣效力。月笙待至次晨，將贏來的紙條一張一張掏給其通商銀行經理陳國華，收兌入賬。四年澆裹，以及濟人利物之資，大半仰賴於此。

二、衆目睽睽下耍點花槍

香港陷敵後，前文所提的那位「老千」先生，感於英雄已無用武之地，亦自挾「技」來渝。在他的想法，京、津、滬、渝，都曾占過上風，區區重慶山城，大可目空餘子。不料在與月笙有關的一系列親友裡，他竟兩次失風，臂膀幾被斫去。三十年老娘倒繃嬰孩，真為意料之所不及。

先是在彈子石一個朋友家裡，中飯過後，大家提議打場「沙蟹」，消遣永晝。其中人物，半屬於恆社子弟（杜氏門生），半屬於月笙小輩。論年齡，他是年將半百的人；論輩份，他已居於父執地位；論場面，這不過二十萬、三十萬的輸贏。站在任何觀點，他應以不入局為是。俗語說：「做了狗總要吃屎的。」一嗅到木樨香味，絕不會輕易放過。基於同樣道理，他也就忘其生辰八字，不唯見獵心喜，還要在這些小伙子頭上，耍點槍花，撈進一票。在某一個圈裡，他起手發進一對小二，同時另一位發進一副J字頭，一明一暗地各自擺在檯面。經過繼續發牌後，大家進的全是閒張，先後放棄，只剩下他們兩人。最後他倆發進的仍是閒牌，都起不了作用。可是在牌面擺定以後，老千的牌面突變為2、10、5、2，儼然有雙對或「三個頭」的可能。而另一位的牌面則為花色混雜的J、7、6、9，一望而知，最多不過一對。比照之下，老千的牌面大為優越，因此另一位在反覆考慮後，自動丟牌，睜眼看他把湖中籌碼掃到門前，壘成一座。此中奧妙，戳穿了原不稀奇，難得的是手法輕快。在發進最後一張的時候，「老千」於眾目睽睽之下，態度十分從容，手法卻如箭離弦般的犀利，一眨眼，將發到的閒牌在人不知鬼不覺間翻轉塞入牌面底下，而將原在牌面底下的「小二」暗抽出來，翻露牌面，擺成明對，完成其「偷天換日」的妙技，使對手知難而退。

不料「螳螂捕蟬，黃雀在後」，大眾雖為所愚，卻逃不出另一副火眼金睛。原來在這次賭局裡，月笙的外甥徐鍾林也是一腳。他在遊戲三昧中，當行出色，不失為「後起之秀」。儘管老千覆雨翻雲，得心應手，鍾林卻已洞若觀火，看得無所遁形。他倒心存厚道，無意在人前抓破老千臉皮，一面卻計算著道兒，還給他一個「黑吃黑」。在挨次輪著洗牌的時候，他伸出葵扇般的雙手，東拉一記，西推一下，佯若無意地將右手掠過老千的籌碼之上，就在這剎那間，陡時鼓起掌背，凹陷掌心，吸住老千兩個代表萬數的籌碼，懸空攝到自己門前，輕輕地在本身的籌碼上一放。正在兔起鶻落、稍縱即逝之際，老千何等乖巧，亦自發覺到被人暗算，恰待聲張。怎料徐鍾林在放好攝來的籌碼後，又突伸出食指，彎著鉤形，直伸到老千眼前搖晃兩下。這表示著：「你（指老千）在上次那副牌裡，最後發進的是一張『九』，抽出來的是張『二』。這『掉包』的把戲，我（徐鍾林）已看得一清二楚。彼此心照，我已給你遮羞，你就不要自掏糞窖了罷。」老千玲瓏心竅，到此只好低首認輸了。

後來老千在范公館裡失風，卻是相當凶險，不像徐鍾林那樣輕描淡寫了。捉住那個破綻的正是范紹增本人，拿到的證據正是老千偷來尚未脫手的一張「白板」。在范紹增無名怒火三千丈之下，左右開弓地先賞給老千幾個耳刮子，一面叫道：「你這龜兒，老子今天要把你的膀子卸下來。」一面吩咐下人，找把馬刀備用。幸虧嘉棠、月笙等給他解圍，由老千道歉陪禮後，紹增才讓他抱頭鼠竄。雖說有驚無險，而在人前顯乖露醜，多少總感到臉面無存。可是老千滿不在乎，他倒是李宗吾氏所著《厚黑學》的信徒，過不幾天，依然我行我素，在范公館進進出出，這就不由人不佩服到五體投地了。

三、十里洋場賭檯話滄桑

回述從前。賭在上海，由於當地的五方雜處，交通便利，不僅集中了全國的大成，且起著中外賭法交流的作用。五花八門，張羅設網，隨時隨地布下陷阱，不知有幾千幾萬人因此傾家蕩產，葬送一生。最初，一般賭檯設在徐家匯一帶，麥田裡搭起草棚，搖攤賭寶，每天有著成千論萬的輸贏；一面派出「快馬」，四處望風，提防抓賭，所以開支也自可觀。其在虹口一帶，又有廣東人組織的賭局，有些在船上擺開場面，有些在客棧裡設立機關；卻都點綴著幾個油頭粉面，專門引誘「色霉」朋友入局。此外，雞鴨弄、滿庭芳、福康里、殺牛公司後面，以及南市十六鋪等處，也都先後設過賭場。還有葡萄牙人，因無領事管束，造成特殊勢力，出面包賭。幾個不肖的中國人，也就暗入葡籍，相率效尤；用洋枋骰子，或是「灌鉛」，或「嵌磁石」，諸般作偽；又串演「飛過海」、「倒脫靴」等手法，連賭帶騙，無法無天。民初年間，最著名的寶山路口A字十三號，就是仗著葡萄牙勢力開設的輪盤賭窟。

其時，黃金榮所設的幾個檯子，歸併為一，由月笙和金廷蓀這班人負責。雖說金榮是捕房中人，卻還有兩件事傷著傷筋：一件是賭場外圍，往往伏著一批鋌而走險的小朋友，遇到賭客出場，有財劫財，無財便剝衣服，名為「剝豬玀」。一件是捕房明明吃著俸祿，但為敷衍公事，卻又不時抓賭。往往一股麻繩串著賭客們掩面而行，名為「大閘蟹」。這都使賭客提心吊膽，裹足不前，影響到賭檯營業。於是月笙提議，在贏利項下，按月提出一成，分配給這班「剝豬玀」的小弟兄，責成他們自加約束，在場子附近不許鬧事，一面請出桂生姐向捕房疏通，以後只捉「前和」，不捉「夜局」。所謂「前和」，是指上午而言，其中賭客大半是自已人。夜局賭的則全為外客。捉前和而不捉夜局，其目的是在避重就輕，委屈自已弟兄吃點明虧，串演幾次「大閘蟹」，好讓捕房虛應故事，銷差卸責。而使夜局安全，外客放心，不致影響到營業上的重點。在金榮等盤算之下，認為可行。說做就做，果然收效。因此他們這個賭檯，規模雖不夠大，「檯型」卻是相當「紮硬」。

後來，他們為著煙土上的發展，對於小型檯子不感興趣，也就收檔。好在總會紛紛設立，豪門巨室也多聚賭抽頭。月笙不患沒有耍樂地方，寧商總會和盛公館便是他常到之所。有時為了賙濟尷尬朋友，特地碰一場和，讓它抽個三五千元頭錢使用，並不稀罕。其時那位「老千」先生，像穿花蝴蝶般，傍緊月笙，東闖西鑽，大行其道。月笙初時還不置信，一次特地作客旁觀，留心他的手術，卻又不便目不轉睛，向著他「鷹瞬虎視」，於是搬張椅子，坐在老千的背後，雙手捧著一張敞開的報紙，裝作看報模樣，使老千不致有所戒心。但在報紙上卻預先挖個窟窿，月笙由窟窿裡透出眼光，全神貫注。果見他偷牌塞角、掉張撈海，在目送手揮之中，居然好整以暇。這才認識到他的道行，確屬下過苦功。以後月笙便不願和他同行共坐，有時且把他攆出門外。「七縱七擒」的那齣把戲，月笙在老千身上也就演過好幾遍了。

民國十六年，由於張嘯林的主張，和月笙、金榮合設一個空前絕後的大總會，這就是人所共知的一百八十一號。地點坐落法租界，前門臨巨籟達路，後門臨福煦路，占地數十畝。大門進去，一座花園，竹木扶疏，亭臺掩映。中間為一廣坪，淺綠鋪茵，叢花織錦。坪後矗立起三層大洋房，鳥革翬飛，渾雄壯麗。這是洞庭山席姓的產業，他們以四千兩銀子一月的高價租賃下來。樓上、樓下放著八張三十六門輪盤賭檯。其他搖攤壓寶、牌九骰子，色色俱備。三樓是屬吞雲吐霧之所，擺上幾張煙榻，供設著晶瑩燈火、福壽清膏。來往伺候的全是花般嬌娘，打火裝煙、奉巾獻茗，百依百順地隨人呼喚。廚房裡夜以繼日地準備著中西菜式、蘇揚美點，以及洋酒、咖啡，任由隨意取用，不費分文。賭客們自下午三四點鐘起陸續上場，入夜以後，男的女的，紛至沓來，更是門庭若市。其中豪賭自是歡迎，小試亦無不可。先將現款換成籌碼，再由你喝雉呼盧。贏了是鴻運當頭，盡可拍拍屁股走路。輸了是自尋煩惱，跳黃浦（江）也不還錢。賭餓了，只消一聲吩咐，自會一盤一盤地端到跟前。賭倦了，跑上三樓，橫陳下來，自會一筒一筒地送到嘴裡，在腹飽神旺以後，便又像飛蛾撲火般，趕到賭檯落注。如此這般，在幾個回合裡，包管你輸得連祖宗三代都不認識。這真是一片快活林，也就是變相的活地獄。先是在他們把煙土行業結束後，好多弟兄，難於存活，於是張嘯林主張開這賭檯，意在團結原班人馬，不致流離分散。聚賭抽頭，天下營生第一，當然日進紛紛。可是破壞家庭，貽害社會，究竟難逃公道。外加時代轉變，日本人已在東北張牙舞爪，形勢逼人，不容你繼續幹去。月笙原是有心向上的人，便趁張嘯林北遊平、津的機會，毅然決然，把這個總會收歇了。過不幾時，上海「一‧二八」事變發生，月笙又將這座大洋房供給上海市民地方維持會，作為抗日救國、救護慰勞的總機構。一轉手間，從昏天黑地的大賭檯轉化為發揚民氣的策源地。

四、重義輕財託人還賭款

兩年前，港九馬路上常見一位形容枯槁、骨瘦如材，身著唐裝，頭戴氈帽，手裡提個藤篋的老年人，踽踽獨行，神情落寞。這便是上海鼎鼎有名的大律師秦待時（聯奎）先生。他和月笙，最初是由賭上認識而後結為知己的。秦律師是位聰明絕頂的人，又極富正義感。中國司法界自有律師制度以來，他領到的律師執照是第七號，牌子最老；一部《六法全書》，看得滾瓜爛熟，而於社會上的形形色色，亦屬瞭如指掌。因此，他所接的案子，雖未必操必勝之券，但多少有些把握。最難得的，他在抗戰勝利後，所有大小漢奸案件，一概謝絕。

他說：「官司打勝了，我對不起國家。官再打輸了，我對不起朋友。」

儘管堆滿黃金、美鈔，他絲毫無所動心。可是他卻窮得可以，每天蜷伏在中匯大樓的事務所內，中、晚兩頓，往往跑到樓下銀行飯廳裡做個不速之客，這便越發顯出他的清高耿介了。律務之外，他又擅長測字。上海婦孺皆知的測字先生「小糊塗」，曾許他是唯一可傳衣缽的人。在汪精衛從重慶跑到南京上演組府還都活劇的時候，他已從香港回到蘇州。淪陷區一般人都疑心汪、蔣間演齣「雙簧」，正如周瑜、黃蓋串通的苦肉計一樣。朋友中有人拈出一個「落」字，要他推測判斷。

他脫口說出：「蔣是『草』頭，汪字從『水』，『各』走『各』路，兩不相與。『草』頭壓頂，『水』縮偏旁，氣勢各異，何待思量。」

當時大家一笑置之，不以為意。後來事態明朗，證實他的判斷卻是毫釐不爽。月笙病故後，筆者和他常在銅鑼灣某一餐廳內，呷盞咖啡，相對坐上老半天。談到月笙，他總是唏噓感慨，若不勝情。他說他和月笙原不相識。民國十八年時，有次他由朱如山帶著去賭，恰和月笙同場，結果他輸四千元。隔日他又去賭，如山忽將那四千元莊票退還給他。並對他說：

「老杜曾向我問起你，我將你的情形約略告知。他說：『四千元不是小數，一個靠動腦筋、搦筆管、逞嘴勁的律師得來不易，我贏不得這種錢。』隨手將原票掏出，要我代他退還與你。」

秦律師明瞭由月笙手裡退出的錢是拒絕不得的。大家博個義氣，受之不疑。如何補報，以後再說。從此他倆逐漸交往，寖成莫逆。到得後來，月笙碰到法律上的疑難，秦律師便是他的重要顧問。

幾十年中，朱如山一貫是月笙的賭友，除卻重慶一段時期以外。朱原籍安徽涇縣，由祖上遷徙到松江車袋角。在上海提起車袋角朱家，赫赫有名，因為它代表著一個富戶的徽號。如山為人，倜儻風流，犬馬聲色，無所不好。手裡掌著一爿銀公司和一間麵粉廠，腰纏纍纍，盡夠他徵逐揮霍。在月笙故世後第二年亦作古人，秦律師則於前年下世。地下相逢，手談隨喜，應不慼泉臺寂寞吧！

第九章
謀開發西北遠遊

抗戰後期，物資缺乏。尤其在「太平洋事變」爆發，一時國內通路和國際通路就被敵人堵塞。軍民日用物品，其缺乏更為嚴重。後方工作，因時制宜，乃加上搶運物資一項。所謂「開發大西北」的口號，亦應時地高喊起來。無如臨渴掘井，尚苦緩不濟急。而欲在短促期間，把這方圓萬里地區，開發建設，適合戰時需要，豚蹄篝車，寧非痴人說夢。不過這裡面卻包含著另個作用，即藉著這句美麗口號，把國人的眼光吸引到西北去，使人憧憬著抗戰仍自有其前途遠景而已。

一、飛旆入秦中成都小駐

上海實業界領袖嚮應這個口號首先到達西北的為虞洽卿先生。當地人士，素仰他的大名，無不寄以厚望。因此其行蹤所至，得到熱烈的招待。月笙見獵心喜，重以其時上海、香港交通中斷，敵後工作猶未聯絡得上，有此閒身，與其株守重慶，不如好好地加以利用。西北之行，無論在公在私，確屬值得一走。但念及既以「考察」、「開發」為名，到了西北，多多少少，總得有點貢獻，對人對己才能無愧；否則平白地受人招待，兩肩一喙，傳食四方，有何意義？在這躊躇瞻顧之中，恰巧他所主持的中國通商銀行，正在計畫於西安、蘭州、寧夏等處設立分支機構。此項金融往如果一旦告成，則酌盈濟虛，扶助當地工商各業，他盡可以董事長身分調度支配，對於西北，不致毫無交代。有此成算，他乃毅然決然扶病成行。高原氣候，寒凝氣薄，這些有礙於其病體的故障，也就非所計慮了。

三十一年十月二十四日，月笙由重慶啟程。目的地為西安、洛陽、蘭州，行程預定兩個月。隨行者除楊管北、駱清華、唐纘之、陳覺民、胡敍五及伴送去成都的冷開泰等三數川友外，還有新華銀行總經理王志莘先生。他於西北久已蓄意一遊，但其行動卻無端受到限制。這次仗著月笙的護蔭，才得結伴同行，一償素願。他是有心人，每到一處或參觀一廠，必將見聞所及，按日詳記。談到「考察」，他確是名副其實。其餘的人，多半是趁趁熱鬧，走馬看花而已。

是日經內江轉自貢市，受鹽務管理局局長曾仰豐之招待。住積翠軒，為鹽務局闢供過境名流的招待所。兩層樓洋房，四圍繞著花木之勝。內部布置，古色古香，帶點宮殿式的意味。次日參觀製鹽工業及新築的水閘。所謂「天府之國」，不待深入，只此內江的糖和自貢市的鹽，都是天然富源，已足使人深鐫印象了。

二十六日抵成都，留三天，住金城銀行招待所。省府主席張群、綏靖主任鄧錫侯、川陝鄂邊區警備總司令潘文華、成都警備司令嚴嘯虎，以及一班官長名流，都是月笙的交好。故人相見，倍增愉快。酬應之忙，夜以繼日，直使他分身乏術。不得已商請諸友好改為聯合公宴，筵開數十席，主客合數百人。繼以伶界聯合公演，七鐘開鑼。其間有兩位老伶工，以前在滬，曾受月笙資助，至此均已六十餘歲，息影多年，是夕自動加入，粉墨登場。在預定戲目演畢後，鄧錫侯、潘文華這幾位主人，還覺沒有盡興，臨時點戲，繼續演出。伶工們當然奉命唯謹，所苦的是看戲的人，長時間受著疲勞的優待，眼花撩亂，頸骨痠痛。遇到幫腔一起（川劇有時前後臺合唱，謂之幫腔），耳鼓裡如受炮轟雷劈，更覺頭腦昏眩。月笙感於盛情難卻，其實是活受罪，又不便告辭。幸虧唐纘之商請後臺，盡量將劇情縮短，以期節省時間。但到曲終人散，已自鐘鳴二下了。

二、迂途訪漢中軍禮相迎

二十九日由成都出發，加入向春亭、張介臣兩人。春亭於西南方面的幫會，相當熟悉。以前滇緬公路開闢時，春亭負著特殊使命，專和路線所經的當地幫會聯絡，以免工程受阻。在勘察人員未曾抵達前，他總是先打頭站。月笙以此後行程中，難免有袍哥出面接待；身雖在幫，卻不同派，對於那裡面的儀注切口，完全不懂；所以約他同行，以資借重。當夜宿梓潼，由縣政府招待，住中國旅行社主持的招待所。在到達城郊時，已有一席公宴，設在露天。正中擺著紅緞椅帔的座位，好像賽會時的神座。到達招待所後，又有人送來一份禮，用托盤端著。裡面的禮品相當簡單，奇怪的是襯有兩團結成多角形用來吸水煙的紙捻子——這些就是袍哥們表示歡迎的方式。

月笙在向春亭的擺布下總算應付如儀。

三十日宿廣元，參觀大華紗廠分廠，受當地警備司令楊晒軒及大華紗廠的招待。

三十一日經褒城，宿漢中，受川陝鄂邊區警備副總司令祝紹周的招待。自離成都起，月笙幾於按日接到祝副總司令的電報，堅約一遊。祝為浙人，保定軍官出身。國民革命軍奠定東南後，他供職當時負責維持松滬治安的第二十六軍軍部。適值清黨之役，他和月笙結下了一段不平凡的淵源。一別多年，亟圖良晤。但去西安是不必經由漢中的，所以他再四電邀，必欲月笙迂道來會。漢中距褒城僅十餘公里，這段公路特別平坦，沿途樹木，綠蔭未凋，彷彿江南景色。在將抵達城郊之際，祝副總司令騎著高頭大馬，率領機關團體、學生、民眾夾道歡迎。翌晨在公共體育場安排一個地方團隊的歡迎會，請月笙登壇講話。

中午，祝氏在其總部主持地方各界公宴歡迎的儀式。講到菜式，不過五簋一湯，等於家常便飯，簡單到不能再簡。講到儀式，卻隆重得異乎尋常，恐怕月笙生平亦不多見。他把筵席排成U字型，上覆白布，綴以鮮花，仿照吃西餐的風格。每六人劃為一組，每組供給上述的菜式全份，白酒一壺。他自己居中而坐，左首坐著月笙。背後照壁上懸著國旗、黨旗。左右分廂，站著總部軍樂大隊。入席之頃，全體肅立，首先奏著國歌。繼由祝氏致歡迎詞，月笙答詞，然後入座。這時一批服裝整齊、體格結實的勤務兵，捧著托盤，魚貫而入，向各席傳壺送菜。每送一道菜時，軍樂吹打一遍，和鄉間老式結婚首次款待新娘時情形彷彿。飯後紹周又引導月笙等到會客室茶敘。桌上已擺設許多標本，多屬礦質、木材、藥物一類，各有說明，寫著品名、產地，表示西北富源確實豐厚。紹周口講指畫，如數家珍，最後歸結到月笙等一行考察西北的本題上，重致其歡迎之意。這樣軍人，於其本職以外，可說是留心世務的了。

三、響板繁弦淚濺常香玉

十一月二日離漢中，經雙石鋪赴寶雞途中，已完全是北方氣候，塵土飛揚。月笙的喘病至是復發，一行汽車五輛時歇時行。過秦嶺，山高氣薄，更使他喘哮不已。至寶雞郊外十里鋪，歡迎的蜂擁而來，此時他已氣促聲嘶，幾至不能談話。只好摒謝客套，車駛中國銀行西北運輸處，接受經理許庸令的招待，從事休息。原定各項節目，臨時取消。

寶雞為古之陳倉，兵家攻守要地。其時隴海鐵路通車至此為止，而西北公路，則由此蜿蜒而西，在交通上為一重要樞紐。工商各業，相當繁盛。中國銀行西北運輸處，溝通此一方面的貨運，任務繁重。經理許庸令，實具幹才。在月笙病癒後一連串招待中，由他領導各方，起著「帶頭作用」，有條不紊，實事求是。月笙頗能留意人才；事後語人，許為此行中工商界裡面的傑出人物。

豫劇名坤伶常香玉，時適在寶雞上演，當然被排列為招待節目之一。恰巧演出的是玉蜻蜓故事（豫劇另有其名，已忘），即金貴生和三師太（志貞）禪堂養子的羅曼史。其間哀樂纏綿，死生依戀。他以往在彈詞裡已聽得滾瓜爛熟，此時呈露眼前，自是悠然神往。常香玉唱工、道白，雖屬豫腔，而咬字準確，嗓門高亢，渾身動作以及面部表情，絲絲入扣，細膩異常，更自引人入勝。尤其演到悲切之處，兩股淚泉，飛珠灑玉，簌簌如流，於繁弦響板之中，襯托出嗚咽哽咽，直使坐客淒然，不禁青衫暗濕。他於伶界向抱好感，至此盪氣迴腸，益加讚賞。後來他到了西安，常香玉也就不時翩然而來，依依襟袖之間。迄至章行嚴先生接踵來秦，論音品藝，亦大傾倒。揮毫入詠，不知為她撚斷吟髭幾許。

四、感恩懷德情重白頭人

四日，隴海路局副局長周嘯潮代表西安各界親率專車來迎。嘯潮曾任淞滬警備司令部參謀長，與月笙極熟。冠蓋往來，路局原有其迎送義務。由他代表，恰到好處。晚間登車，翌日上午抵達西京車站。在這歡迎場面中，難得的倒不是達官貴人，而是一班頭童齒豁、身穿棉衲、攔腰束帶、腳蹬厚底皂鞋的老百姓。他們擁簇一隅，在滿臉皺紋中，張口軒眉，看到月笙落車入站，高舉兩手，吶吶有詞，表現出歡欣鼓舞的姿態。原來民國十七年間，陝西大旱，災情嚴重。月笙和朱子橋將軍廣施賑濟，全活無算。大概那次辦賑，月笙於勸募賑款方面，致力獨多，而朱子橋將軍，則於施賑上躬歷其事。筆者猶憶當時胡適等所辦的《獨立評論》上，曾有「朱將軍守緊糧車，白炊自爨」的紀錄。西北人士，大都醇厚樸實，受惠不忘。據說，朱將軍病故舉殯時，長安市上，大街小巷，家家門前擺設香案，跪迎著靈輀經過。月笠此來，他們尚未忘懷前事。因此不約而來，參雜在歡迎行列裡，延頸企踵，以瞻仰他的盧山真面為快。

月笙在西安準備耽留較久，下榻於四皓莊何競武先生的公館。何任西北公路局局長，長駐蘭州。在月笙耽留期中，他因公務纏身，從未回到西安，與月笙迄未一面。只吩咐將其正房及僕役盡歸月笙使用，大有「主客相忘」之概。其同行人員，則寄居西京招待所。每天三頓，月笙等一行從未舉炊，亦從未由何宅供給。亙月餘之久，早點全由西北公路局副局長殷惠昶包辦：稀飯、麵點，應有盡有，純是上海風味。中、晚兩餐，由西安各界各業挨次招待。為了他喘病不時發作，全是雇好廚司，登門烹製，免得他出門酬應，勞動體力。西安一帶，缺乏的是魚，據說甘省筵席中，甚至有雕刻木魚供張充數者。可是為了款待這位嘉賓，主人往往盡力張羅，爭取到鮮鱗供奉。有時特逞豪強，一席之中，連供兩簋，紅燒、清蒸，以饜口腹，名之為「雙魚席」。那時社會上流行著兩句口號：「前方吃緊，後方緊吃。」在四個字中，顛倒措置，確是活生生地畫出兩個世界。

入夜以後，他們知道月笙愛聽京戲，為解客中寂寞，早備著琴師、鼓手。繁弦撥動，歌喉隨響。在肥鮮飽飯之後，聽者心曠神怡，唱者行腔運氣，都大有裨於消化作用。月笙一行中，這類人才倒是不少。如楊管北的黑頭，唐纘之的言派老生，陳覺民的余派老生，章行嚴太太的青衣，再配上西安當地票友，可說濟濟一堂，餘音嫋嫋。就中最起勁的厥為周嘯潮副局長，五十開外的人，唱的是小生角色。隨著胡琴的高低徐疾，唱得他頭上青筋條條畢露，仍感不甚夠味，連續唱去——因此有人給他起個諢名，叫做「周八段」。這指他聽到胡琴，至少非唱上八段不可。賢哉！賢哉！真不愧周郎後裔，克繩祖武的了。

在這連串招待中，場面最大、鋪張最盛的，要數大華紗廠的石鳳翔和毛虞岑了。在他廠內，擺設盛筵數十席，延請當地名流作陪。臨時搭起戲臺，張羅男女票友，粉墨登場，串演京戲。酣飲高歌，接連三天之久。方之平原十日，似亦未遑多讓。胡宗南將軍於其軍事倥傯之際，亦特騰出全日工夫，在翠華山設宴款待。翠華山又稱太乙山，在西安東南約三十餘公里。古詩有云：「雲從玉案峰頭起，雨自金華洞口來。」指的即是它的景色和高峻。山中有一大水池，名太乙池，又名龍移湫，清澈鑑人。在這山光水色之中，飲宴行樂，江淹詩所謂：「假乘試燕遊，北望高山岑。」較之一般酒肉徵逐，自是別開生面。

五、病體難支匆匆返重慶

《尚書・禹貢》：

厥土惟黃壤，厥土為上上。

《詩經・大雅》：

周原膴膴，堇荼如飴。

班固〈兩都賦〉：

華實之毛，則九州之上腴焉。防禦之阻，則天下之奧區焉。

這些話寫的是當時西安一帶的物產豐饒，形勢險要。

杜牧〈長安雜題〉詩：

洪河清渭天地濬，太白終南地軸横。祥雲映輝漢宮紫，春光繡畫秦川明。

這些話，寫的是秦川的明媚，襯托出西安的優美。

月笙於此一行程中，迤邐千里，沿途所經，點綴著不少名勝古蹟——如成都的丞相祠堂、青羊宮、薛濤井，新都的落鳳坡（龐統死難處），梓潼的文昌閣，劍門的巉崖削壁，廣元武后廟的唐刻，漢中的拜將臺，留壩的留侯廟，他都只停車小駐，匆匆顧景，既乏勝情，亦無勝具。但到此歷代皇都的西安後，他卻不肯輕易錯過，亦自尋幽探勝，遊目騁懷。如慈恩寺之大雁塔、薦福寺之小雁塔等處，徘徊瞻顧，都曾留印遊蹤。而篤念故交，情彌生死，在寒風斜日裡，又曾驅車展謁朱子橋將軍之墓。一抔黃土，宿草枯凋。比起相距不遠的張季鸞先生墓寢，崇封高塚，大見淒涼。生時同屬名流，死去榮枯異數，俯仰之間，月笙不勝其感慨之情。此外，又訪壩橋風雪。去臨潼，浴華清池，勾留一宵。次晨，月笙率陳覺民、胡敍五攀登驪山，於「西安事變」時，蔣先生在山腰避難處，攝影留念。據聞，這塊地方現在築有「捉蔣亭」，董必武在此題詩中，有「幸有張楊雙十二，遂無美蔣馬牛羊」之句。可見此役關係之鉅。這段山腰，將要永存史蹟了。

月笙初意，原擬由西安東下洛陽，西上蘭州。第一戰區司令長官蔣鼎文、甘肅省政府主席朱紹良及駐節甘省的范漢傑將軍均先後來電，紛紛歡迎。無奈月笙病體不支；而河南前線，當時軍情緊急；甘省華家嶺一帶氣溫已降至零度以下；論時、論地，均非所宜。只好婉謝各方，徐圖良晤。於是由西安折返寶雞，轉乘專機，直飛重慶，其時已在聖誕節前夕。

所謂「開發西北」，月笙與陝省建設廳長凌勉之熟商之下，略有成議：於寶雞，設一冶鐵廠，委由唐纘之經理其事；於褒域，就原有的三秦麵粉廠增資擴充。其他若干小型廠家，月笙分別投資，俾能充實實力。其通商銀行擬在陝、甘、寧三省籌設的分支機構，委由王寶康、丁寶瑞分別籌備，先後開業。

正在月笙與西北方面關係加深之際，徐采丞亦於其時在淪陷區內打通關節，準備搶運物資，由上海循京滬、津浦兩線轉入隴海，所定路線，恰好彼此銜接。此後輸入重慶的棉紗、紗布，即從西北源源運來。而月笙亦得藉此指臂相連，重新聯繫著遙遙的上海。

第十章

運物資鴻溝無阻

電影巨片《亂世佳人》裡，葛泰莉嘉寶所飾的白瑞德，是在戰事中販運物資闖過封鎖線而大得其利的典型人物，在我國對日抗戰時期，敵我兩軍防線邊緣，亦盡有不少的「白瑞德」幹著同樣勾當，因此致富的不乏其人。不過這些只是個人行動，冒著風險，在刀頭舐血，純屬於商業範圍。要講到和政治上帶點關聯，浩浩蕩蕩地不時裝滿幾十輛貨車的棉紗布，由淪陷區運到自由區，在封鎖線上不僅通行無阻，且得到雙方的默契，暗地加以保護，這就要數到徐采丞假手於杜月笙主持下的「搶運物資」為首屈一指了。

一、搶運物資徐采丞獻議

在香港淪陷前，徐采丞已向月笙提出這個計畫。他的動機，當然有許多因素，但在原始上總脫不了「白瑞德」式的典型。而時代不同，環境各異，其間錯綜複雜的利害關係卻絕不像當年「白瑞德」的單純簡單。所以，徐采丞在主題上必須指出一個大招牌——「搶運物資」，在手法上必須照顧到四面八方，鋪平道路。於是，手揮目送之下，才能發揮其「白瑞德」式的作用。但是，這裡面有兩個難關：第一是打通日本人，第二是獲得重慶的諒解。其時，上海的物資全在敵人的控制之下，采丞雖是長袖善舞，和興亞院與日本陸軍間取得相當聯繫，但如提到逕把物資以購買方式運往自由區，還是一件不可想像的事。總虧他平素和日方交往，保持著硜硜自守的風格。在日人看厭了奴顏婢膝之後，對他倒反而刮目相看。外加他扯的是杜月笙的旗號，一向以杜氏的駐滬代表自居。日本人在策略上慣於東勾西搭，有時沽恩市惠，也會賣點交情。因此采丞提出這項計畫時，日方倒抱著默許的態度。協商結果，採用物資交換方式。至於重慶方面，以徐、杜兩人之間的交情，而所提計畫，又正針對後方需要，在采丞想來，於公於私，月笙絕無不予應承之理。只須得到他的同意，許多心理上的顧忌，都可一掃而空。然後在這面盾牌上，把握時機，靈活運用，則采丞又自有其腹稿，絕不讓「白瑞德」專美於前。於是他抱著滿懷希望，專誠由滬來港，和月笙密斟細酌。

月笙不是笨人，對於事事物物，他往往當做飲食一般，細加咀嚼，領略透個中真味。他時常懷疑到許多事件，當事人不找別個，單要找他，這裡面到底有些什麼奧妙？他要經過一番考慮後，才做決定。如果講的全屬交情，只要彼此夠得上，當然是「閒話一句」，絕無疑難。如果發覺存有利用之心，他雖不會當場戳穿，但應付之間，到時自會顯出分寸。那次釆丞和月笙在幾度商酌後，月笙一面贊同他的建議，一面卻是滿腹疑團。

月笙設想著：「兩軍陣前，絕無貿運有無之理。即使是敵方策略，亦必擇人而施，以期收到相當效果。像釆丞的地位和能耐，敵人未必如此重視。也許這裡面已將我牽涉在內，亦未可知。就計畫本身說來，只限於交換物資。受益的僅屬敵我兩方，經手的卻一無所得。如果絕無其他作用，何致甘冒通敵之嫌。這份熱心，委實令人費解。」

於是月笙以極度關懷的態度，帶著盤詰的口吻，向釆丞提出好些一針見血的問題。同時指出：交換的方式，窒礙難行。茲事體大，必須慎重，一切還待從長計議。因此釆丞乘興而來，結果是缺望而歸。但他那份雄心，卻並未因此沮喪。不久，日軍南侵，香港陷敵。國內情勢，亦因此起著重大變化。滬、渝之間，交通阻塞，消息隔絕。這項方案，在此局面全非之下，也就等於胎死腹中。

二、鴻溝無阻紗布大批來

在月笙考察西北期間，豫東的界首、商邱一帶已成為封鎖線上的罅隙，不少人從此闖入後方。這條荒涼殘破的長途，一時成為爭取自由的大道。在月笙回抵重慶的次年春末，上海吳開先、徐釆丞所派的陸鴻勛也就間關微服，經由此道而來。他是留美的電機專家，此來任務，除向月笙報告上海一般情形外，其首要的為向月笙商洽，準備在渝設一無線電臺，與重慶原有的電臺互相通報。這樣安排，月笙自是喜出望外。所以在鴻勛規定了電臺呼號、通報時間，以及詳盡地解釋各種密碼後，便即匆匆返滬。從此月笙與久失聯絡後的上海，由於這一電臺的成立，才能如響斯應，聲氣又通。以前一班地工人員，跋涉長途，消息隔絕，每致蹤跡難明。亦由於這一電臺的成立，才能問訊追蹤，彼此銜接。這於月笙的敵後工作，確起了極大作用。而釆丞的搶運物資，亦自藉此空中接觸，舊事重提，從胎死腹中轉為回生復活。

釆丞第二次向月笙提出搶運物資計畫是在民國三十二年秋後。其時一般情勢，視前大不相同。後方日用物品，當然越發缺乏。該項計畫內容，雖稍稍有所修改，但所採方式，仍以交換為其前提。這是走不通的死胡同，月笙毫不遲疑地予以拒絕。經過反覆電商後，釆丞讓步了，允以一半用法幣作價，一半以物資補償。而所列物資，大部分倒是無足輕重的物品，換回的卻是全部的棉紗、紗布。條件之間，相當接近。但月笙抱定主見，認為輸出的物資，無論貴賤，即使牛溲馬勃，既以交換為名，就脫不了齎敵之嫌。何況兩地價格，彼此不同，即使冒此不韙，而評價無由折中，處理亦殊不便。只有乾脆地以法幣收購，此外絕無其他法門。因此月笙去電斬釘截鐵地表示仍難接受。

也許那時整個局勢對日本太不利吧。在策略上他們認為有向重慶媾和的必要，故在表現上不得不採取相當的遷就。何況這些紗布，原向占領區徵取而來，今以法幣賣給中國人，在他們看來，也許視為楚弓楚得，對本身並無損失。萬一由此博得好感，起著些微作用，那麼莫說價購，即使全部奉送，亦屬值得。由於存有這種幻想，因而對於交換原則，有意變通，亦未可知。

而在釆丞方面，也許感覺勢成騎虎，無可奈何。如果堅持交換，必致滿盤盡墨。故不得不委曲求成，別闢蹊徑，將收來的法幣自行設法套取內地物資，作為重慶交換物品，俾向日方交代，因而放棄其一向的要索，狐埋狐搰，亦屬意中。這些揣測，雖屬無根之談。但當時情形，倒確是急轉直下。釆丞在最後覆電中，竟以法幣作價定議。翻破中外戰史，在兩國交鋒中，居然生面別開，鴻溝無阻，恐不易找出相同的事例。也許八年抗戰中還有其他的滑稽故事吧！

此後，月笙便派徐子為去滬，和釆丞當面商洽付款及運輸辦法。其大致情形為：上海方面，以徐釆丞組織的民華公司出面辦理；推周作民先生為董事長，徐自任總經理，又聘沈恭、袁文彰等一班深諳日語的人為佐理人員。重慶方面，由月笙請准有關當局備案後，聯合中中交農四銀行共同投資，組織通濟公司承辦其事；月笙任董事長，楊管北任總經理。先是月笙於三十一年在於重慶設有中華實業信託公司，因避免囤積居奇之嫌，業務早陷於停頓狀態。至此即以此一現成局面，移供新公司之用。房屋、人手，不待外求；添個招牌，便告就緒。關於接貨事宜，以徐子為駕輕就熟，即派其為分公司經理。在界首設立機構，負責點收上海來貨。關於運銷事宜，則與戴笠主持的貨運管理局合作，供應市面，以平價發售。月笙這番布置，在組織上取得合法地位，在業務上完全公開，在利益上他自有其盤算，卻不願在這些紗布上沾染分毫。

界首原是安徽與河南兩省交界處的一個荒村，時來運轉，陡然一變而為淪陷區和大後方交通上的樞紐。一時行旅往來，市面相當繁盛。當地的人，不時看到裝著紗布的大批車輛，由淪陷軍區直駛而來。卸落以後，又來大批車輛把紗布運走。敵我駐軍，在此陰陽界上，向來都是露著猙獰面孔，偵察著每個行人。而對於這些車輛、貨物，竟讓它行駛自如，絕無攔阻。大家都以駭異的眼光，面對著這不可思議的奇蹟。通濟公司，就在老百姓少見多疑之中，先後轉駁著二千多件的棉紗，和五千綑的布疋。正在繼續辦理間，適值豫東軍情驟緊，因由界首撤退，改往浙江淳安接運。

當時第三戰區的範圍，緊貼著江、浙淪陷區。因此，上海隱隱地受著該戰區的控制。釆丞是精細的人，交遠睦鄰，完全懂得。他與重慶方面的交易成立後，其觸鬚又轉射到第三戰區司令長官顧祝同將軍的身上。在他的交好中，王艮仲以江蘇省黨部委員身分，與該戰區向具淵源，其時艮仲正在上海幹著地下工作。釆丞乃通過這個關係，騰出一批紗布由艮仲在淳安設立通益公司接收內運，藉向顧祝同將軍致敬。迄後通濟分公司亦由界首遷徙來此，一街之上，彼此望衡對宇。淳安市面，有此大批紗布，不時進出，平添一片繁華。而釆丞的落子布局，則在此一片繁華之中，越發顯示出他的苦心孤詣。

三、上海統一委會的復甦

與此同時，月笙在重慶接受上海市統一委員會主任委員的職務。先是民國二十九年間，政府決定在滬成立此一組織。其任務為中央各部會留滬各單位，除分別由各該主管機關負責指揮外，必須每月會報一次。一切有關問題，提會討論，以期整齊劃一。除指定戴笠、俞鴻鈞、蔣伯誠、吳開先及杜月笙為常務委員外，又指定吳開先兼書記長及上海召集人。其時日軍雖未進占租地，但其魔影已早籠罩全滬。所謂各單位工作人員，指的是留滬地工分子。此輩借仗掩護，相機採取相當行動，容或有此可能。但如聚集一堂，開會集議，在敵偽環伺之下，事實上難以辦到。所定按月會報，全屬具文。而其中主持人除蔣伯誠、吳開先密駐上海外，其餘或在重慶，或在香港。主腦們本身分散各方，而欲遙遠地合體控制著上海的單位，更為不切實際、滑稽可笑。因此，這一組織，絕未發揮任何效能，只落得無聲無臭。迨至此時，已在「太平洋戰事」發生兩年之後，局面大變。吳開先、蔣伯誠且先後為敵所執，上海地下工作，已瀕解體之勢。而此一空頭組織，不僅未予撤銷，且像煞有介事地移回重慶，頒發關防，指明直隸行政院，改委月笙擔任主委，直是無聊之至。大凡機構無分大小，至低限度，總得有間公廳、若干經費，和幾個辦事員。可是這個組織，除卻一顆木質關防外，一無所有。

月笙頂著這個無聊名義，卻不能毫無表現。無奈滬、渝相距過遠，只落得心餘力絀。迄至電臺設立，購運物資的計畫辦通，他就利用這兩項設施，為統委會幹些力所能及的工作。

該電臺通報，每週規定三次。所有上海當日的敵偽動態、經濟概況、物價漲落、人事變動，多半可於隔日報導來渝，時效上尚未完全失去。在戰事將近結束前，敵方意見的分歧、集會時的祕密辯論、吃敗仗時的痛哭流涕以及準備浼由蘇聯出面媾和各情，雖屬一鱗半爪，但仍不失其為重要情報。月笙乃將其有關消息，分門別類，隨時轉向行政院報告。核與其他探報，頗能相互發明，湊成全貌。其時中統與軍統，在滬亦各設有電臺，但以使用過繁，易被敵方破獲。獨有此臺，通報範圍較小，又不時東遷西徙，故能始終保全。其最值得紀念的，此一電臺最後由祕密轉為公開，為國家完成片段的光榮任務。即日本投降時，我總司令何應欽上將頒給敵酋第一號命令，即是經由此臺收報而轉遞於岡村寧次之手。

此外，關於上海地工的經費、被執人員的營救、若干私人生活的濟助，以及其他事項，都屬非錢莫辦。以滬、渝相距之遙，無論鞭長不及馬腹，即使撥款應急，亦無法爭取時機。幸虧搶運物資的計畫辦通，月笙乃得從中調度。由他一紙電報，拍給釆丞，限定時刻，交割足額，這便是上文所說「在利益上他自有其盤算」之點。

四、中國白瑞德有驚無險

勝利以後，釆丞在上海所組織的民華公司交由通濟公司接收。其倉庫內所遺物資，品類甚繁，數量尚鉅。點收人員，初以為經營的止於紗布、棉紗，料不到竟是大規模的兼收並蓄，一時為之瞠目結舌，錯愕不已。這反映到當初釆丞之一再主張、月笙之反覆遲疑，都是別具會心，各有所見。這又反映到月笙之隨便撥款，取之並不傷廉，而釆丞之供應無虧，亦屬應盡義務。所不能不引為遺憾的，即釆丞之悉心布置，猶難免於急劫危棋。肅奸之始，一片風傳，他亦是黑名單裡人物之一。一時焦灼之情，宛如熱鍋上的螞蟻。這裡面的實情，當然無從索隱。但僅匹夫懷璧，在亂世自不免於罪愆。好在他有了大批的棉紗、布匹，鋪蓋了西北（重慶）、東南（淳安），事到臨頭，單憑這批紗布，也還可以證明他的心跡。所以，結果是有驚無險，不失其為新型的「白瑞德」。而那班天上飛來、地下冒出的重慶分子，從中解釋彌縫，也算對得住這位老友了。

第十一章　章士釗促請組黨

《史記・高祖本紀》：「高帝曰：『夫獵，殺獸兔者，狗也。而發縱指示者，人也。今諸君徒能得走獸耳，功狗也。至如蕭何發縱指示，功人也。』」這番功狗、功人的說法，評量當時一般從龍之士，不僅取譬甚妙，其涵義亦極精當。如以此衡量月笙和政治上的關係，似亦可以得到定評。除了對日抗戰時期，他以老百姓立場，激於義憤，自動地輸財、出力，效忠國家民族，超越於功狗、功人的範圍外，其餘他所牽涉之處，則全在被動中起些主動作用，其效能止於「徒能得走獸」而已。可是，在民國三十三年孟秋間，他卻幾被攛掇著走上圍場，以發縱指示的姿態，參加實際政治，這就是章行嚴先生慫恿他組織政黨的一幕。

一、抗戰末期最熱門玩意

原來抗戰末期，日本覆敗僅為時間問題；最後勝利，在我已成必得之勢。於是一向醞釀著的內部政治改革，轉為最熱門的討論問題。加以其時國內設施，確多不孚民望之處；美國友邦，亦以「貪污、腐化、無能」等一類惡名，遙加抨擊。一時風激雲湧，在野政客乃各出其縱橫捭闔的手腕，內存分羹之念，外結連雞之勢，而在表面上則以「民主」二字作為「適應季節」的號召標榜。國民黨在此內外交迫之下，乃不得不有發起召集各黨各派舉行全國政治協商會議的準備。這些政治上的把戲與月笙原不相干，但因晨夕與共的章行嚴先生，或不免於久蟄思啟，久瘞思噓，於是有重慶良廈籌組政黨會議的經過。關於此事，趙君豪於〈紀念杜先生〉一文中記之頗詳，摘錄如後：

初，早期政客，薄有才名之章士釗執律師業於滬濱，以先生素常愛重文人故，夤緣時會，做杜府座上客。而利用先生之關係，頗有裨益於其業務。既中日變作，先生恐章晚節不堅，或為日人所利用，遂迎其赴渝，共寓於南岸。章日常無所事事，終日詩酒流連，煙霞嘯傲，先生則竭力供應，無使其缺也。章之為人自負甚高，雖年逾耳順，壯心似猶未已，若有大志存焉。當政治協商會議籌備期間，即百般遊說先生，敦其出而組黨，並欲奉為黨魁，以利號召。先生頗不耐其糾纏，乃約集恆社同仁共議，以做最後的決定，因有朝天門良廈之會。良廈者，張裕良兄之渝宅也。地臨嘉陵江畔，襟山攬水，房舍寬廣，景色絕佳。

時為民國三十三年孟秋，山城酷暑乍除，氣候仍極燠熱。恆社同仁遵召準時到會，未幾，見先生偕章緩步而入，盛宴遂開。是日，章之興會極高，飲酒獨多。宴罷，章請先生致詞，先生則以無話可說為詞，囑章自述意見。其時恆社諸同仁頗感愕然，以未悉有何重要事件。章乃不辭靦腆，自座起立，以其湖南口音極濃之官話，向眾陳說：「我章某素來擁護杜先生，際茲勝利不遠，國民黨開放政權之時，正乃我輩組織政黨、參與國事之機會。在座諸君均是追隨杜先生有年者，如奉杜先生為領袖，相信此一政黨之成立，必可造福於邦家……。」

語畢，與會諸同仁始知究竟，而情緒則不免緊張。蓋杜先生雖無黨派之屬，但恆社諸同仁頗多國民黨籍，且已有悠久之歷史者。因之均面面相覷，顯有兀突之感。

其時，杜先生略無詫異之色，情態頗為輕鬆。遂徐徐而言：「章先生的話，你們都聽到了。本人只知道擁護蔣先生。有蔣先生在，國家才有希望，用不著我們來組黨。就是要組黨，靠我們幾個人有什麼用。……」

章意有未甘，又說：「不是這樣說，我們要有抱負。誰要發展抱負，當自組黨為始。要組黨則非杜先生出而領導不可。」

於是恆社同仁紛起發言。其最終的意見，便以杜先生之意見為意見。章則反覆陳詞，極力勸說，似仍不欲放棄其主張。最後，先生起立致詞，謂：「我想，章先生既然決心組黨，我個人則奉之為黨魁，我亦是加入其政黨的第一個黨員，至於諸位願否參加，悉憑自決。」

先生此一結論，頗使章士釗啼笑皆非。於是此夕組黨會議，遂在先生明智結論之下，宣告結束。翌年，勝利復員，返滬之後，即未嘗獲聆章士釗再有組黨之偉大抱負矣。

（以上一段文字，為趙君豪紀念杜氏原文。）

二、只求兜得轉絕不做官

往事成塵，行老如果想起當時這幕，恐不免啞然失笑。就事論事，也虧月笙婉轉推拒，未成事實。否則以後處境，當有不少尷尬局面。〈李陵答蘇武書〉有云：「人之相知，貴相知心。」按之當時，他倆共寓一廬，結契深厚。但月笙心理，行老似尚未曾參透。

月笙為人，不僅在政治上不存欲望，且認政治為骯髒東西。為了權力爭奪，傷天害理的事，盡可不擇手段地施展出來。所以他生平自矢，絕不做官，也絕不參加實際政治。這種觀念，當然不夠健全。但他從評彈、戲劇、說部等得來的掌故，印證他所耳聞目睹的內幕，也就難怪他直覺地認為他的見解之具有相當正確性。他所以要和政治方面發生若即若離的因緣，係在現實之下，以友誼立場，客串身分，在某一階段上臨時幹著主角或配角的任務，在彼此間拉上深切交情，以擴大其「吃得開」、「兜得轉」的領域，而強化其「閒話一句」的硬裡子，遂行其傳奇式的作風。這在芸芸眾生中，已足見其威靈顯赫，此外便非他所計及的了。

退一步說，即使他抱有野心，獨樹一幟，但由組織政黨以攫取政治地位，對他還是件敬謝不敏的事。他盡可大開香堂，廣收徒弟，做一個空前絕後的幫會龍頭。他亦盡可論碗喝酒，論秤分金，做一個替天行道的忠義堂首領。可是要他開口憲法、閉口民主，在稠人廣眾之中滔滔不絕地喊著賣膏藥式的政治理論來，恐他再度輪迴，也未必可以辦到。

當然，他在社會上是具有相當號召力的。但這號召力如果錯對了方向，恐怕是「蠶吐絲」而未必「商弦絕」，「銅山崩」而未必「洛鐘應」吧！尤其是章行嚴是位文章奎宿，杜月笙是位幫會班頭，雖說都是出人頭地的人，但旨趣不同，性能互異。枚、馬、王、揚，朱家、郭解，各有千秋，無從揉合。恐怕起太史公於地下，藝文、遊俠，也無法合體併傳，何況論政服官，而謂其能志同道合！又況其時已接近勝利，世界大勢、國內環境，都將起著重大變化。月笙八年流徙，衰病侵尋。花甲之齡，轉瞬即屆。在他，魚龍衍變，已近於造極登峰，難道還要立異標奇，嘗試那未可預期的運數？

這些問題，在月笙腦海中，前後衡量，左右盤算，雖未必南針在握，當已有所依歸。而行嚴先生猶未喻其寸心，攛掇慫恿，籌組政黨，自是南轅北轍，不免蹈於失人、失言之戒。民國十六年，「清黨」之役，月笙以局外之身，幹過一場。這時，無論環境、無論年齡，月笙在這一角度上，似乎已不感興趣了。

三、民十六清黨說到楊虎

回溯以前，自辛亥革命起，其間如討袁之役、驅逐張長腿（宗昌）之役，月笙都曾參與其事。但當時他是初出茅廬，毛羽未豐，在旅進旅退之中，只限於配角，擔不起什麼大任。及至民國十六年清共一幕，他才獨挑大樑。這裡面雖還有些曲折，但他以後在政治上和國民黨發生關係，這卻是一個楔子。

十六年春，國民革命軍奠定淞滬之際，國、共正鬧分裂，寧、漢兩方各樹一幟。於是，國民黨由容共轉而為清共。上海是全國工業、經濟重心，兩方角逐，已臻於白熱化。整個市區，謠言四起，一夕數驚，完全籠罩在恐怖氣氛之下。租界之內，每一道橋樑、每一個閘口，都有英、法駐軍站崗警戒。南市閘北以及吳淞高昌廟一帶，則入夜以後全部戒嚴。黃浦江邊，只見各國兵艦先後駛到，卸下砲衣，瞄準方位，大有一觸即發之勢。

當時楊虎任上海警備司令，陳群任政治部主任。這一方面的清共責任，就由他倆和駐防軍隊擔承下來。

提到楊虎，在上海人的心裡並不陌生，在此且順筆介紹一下：楊氏跟隨總理革命多年，是個老同盟。自從癸丑「二次革命」後，袁世凱的野心越發暴露，籌畫帝制，正在加緊進行。因此，陳其美於民國四年冬月，從日本趕回上海，策動討逆。一面刺殺淞滬鎮守使鄭汝成，一面運動海軍「肇和」、「通濟」、「應瑞」三艦起義。這運動海軍的任務當時便落在楊虎的身上。經過他聯絡布置後，準備由三艦首先開砲發難，而由製造局內一部分駐軍及南市閘北內應的軍警同時響應。正將部置就緒，不料「肇和」艦突奉命令，開拔廣東。為著爭取時機，只好提前發動。於是民國四年十二月五日的午夜，楊虎便上了「肇和」艦，傳令開火。在繼續發射十餘砲後，卻始終得不到預期的反應。這因「通濟」、「應瑞」兩艦以及製造局方面，事機不密，已在北方監視之中。楊虎猶自愕然，正在遲疑莫決暫停砲轟之際，「通」、「應」兩艦卻已連珠砲響，竟向著「肇和」艦轟擊而來。倉卒變起，死傷枕藉。楊虎才知事不可為，跳下舢板，逃向浦東而去。這番起義，雖是功敗垂成，他的大名，卻從此傳遍十里洋場。

到了民國十六年，他已棨戟遙臨，鎮守斯土，出任上海警備司令，當然是威風八面，視前大不相同。他配合著陳群共負著這項「清共」的特工任務，一個拿著鋒芒犀利的尖刀，一個搦著深文周納的刁筆。莫說共產黨逃不過這鬼門關，即是國民黨員之被誤殺的也就不是絕無僅有。那番聲勢，大有「張遼威鎮逍遙津，小兒不敢夜啼」之概。與此同時，共黨方面派來幹著工人運動的為汪壽華其人。他和楊虎，在政治上處於敵對地位，在鄉誼上倒是同籍安徽。矮矮的身材，飽透著渾身活力。所有商務印書館、江南造船廠，和南市電車公司，都是他活動的場合。尤其一般海員，更是他蓄意爭取的對象。他雖潛伏地下，不甚公開，但投奔到他旗幟下的確亦大有其人。其黨性的堅強和工作的刻苦，自始便非一般國民黨員所能企及。一時風傳著大罷工、大暴動即將在他的鼓動下次第產生，因此楊虎、陳群必須取得他的性命，才肯甘心罷手。

四、揹上殺害汪壽華之名

月笙此時在法租界地盤之內，已早與黃金榮、張嘯林分庭抗禮，被目為三大亨之一；而手面之闊、氣勢之雄，則更後來居上，儼然處於領導地位。因此，國、共兩方，對他特別矚目。楊虎和他本有淵源，帶著陳群，自是杜門上客。汪壽華並不落後，單槍匹馬，不時也做入幕之賓。月笙對於他們來意，洞若觀火。他究竟是個老百姓，在本質上，雖與共黨格格不入，但在黨爭上，卻沒有任何擔承。即使他有意袒護甲方、打倒乙方，就江湖上道義而言，他寧可明火執仗，拚個死活；不願暗放冷箭，自壞聲名。可是在背地裡，這段時間內的杜公館好像是座火山，只爭來早來遲，終有一天，它會爆出火花，來個熔岩爍石。

果不其然，在三月間一個靠近黃昏的時際，汪壽華乘著汽車貿然而來，月笙在其住宅第二進的古董間裡接待著他。在一番寒暄之後，月笙突然從門簾縫裡瞥見楊虎和陳群的浮光掠影。他預感著情勢有些不妙，一面囑咐壽華寬坐一會，一面踅出古董間，卻又不見了楊、陳兩人。於是他走過天井，步出外廳（即第一廳），冷不防，顧嘉棠、葉焯山和許多底下人正在張頭探腦，若有所待。這時月笙完全明白了。登時他拉下臉孔，壓低嗓門，帶著嚴峻的口吻，著嘉棠、焯山等說道：

「你們聽著……這是我的公館。如果你們在這裡碰上汪壽華一根汗毛，休怪我翻臉無情，不夠義氣。」

顧、葉兩人，聽到他的詞鋒淩厲，當然唯命是從，旋身退出。月笙怕壽華久坐生疑，在吩咐了這些說話後，隨即轉身回到古董間去。隔了不久，他才送著壽華到大廳簷前點頭道別。

按：杜宅構造，與張嘯林住宅比屋並居。大門以外，有個院子，另設總門，兩家均由此總門出入。因有此項間隔，所以站在大廳簷前，看不到總門外的景象。

當月笙送客時，廳上只有小廝，門外不聞喧鬧。他以為雨過天青，不會再出岔子了。卻不料壽華走出大門，踏上華格臬路，陡見周圍站著不少人，立刻警覺到前途凶險，正擬轉步旋身退回杜宅，斜刺裡葉焯山已抗著肩胛，猛向他右肩撞來。壽華閃避不及，經此一撞，步履踉蹌，顧嘉棠隨即從後掩至。壽華就在他倆左右挾持之下，擁向附近一輛敞著車門的汽車而去。正在掙扎紛拏之際，不知哪個所佩手槍，驀地走火，砰然一聲，直透月笙耳膜。此時月笙才知這批天罡地煞，依然糾纏未散，氣急敗壞地從內廳奔向大門。說時遲，那時快，在月笙未到大門前，壽華已被塞進車廂，由著他們踏足風門，朝西飛駛。等到月笙跨上馬路，僅餘幾個左鄰右舍，帶著駭異神情，莫名其妙地猶在觀望，其他已一無所見了。

原來在這些日子裡，楊虎、陳群早有布置，只瞞過月笙一人。所以碰上機會，絕不放過。汪壽華的坐車，已被軋住，駛離杜宅，在此圍困之下孤掌難鳴，只有任由擺布。據事後傳說，他們把汪壽華架上汽車後，直向龍華駛去。並沒有動用任何武器，只是在車內扼住他的咽喉，活生生地把他窒息以死。然後在荒僻地方，卸下屍體，縛上石塊，摜在河濱之內。因為當時暮色四圍，動土不便，滿擬明晨起個大早，再行掩埋，事亦不遲。卻不料隔晨報紙，已有記載。他們索性不理，就讓當地地保，報官檢驗，由著普善行莊承殮埋了。

從此以後，杜月笙便頂上了殺害汪壽華的聲名。旋由陳群策畫，糾合幫會頭腦，組織共進會，又幹上幫助國民黨從事清共工作。就中除黃、張、杜三大亨外，其餘如金廷蓀、顧嘉棠、葉焯山、芮慶榮、高鑫寶、馬祥生、楊順銓、顧竹軒等都分占一把交椅，而以浦金崇為出面領導人。他們所收門徒，當然包括在會眾之內。其經費、槍械，由於有關方面支援接應，實力相當雄厚。可是共黨方面，依然氣燄甚張，並不因汪壽華之死有所沮喪；其所組織的工人糾察隊，雖大部分的武裝已被駐軍解除，依然手持鐵棒，中間還雜著不少手槍；恃著人多勢大，不時集會遊行；經過軍警機關時，鳴槍挑釁，彼此各有傷亡。因此，國民黨方面，決定於民國十六年四月十一日起，開始掃蕩。經過三天鏖戰，至十三日止，才告敉平。共進會的徒眾，也就在這三天中，協助軍警，將駐在閘北湖州會館、同濟會、商務印書館，及南市吳淞等處之工人糾察隊完全擊潰。大功告成，月笙受委為總司令部少將參議。這類虛銜，他倒並不重視。寫起履歷來，從不列入。倒是由於好奇心的驅使，當時竟也穿上軍裝，拍個全身照片，掛在他住宅第二進的廂房內。可奈他生相不是濃眉環眼，壓根兒顯不出赳赳桓桓的氣概。

五、政治上兜得轉的事例

我國海關、郵政，由於前清創辦時借用客卿之故，自後即為英人、法人所把持。入國民後，葫蘆依樣。國民政府成立，交通部為使主權完整，決定將郵政總辦一職，由法國人手中收回，改委國人接任。這項消息被法國駐華大使偵悉後，即轉著駐滬法總領事設法斡旋。法總領又轉著法租界總巡費沃禮責成杜月笙從中疏解，並以必達目的為期。但是這是政府大政，涉及國家主權，任何力量，決難變過。月笙自審縱夠神通，亦絕無法施展。而在另一方面來說，法租界是他安身立命之區，費沃禮是他當頭太歲。任何委託，又屬無可推辭。況以「必達目的」為詞，顯見含有威脅意味。月笙處此夾縫之中，使盡心機，想盡辦法，總覺得眼前一片漆黑，無路可通。

恰巧交通部部長王伯群週末來滬，邀約月笙小敘。主賓僅有三人，其中一位，又恰巧是月笙老友。月笙曾將此事與他談過，他亦認為絕少轉圜辦法。至此三面晤對，雖屬最佳機會，無如仰面求人，原是困難之事。何況偌大問題，怎敢輕於啟口。如果不顧一切，冒昧要求，無論嚴拒、婉謝，都覺臉面無光。而依照事理推測，亦絕無曲從之理，更何必落此話柄。因此，月笙雖在面對一位可以解厄消災的有力人物，而滿懷憂鬱，竟致無從申訴。由於心理上忐忑不安，自不免影響其表面上的安詳鎮定。

所謂：「事在心頭，愁壓眉頭。」月笙於周旋應對之間，遂不自覺地失去其一向從容之態。那位老友知他犯有心病，倒不為奇。但在王部長看來，卻透著蹊蹺可怪。於是借故起身，挽著這位老友暗詢內情。老友巴不得有此一著，乃將月笙為難情形，源源本本地和盤托出。王部長急人之急，體會到此事重大，確切關聯到月笙以後在法租界的立場。但案經院議通過，事涉主權。本身是主管交通，職責所繫，怎能以私廢公，徇情曲庇。躊躇之下，殊苦愛莫能助。以故回席之後，月笙茶飯無心，王部長心神不屬，而那位老友亦落得從旁著急。

迨至暮色漸深，酒闌席散，將次送客之頃，王部長突張笑容，握著月笙的手說道：

「你的事情，我知道了，我會為你解圍。但郵政總辦，只是一個職司，絕非長生祿位，你得向費沃禮鄭重聲明此點，堵住他以後要索。」

月笙聽聆之下，喜出望外。不意一飲一啄之間，居然將此天大難題，消弭解決。對王部長自是感激涕零，即對那位老友亦再四申謝。

後來，王部長用拖延手法，把原案擱壓三個月，才將法籍郵政總辦解職，使月笙在費沃禮面前有所交代。而費沃禮亦懂得「不是長生祿位」的涵義，眼前即能向法領銷差，已自心滿足，自未便再事嘵嘵。於是滿天陰翳，一掃而空。此中內幕，知者僅三人。而單就外表看來，則月笙大增其「吃得開、兜得轉」的聲價。費沃禮亦捉摸不出，他究用些什麼法力。而在月笙的算盤上，則物質寧可吃虧，精神寧受痛苦，只要這項聲價得以維持，九九歸原，還是他的勝利。

像這樣的事例，正可說明月笙在政治上之須發生關聯，其企圖和目的僅屬如此。

抗戰期中，由於他的表現，國民黨多次爭取他為黨員，吳鐵城先生尤其表示熱烈。月笙對此相當冷淡，儘管登記表不斷送來，始終置之高閣。因此有人轉變原意，給他送上「國民黨之友」的徽號。勝利以後，月笙自不失其光輝；但由於「政治」酵母所釀成的苦酒，月笙亦曾強飲多杯。「功人」何價？「黨友」何榮？這是後話，此處不談。但他所說的政治骯髒，這話也許不為無見吧！

第十二章

李祖永勸買黃金

我國法幣，因對日抗戰形勢的發展，發行額日趨膨脹，幣值從而逐漸貶落。此為必然現象，原不足異。所幸民國二十四年國民政府採納英人李滋羅斯顧問的建議，廢兩為元，改革幣制。這一舉措，對於初期抗戰貢獻甚鉅。否則這場硬仗，在財力上自始便難招架，更遑論抗戰到底。後來「太平洋戰事」爆發，又幸由於美國盟邦的支援，乃得發行黃金儲蓄券、美金儲蓄券、美金公債等，藉以吸收游資，緊縮通貨，使法幣保持相當價值，在惡性膨脹上發揮了節制的作用。因此，在八年抗戰的悠長歲月裡，法幣在人民心目中尚未完全失去信用。比起勝利後之金圓券和銀元券，那是強硬多了。

一、無端被牽入「黃金」案中

在抗戰時期，一般人只須手頭上控制若干資金，大都直接或間接地幹著走私囤貨的勾當，有如本文前節所說或大或小的「白瑞德」式買賣。同時他們還動足腦筋，利用機會，在當時政府發行的各項儲券上，買進賣出，操奇計贏，而大發其國難財。這類營運，如果月笙是善於居積的人，憑著他的力量和機會，盡可爭取大量財富。可是他卻從未染指。他至多只如當時認為最沒出息的鄉曲一般，放些利息優厚的所謂比期存款。數額是日漲夜大，質量是越縮越小。結果落得紙面富貴，得不償失。在他行將離渝的前一年，重慶發生因黃金儲蓄券加價而轟動一時的所謂「黃金」案，不料在監察院糾舉的文件中，他赫然有名，特別惹起各方矚目。這是他成名後三十年來首次遇到的鬱塞事件。他是怎樣被牽入「黃金」案的呢？今日舊事重提，還須從頭說起——

當月笙離開上海的時候，他的債務已達法幣二百萬元之鉅。他以「夜行吹口哨」的心理，當時曾對他的賬房楊漁笙說道：

「不算什麼。等我回來，只須售脫一個痰盂，已夠清償本息。」

那時像他這類聞人，案頭、枕畔隨手取來用以盛痰的盂子，其以黃金製成的，並不稀奇。在他那時模糊的意識裡，揣測到抗日戰事持久，幣值必然低落。金痰盂比起德國人的啤酒瓶值價得多。第一次世界大戰結束後，相傳有位德國人單憑所遺的大量啤酒瓶已夠還戰前負債。那麼他設想以一金痰盂抵清他二百萬元貸款，當然有此可能，並非一味壯膽。當時他還經營相當數量的英鎊先令，在抗戰發生後原是一樁看好的買賣。他卻毫不在意地於成行前全部割清。所以他到了香港後，時常說道：

「我所有的動產，在上海只剩下少數的金葉子，其他是四大皆空了。」

他到重慶來，關切他的朋友都勸他買些黃金儲蓄等一類證券，以保幣值。他總是一面感謝著友好的盛意，一面當做耳邊風。他時常自我譬解：

「要發財何必爭在今天？當年那些英鎊先令我都忍心地割棄了它，難道我還眼熱著這些花花綠綠的儲券？」

也許他在經驗上意識到政府發行證券的真實價值吧。所以在他耽留重慶的四年中，有的只是法幣和以法幣投資的股票，並無其他。馴至他的三位公子在美留學的費用，還得在上海通商銀行委託保管的有限外匯中，挪移抵補，敷衍過去。

按之當時，美金儲蓄券的黑市價格，在法幣三十元比值美金一元的階段，停留頗久，相當呆滯。擁有該項儲券的，感覺到利潤並不如此期存款優厚，不甚合算，紛紛拋出。月笙本身雖不收買，但有人託他尋覓受主。他於是利用私設電臺的便利，不時向上海報價。又因籌備搶運物資派遣徐子為去滬接洽之便，附帶委託他在滬祕密推銷。因此，淪陷區游資被他吸收而來的，數不在小。民國三十二年，張公權（嘉璈）先生的令妹自上海由西安一路到達重慶。沿途，聲勢之隆、供張之盛，不下於達官貴人。自胡宗南以至戴笠，無不照料備至，接待如儀。她雖是位女流，而眼光深遠，計算精明，確夠得上長袖善舞，多財善賈。在她魚軒乍到、征塵甫浣之際，她便著眼到美金儲蓄券上。但因長途遠客，所持頭襯，究屬有限，以故興味雖濃，卻苦力不從心。這情形被月笙知道了，他便夥著吳啟鼎先生（吳當時是四明銀行董事長），一面合勸她大量收買，一面協助她多方借款。在一批買進之後，押給銀行，套出頭襯，再買一批，循環炮製。以兩個銀行董事長的力量，調度其間，張小姐當然是左右逢源，志得意滿。

與此同時，上海巨頭中年高望重的虞洽卿先生亦在重慶。月笙和他是屬老友，但興趣不同，行動各異。洽老是一位絕不服老的企業家。滇緬路上、浙贛道中，經常都有他的蹤跡。他搶運各地貨物，紆尊降貴地和卡車司機並坐在車頭之上。無論公路上的崎嶇顛躓，祁寒盛暑裡的忍飢挨熱，以及戰雲瀰漫下的險境難關，對他滿不在乎。他總是人不離貨、貨不離人地日夕廝守著。在桂林大撤退前夕，他為著大批貨物無法起運，老是不肯離城。虧得白崇禧將軍撥給一輛吉普卡連送帶趕地迫他上路，否則其後果不堪想像。他於政府發行的證券，無論其本位為美金或黃金，固在必購之例。即以法幣為本位的儲券，只要認為有利，也就兼收並蓄，細大不捐。他自奉甚菲，昆明、臘戍等地友好所饋送的，「三五」牌茄力克（香煙）以及威士克「斧頭三星」（洋酒），在他跟裡，和他所搶運的貨物同樣珍貴。在他抵回重慶後，掃數在黑市售脫，隨手將價款購進兩重的小金塊，儲放在特製小布囊中。閒來無事，取出摩挲。兩個老眼瞇成一縫，笑容可掬。其時江倬雲常為洽老座中不速之客。洽老往往擎起小布囊在倬雲面前晃來晃去，毫不隱飾地和他說道：

「你看！你看！這是我跑趟昆明的小外快。所有人家送來的香煙、洋酒都給我一股腦兒變做小黃魚了。」

倬雲將這些話傳到月笙耳裡，大家哈哈大笑。月笙認為發財是要各項條件配合的，他總自愧著：單就體力，他就沒法趕上洽老，其他自不必談了。

二、李祖永好心鑄成大錯

以故在月笙當時的腦海裡，壓根兒恐怕只有美金儲蓄券的印象，勸著人買，看著人買。其他等等，全不在意。卻不料在「黃金」案中，他竟像冷灰中爆出熱栗來。這一事經過，發生於民國三十三年一個悶熱的星期六下午——

約莫兩點鐘光景，李祖永先生披著一件深藍色綢衫，敞開領口，一面擦著滿頭大汗闖進重慶打銅街交通銀行二樓的辦公室，喊著：「杜先生可在？」待探明月笙公出之後，他連停下喘氣的工夫都不忍浪費，掉轉頭來仍自擦著汗珠匆匆而去。過了不久，他又坌息而來，向著月笙的祕書窮詰月笙去處。他祕書透著奇怪，反詰以何事匆忙。他卻咬緊牙關，半語不漏。正在相持之際，月笙已自回來。他便迎頭趕上，挽著月笙胳膊，在房門背後交頭接耳地唧噥一番。月笙初時臉上透著幾分躊躇，經他再度耳語後，月笙便吩咐他的祕書開出一張一千萬元通商銀行的支票交他帶走。這一幕啞劇，在那祕書想來，總不出銀錢上的轇轕，未便多問，本能地在票根上註明「李祖永借」字樣，以備日後查考。其時已近鐘鳴五下了。

迨至下星期一，報紙之上，刊載著財政部的公告，黃金儲蓄券自即日起由每兩二萬元提高為三萬元。買到的當然心花怒放，未買的不免喪氣垂頭。其在市場上自又不免起著刺激作用。那位祕書才恍然於上週末李祖永的鬼鬼祟祟，葫蘆裡原是這一味藥，倒不免有些醋意。過後不久，通商銀行內忽來調查人員，調閱賬籍，專查月笙的那張一千萬元支票的兌付情形。查明結果，是屬於臨時透支。這項經過旋由該行經理報明月笙後，月笙又向其祕書查詢支票存根如何填註。這便透出幾分蹊蹺，看來相當嚴重。

果不其然，過幾天後，監察院糾舉書突然成為頭條新聞，刊載於各報之上。其大意指摘此次財政部辦理黃金儲蓄券每兩加價一萬元，事先洩漏機密，以致一向認購不甚踴躍的此項儲券，在加價前星期六一天中，銷數突達高峰。顯見其中必有弊竇，應予偵查。並列舉該星期六、日及其前一二日內巨量購券人的姓名商號，以資佐證。就中杜月笙的大名，煌然在列。一時街談巷議，鬧得滿城風雨。月笙是名心極重的人，這項案件，雖不致對他發生巨大影響，但被目為以不正當手段大發國難財的駔儈，比之指控他為謀反大逆，在精神上尤為沮喪。

倒是他的那位祕書卻默默地感謝李祖永當時對他守口如瓶，免於捲入漩渦。事後思量，引為深幸。

事實經過，僅屬如此，原無奇特的內容。但社會上的觀感卻不如此簡單。他們認為月笙一向交接權門、結納巨室，春江水暖鴨先知，近水樓臺先得月。在眾口一詞下，肯定他在加價之先，已有獨得之祕。外加他所付出的票款，是向銀行臨時透支，而與他有密切關係的中華實業信託公司及沙市紗廠，亦皆在此數天內大量買進。在互相印證之下，更足為他事先得到消息的有力旁證。這樣論斷，猶之當時新任財政部總務司長王紹齋先生，因來部接洽印刷文件的掮客，告以外間有黃金加價的傳言，意在徵實。哪知紹齋壓根兒毫無所聞，反而根據傳言，買進二十兩。及後發覺，硬指為利用職權，營私舞弊，其情形殆相彷彿。以地位及交遊言，紹齋之於月笙，自不能相提並論。以黃金二十兩與五百兩比（一千萬元恰購上數），其輕重之別，則更如大巫之於小巫。紹齋尚不免於深文周納，揹上「利用職權」的惡名，那麼月笙之被吠影、吠聲，更為勢所必至。

按之當時實際情形，這類消息，多非正面得來；只在無意之中，抓住片言半語，經過縝密參詳，以致億而能中。譬如：某一省銀行的潘總經理，原是席豐履厚之人，行為亦相當端正。但由於中樞某部長於電話對講中拖了一句尾巴，便給他錦上添花，平添大量財富。

事緣該省銀行承辦在各縣各鎮推銷美金儲蓄券的業務。有天，中樞某部長直接電詢該總經理的推銷成績如何。他以為不外考勤意味，官樣文章，便隨口答道：「差不多了，差不多了。」不料某部長突又拖句尾巴，吩咐他將未銷儲券，盡數收回。他在唯唯應命之後，突觸靈機。認為政府發行證券，一向唯恐銷之不盡。今忽囑令收回，顯見此項儲券，必有其確保的價值。以眼前法幣幣值如此低落，倒不如掃數換成儲券，較為穩安。於是拿定主意，將各縣各鎮待銷儲券，星夜收回，完全由他個人買進，而以「掃數銷訖」報部。到了後來，此項儲券因截止發行之故，聲價大漲。潘總經理遂叨中樞某部長片言半語之光，坐致多金，富上加富。

這一事例，衡以李祖永之探悉黃金加價，大同小異，只是結果迥殊。祖永時為大業公司總經理，一向承印中央銀行發行的鈔票。他於香港淪陷後來重慶，腰纏纍纍，生活極為愜意。因為業務上的關係，與央行內各處各局的主管人員廝混極熟。以他的身價財富，自無意於鑽門覓竅，探悉這類祕密行情。可是他日常接觸的是這批金融上的巨頭，茶餘飯後，耳熱酒酣，談吐之間，無意洩漏，祖永自亦不致褎如充耳。那個星期六他告訴月笙的消息，就是在一頓中飯上這樣得來的。他自己並未購進分文，他卻出於一片好心，冒著酷熱，拖著肥碩身軀，兩次訪問，到處尋找，願意為月笙效勞。月笙亦正因他一片好心，不忍拂其盛意，在慫恿之下，便開出那透支的支票。不料這片好心，結果鑄成大錯。祖永不免抱著歉意，月笙倒是無所容心，對於個中情節，絕口不談。因為他懂得樹大招風，既然惹到自己頭上，就讓人們蜚短流長、冷嘲熱諷去吧。

三、重慶非上海別有天地

其實，即使月笙由於這次加價，完全賺進，以五百兩計，能有幾何！前文所舉他的豪舉、義舉，如以幣值計算，從他手縫裡溜走的何止此數。講到戰前，黃金價格每兩不過三五十元。在一個大年夜裡，他隨手潑去的，如以兌換黃金，也就須幾位壯漢，才能抬走。在他吃團年飯前，往往握著話機，分電幾位知交好友，詢問他們過年頭襯，已否舒齊。如果對方透著遲回，五千、一萬，隨手著人送去。及在吃過團年飯後，在他寓所大菜間裡那張大煙炕上，靠裡一面，五元、十元疊成的鈔票鋪滿了三分之一的面積。這時各色人等，不斷地闖進大菜間來，不斷地向他「辭年」，說些有彩頭的套語。他就不斷地抓起一把鈔票塞到來者的手裡去。其間當然斟酌平日交情厚薄，分出數量上的高低。但授受之間，各自心中有數。白手拿錢，哪個不歡天喜地？同時在他公館門外，癟三、叫化，已是人頭擠擠，站得密密層層。他的底下人把住進出路口，認清臉面，每名發給大洋一元，好讓他們在大年初一，不致忍飢熬餓。及至斗轉參橫，元辰迫近，客人陸續退清，煙炕上的鈔票亦剩餘無幾，他乃向著他的祕書翁左青說道：「你掃了吧！」這幕喜劇，才告終場。據左青告人：這要碰巧。有些年份，他只掃到幾百元；有些年份，他卻掃到千元以上。像那樣的一貫作風，而說他年老心貪、眼紅微利，真不免侮辱了他。可是事實上他確買進了這批儲券，也就無所逃於人言嘖嘖了。

隔年以後，這件案子由法院提起公訴。其時月笙已經離渝，由洪蘭友先生疏解了事。其實，公訴是滑稽可笑的。一、該項儲券，原由政府鼓勵人民承購，無論由於巧合，抑由於事先得到消息，加價之前，蜂擁購進，只能止於存疑，不容一味靠估，武斷其為必有弊竇。二、進一步說，即使查明有據，其實應由洩漏機密之人負擔，其罪愆亦應由洩漏機密之人承受。一般趕在加價前購進儲券的人民，無論其價款何來，並不牴觸法例。不漲緩買，漲則搶購，為了保護幣值，人民應有此項權利。這些事理，原很平常。可笑這批昏天黑地的大老爺，只向一般購進的老百姓吹毛求疵，而於洩漏機密的高級人員，均不敢在太歲頭上動土。其為輕重不分，本末倒置，恰證實了法治等於兒戲。當時杜月笙狼狽之情、王紹齋牢獄之災，也是合該如此了。

於此，有使月笙不得不提高警惕的，就是：這一個範圍內的天地，和他當年在上海的天地，已是大不相同。雨露雷霆，另有主宰；蝦兵蟹將，也會揚威。勝利已在指顧之間，局面更有非常之變。八十歲學吹打，一切一切，又得與時推移，重頭幹起啦！

第十三章

奉密命策反東南

前文所說的「黃金」案正在繼續發展之際，月笙已自受命離渝，前往東南，協助盟軍準備對日反攻工作。先是民國三十三年秋後，美國老羅斯福總統的孫兒昆汀·羅斯福（Quentin Roosivilt）於G2部門擔任少枝，奉派來華，參加籌畫戰略。他早耳食到杜氏聲名，知道他在上海擁有相當潛勢力，可資運用。於是在成行前要求紐約華昌公司創辦人李國欽先生予以介紹。李為湖南人，在美經學鎢業，積資頗厚，聲譽甚著，紐約市給予榮譽市民榮銜。他熱心抗戰，曾一次捐獻政府美金十萬美元，與月笙頗具交誼。

一、蔣氏召見後冒暑登程

其時月笙三位公子均在美國留學，國欽乃介紹老羅斯福總統之孫兒與月笙的第四公子維新面洽，由維新備具介函，交與帶去。迨他既抵重慶，即憑維新介函，與月笙約晤。

當時月笙和他說：「打擊和毀滅敵人，是我們共同職志。我亟願盡我的力量參加任何我可負擔的工作。但我在政府雖無職位，我卻是中華民國一個公民，我在未取得我政府同意以前，我未便直接接受你委託的任務。除此之外，關於情報的相互提供、工作的相互便利，這與直接接受任務不同，我們以盟友的立場，可以隨時密切合作。」

這番話，昆汀・羅斯福認為滿意。以後彼此間便發生相當聯繫。此事甫告段落，未及一年，月笙又側身於東南策反的行列。

民國三十四年四月，蔣先生召見月笙。未及一週，國府總務局局長陳希曾隨將蔣先生的特約電報密碼親身送到。月笙在那次召見的經過絕口不言，但由於密電碼的到來，他的左右都在揣測他未來的行動。迨至是年六月二十五日，月笙由重慶動身，這些猜測才得到事實證明，知道他此去東南，是受著策反的任務，配合盟軍反攻。一時他的友好都抱著興奮的心情，感覺到反攻已在眉睫之間，所以月笙於這六月炎蒸之際，不得不冒暑登程。那時，日軍敗象已成，雖困獸猶鬥，還不免經過幾場惡戰；而勝利之機，在我殆已允操成算。因此，大家又於月笙之行，不禁憧憬著張恨水所著《八十一夢》中第一個勝利還鄉的夢境。

談到此行，其中有故。這些年來，戴笠與月笙合作無間，結契甚厚。就特工言，東南一帶，固以上海為其重點，戴笠之須借重月笙者自多。但月笙離滬以後，從法租界的特殊環境，投身到劃時代的抗戰陣營，其在心理上的空虛、人事上的援繫，則由戴笠所給予的充實與支持更屬不少。此時盟軍準備反攻，戴笠自為前驅，乃即趁此機緣，於最高當局前保舉月笙偕同前往。事實上，月笙除在上海之潛力外，其於偽組織中之舊日交遊，於第三戰區之特有人緣，都足在戴笠的工作上從旁發生圓滑的作用。戴之需杜，自有用意。當時戴如以其私人交誼，約他同行，他必翕然景從，殆無疑議。但戴卻不肯平鋪直敘，特地鄭重其事，通過蔣先生定期召見與面授機宜的一番儀式後，才與他約定，以貴陽為集合地點，然後並轡聯鑣，趲程就道。這便是戴笠暗地抬舉月笙，故增光寵，使其在這霧都四年蟄處之中，得以平地一聲雷，提高身價。尤其「黃金」案正在發展階段，月笙卷上有名，俯仰之間，實苦無以自處。重慶是屬戰時首都，表面上講的還是法治。此案既已鬧得滿城風雨，又加牽涉多方，法官絕不能於其一人，特加曲庇，辦得虎頭蛇尾。即使有意超豁，至少亦須對簿公庭。只此一項法定手續，已夠他腦筋傷透。他既不能不顧一切，藐視司法尊嚴，悍然抗傳不到。但如俯首就範，趨衙受鞫，無論結局如何，以他三十年曲鱔修行，化到龍身，而一著之差，落得這場沒趣，恐怕他的聲名，或將從此一蹶不振。其時法院猶在偵查，距離開審尚遠，但此一局勢之必然到臨，乃為無可避免之噩夢。事在心頭，月笙怎不蜘蹰踟躇。驀地裡忽殺出戴笠這個程咬金來，衝開煩惱網，突破是非場，生面別開，把他從待罪之身，轉為前席之客，偕往東南，馳驅國事，其有造於月笙者，何等重大。後來由於洪蘭友出面安排，不了而了，這只是順水人情，追本溯源，實賴戴笠之潛移默運。這又見此行於月笙前途關係之如何深切了。

二、貴陽淳安間一路經過

此行月笙隨帶顧嘉棠、葉焯山、龐京周、胡敍五四人，及僕從兩名。顧、葉兩人在上海黑社會占有地位，均諳技擊，葉的槍法尤擅勝場，在這兵荒馬亂之時，足資護衛。龐為醫生，胡即為其記室。自重慶出發後，循川黔公路，歷綦江、桐梓、遵義而抵貴陽，與戴笠會合。休息兩天後，乘機逕飛芷江，除戴笠一行外，又加入中美合作社的美國海軍準將梅樂斯與軍曹兩人以及戴之部屬多名。循例，搭載軍用運輸機的須穿制服，以故月笙不得不去其長袍而改服中山裝，此為其生平第一次，亦即最後的一次。芷江在撫水北岸，由黔東行，此為衝道。市肆隔河相對，中建石橋，長亙里許，即為著名的江西橋。兩月以後，日本投降。此一湘西僻邑，因我政府指定為日軍初步接洽受降之處，一躍而為世界知名，在歷史上永留勝蹟。月笙等到達後，由陶一珊予以接待。抗戰八年，始於此處見到日軍俘虜四十餘名，在大雨滂沱中露頂而過。留三天，續飛長汀。以航程須經衡陽，為防日軍派機截擊，登機後各授降落傘一具，套在頸部，負在背上，由梅樂斯臨時指示用法。大概為遇險時，在跳出機門一剎那間，口中默唸「一、二、三……」，至第十數時，趕將懸在頸部帶子一拉，降落傘自動張開，即可安全著地。說來容易，如果真個如此，恐月笙一行中，嘉棠、焯山或有生機，其他皆將不保。因此在這晴空萬里、孤雁遄飛之際，大家雖尚有說有笑，終究不免提心吊膽。尤其經過衡陽時，氣氛格外嚴重，巴不得一掠而過。詎奈梅樂斯預囑機師，特在上空，盤旋三匝，以便他攝取照片，這更使月笙等一行震驚到渾身急汗。及至安抵長汀，深感未經軍訓的人，未踏危機，已先膽怯，不免暗叫慚愧。

此後又遵陸而行，經連城、永安而抵南平。永安為當時福建省會，月笙於此晤見省長劉建緒將軍。南平踞閩江上游，當建溪、沙溪、富屯溪之總會口，貨物集散，均多在此。雖在戰時，而市面風光，依然繁盛。月笙等至此才稍紓其旅途積困。自入閩境後，因戴笠和梅樂斯均各有其工作單位分駐各地，必須前往視察，與月笙時聚時散。有時月笙為等候他倆歸程，亦不急於就道。以故氣候雖苦懊熱，而行程並不緊張。在南平勾留兩天後，又經建甌、建陽、崇安而入贛境，抵達第三戰區總部所在地鉛山。閩、贛邊區，山高林密，地瘠民貧。過分水關後，初抵贛境一小村落，地名車盤，日已正中，正當打尖時候。戴、杜等一行二十餘人，分乘客車、卡車，速度不同，落後、超先，原分兩起。此時前鋒既抵車盤，即就荒村野店，據案飽餐。迨至後起到來，已自供給盡空，釜無餘粒。因此在這段行程之內，一部分人，往往鬧得腹裡雷鳴，眼花頭暈。第三戰區總部在鉛山鄉間，粉牆平屋，佳木四圍，顧祝同司令長官駐節其間。月笙到時，彼此大感愉快。而補給司令戴戟、川軍總司令唐式遵亦皆遽集於此。舊雨重逢，又喜不期而遇，賓主之間，益增歡洽。即晚，顧長官在樹蔭之下，列桌多張，款以西菜。其時風動葉搖，月色從罅隙中冉冉滲入，乍明乍暗，景色清幽。長途疲客，得此境界，頓覺心曠神怡，一洗頽容倦態。月笙此行任務，原與三戰區有關，特留兩宵，與顧長官促膝談後，旋與戴笠等人一行會合，經上饒、玉山轉入前境，始於七月十五日，迤邐而抵終點淳安。

自貴陽起以至浙江淳安，其間多屬山區。古剎宗祠，所在多有。戴笠利用此項舊建築物，略加修葺，作為停留寄宿之所。常川派人駐守其間，打掃管理。以故一行人到，頃刻之間，炊事鋪陳，供張悉備。此次沿途食宿，即多由戴笠如此安排。中、晚兩頓，大家圍坐一檯，葷素並備。就中例供苦瓜一簋，則為戴笠個人特嗜。進食以後，戴笠又例必講話一番，對於忠黨愛國、孝親做人，娓娓而談，初不計聽者之已耳中生繭。尤其在烈日當頭、夕陽返照之際，整襟進食，已自拘束難堪。再益以煌煌大言，持續三五十分鐘之久，更自流汗挾背，深苦吃飯之難。有時又因中美間的問題，戴笠即席發揮，面對梅樂斯抬槓，在滔滔不絕之下，聲色俱厲。莫小覷這外國人，卻很休休有容，微笑頷首，不予置辯。原來此君戰前到過中國，自渤海灣至廣州灣止，所有中國沿海港口，他的行蹤，都曾踏遍。此時他擔任沿海氣候測量，以利飛機起降。也許他對中國人的脾胃習慣，已有足夠經驗，所以對於戴笠所發評彈，他多以聲悶不響為不同意的反應。後來戴笠撞機身殞，他已回美，聞此噩耗，特地萬里飛來，憑棺致奠，這又見其深情厚誼，遠越於中國人之上了。

三、策反工作畫龍未點睛

淳安位於新安江北岸，為忠義救國軍總部所在地，市梢有「西廟」一座，氣勢巍峨，宇舍深邃，點綴有花木園林之勝，軍統局淳安站長的辦公處即設其中。戴杜一行亦即稅駕於此。在福建長汀途中月笙已遇見滬上來人，報告一般情形。至此，月笙即託此一來客，趕返上海，轉達兩事：一為通知留滬之楊順銓、朱景芳、馬祥生等密地組織徒眾，於盟軍開始反攻後，相機進行騷擾工作，製造緊張氣氛，牽制敵軍一部分軍力，使其不得傾巢迎戰；一為通知馬柏生、徐樸誠輩，預加部署，連成一氣，在必要時由偽軍掩護地下部隊，共舉義幟，使敵腹背受敵，防不勝防。所有消息聯絡，統由徐采丞所設祕密電臺通報。同時月笙又根據上海電臺消息，分報重慶、鉛山，備供參考。其實當時整個反攻計畫，準備尚未完成，月笙受任的策反部門，須待反攻發動後，才能表現。眼前布置，猶之文中伏筆，畫龍而未點睛，盡可從容籌畫，無所用其亟亟。及至七、八月之交，反攻尚無端倪，而日軍已先進犯，浙西一帶，大有風聲鶴唳之勢。淳安城內，遷徙避難者已有其人。月笙只好暫時觀望，靜待敵情判明，再做進退。因此他在西廟之內，優遊養息，體氣轉佳，一向所患的哮喘症，倒反減輕不少。

一日於無意間，他忽在廊下發現邵洵美——其人原是蜚聲文壇的寫作家，面目黧黑，形容枯槁。月笙與他向少往還，但腦海中存有印象，寒暄以後，並不陌生。月笙因詢以既經抵達後方，何故耽留在此。經此一問，始悉此中內幕，大足使人灰心。原來他從上海而來，滿擬陰陽界上，跳出難關，一到自由區域，總可通行無阻，不料突被淳安站長中途截阻，以其為漢奸邵式軍的兄弟，認為形跡可疑，軟禁西廟之內，已歷兩月有餘。深悔要在自由區做個義民，還不如在淪陷區做個順民。淒婉之中，寄以憤慨。月笙聽罷駭然，轉語戴笠，乃得脫此困厄。未幾，勝利到臨，戰事結束，輕舟東下，結伴還鄉，邵洵美倒幸虧得有此一扣，因禍得福。否則麻鞵萬里，跋涉長途，縱然到達首都，跑的還是冤枉的路，那就未免太不值得了。

四、爆竹聲喧勝利來何速

月笙之得到日本投降消息，係在民國三十四年八月十一日零時左右。其時大家均已就寢，忽聽到市區內傳來一片爆仗聲音，夾雜著歡呼譁笑。於是披衣起床，出門打聽，原來是哄傳著這八年來日夕矚望的大新聞。淳安滿街，已是人頭擠擠。在「初聞涕淚滿衣裳」的情形下，大家還是將信將疑。恰巧戴笠適離淳安，急切間無從證實，只有坐守天明，等待著《東南日報》的報導。

顧嘉棠向來人粗口快，此時裂嘴露齒地說道：「淳安人不是痴子，爆仗不會白放的。縱然不是蘿蔔頭投降，至少是蘿蔔頭吃了大敗仗。我從重慶帶來了兩瓶白蘭地，指望著那麼一天來喝的，也許就是今天吧！我去拿來，相信絕不會白白糟蹋。不過有個條件，不喝拉倒，喝就大家都喝，要喝得涓滴不留才夠盡興。」

他說完這些話後，即跑回房去，取出酒來，先斟一盞遞給月笙。月笙是患喘症的，酒為切忌。可是人逢喜事精神爽，又在嘉棠裝著霸王硬上弓的姿態下，也就仰著脖兒，先來個乾杯大吉。其餘的人，酒量都還不錯。於是一面談著，一面喝著，就這樣熬過了這漫漫長夜。及至天色大明，報紙送到，證實日本投降，果然千真萬確。嘉棠更是喜極忘形，抓住半瓶殘酒，「嘓嘟嘓嘟」地向著喉頭直灌。可是緊接這歡天喜地之後，對於前途各有各的心事，又不禁從這酒盞之中泛露出許多煩惱來。

就中心事最重的，當然是月笙了。在一般立場上，他和別人同樣地巴不得勝利早日到來。但在其個人立場上，他又對眼前勝利感到來得太快。這不是說他別具肺腸幸災樂禍，於國人之受苦受難還嫌不夠；這只說他悵惘到，經此突變，不會再有給他顯露身手的機會。話說回來，他倒不是誇大他在策反工作上掌握著什麼妙計奇謀；他只是憧憬著也許還有像「高陶反正」那類事件由他巧遇重逢，一手炮製。可是原子彈這麼一來，他的希望全部落空了。就世俗的眼光看來，如果上海真個是國軍打回去的，他縱不是高級將領，他縱不曾立業建功，可是祖鞭先著，隨著戎車勁旅，奏凱同歸，他雖沾不上什麼光榮，然較眼前將和尋常百姓一般，襆被還鄉，無聲無臭，在聲勢上總覺堂皇百倍。可是原子彈這麼一來，在他好勝的心理上又重重地受著打擊了。這份私情，何等苦悶，卻又不能宣之於口。怎不叫他方寸之間，旋迴蕩漾，起著無名的躁競呢？

五、細雨淒迷重返上海灘

幾天以後，月笙又把眼光投射到政局上人事的變動來。上海部分，對他今後關係甚大，尤致關切。在他的揣測上，他仿照英國工黨的影子內閣般，先給上海市政府及所屬各局的人選勾出一個輪廓。他最矚目的是社會局長一席，認為必將由其得意門生陸京士出長無疑。事實上，自有社會部的建制以來，陸京士一逕擔任該部的組訓司長，從無變更。關於上海工運，更不失為領導人物。抗戰期中，他在浙東一帶，幫助軍統、中統，辦理特工，亦著勞績，論地論人、論功論事，他確實有充分資格，倒不是月笙阿私所好。詎料消息傳來，只有吳紹澍一馬當先。除了上海副市長、上海市黨部主委、上海三青團主任已先後發表由紹澍一人獨邀光寵以外，即此一局，亦為紹澍囊括以去。這就不由月笙瞠目驚心，在心坎上蒙上一層陰影。因為紹澍雖曾向他投過帖子，拜過先生，又曾由他予以提攜，加以資助，但在民國三十三年秋後，紹澍已在多方面堅決否認是他的拜門弟子，其間早露出無可彌縫的裂痕了。

還不止此，勝利到臨，還鄉為快，淳、滬之間，舟車可接，如果趲程馳返，所需不過三天。其時重慶的人，經淳轉滬，前後已有多起，日本投降前，紹澍回渝述職，至此衣錦榮歸，在淳與月笙匆匆一晤後亦經走馬上任。而月笙則以受命而來，雖非官身，行動未便草率。以為重慶方面，容有後命，卻不料左等右等，消息沉沉。眼見他人放歌縱酒，結伴還鄉，而他依然寄頓在西廟之內，向著怒目金剛、低眉菩薩，默然無語，興趣索然。這又不由他不感觸到炎氛洗盡，秋扇可捐，心坎上又重蒙另一層陰影了。

迄至八月向盡，戴笠已經回淳，彼此商酌之後，月笙乃於二十八日率同隨員買舟東下。行抵杭州，徐采丞、朱文熊已先由滬來杭候駕。當晚浙江偽省長丁默村為之接風洗塵，投宿於西冷飯店。旋於九月二日登車返滬，過梅隴後，月笙突變原意，改在上海西站下車，避免北站上的親友迎接。其時細雨淒迷，秋陰如晦，月笙踏上故土後，不即歸家，借寓於顧嘉棠公館。去時壯志如虹，歸日憂心悄悄。屈指一算，月笙離開上海，已是整整七年和九個月零七天了。

第十四章

回上海變生肘腋

月笙回到上海，既先迴避了親友在北站的歡迎，其後由上海市商會發動的公宴，又謙遜未遑地婉詞謝絕。他在各報登載的謝啟中有云：「天河洗甲，故土遄歸。自惟無補時艱，轉覺近鄉情怯。」這「近鄉情怯」四字，確是可圈可點。借用成語，含蓄地描寫出他當時的心境。就表面看來，顧嘉棠住宅在他進駐後，自屬車水馬龍，門庭若市。他心目中所想見的人，陸續到來。即一時想不到的人，亦皆親面承顏，做友誼上的接觸。而那些曾經進橋（指跨過外擺渡橋和虹口日軍總部交往者）落水的家屬，清晨暮夜，避免他人耳目，登門請託，固屬大有其人。另一方面，重慶派來的接收大員，趾高氣昂地踵門拜會，更自絡繹不絕。他派定幾位門徒，權充「知客和尚」，端茶送客，代服其勞。那片風光，依舊是花團錦簇。可是在骨子裡，他卻心有所屬，眼巴巴地期待著一個人。無如今天候過，不見來蹤。遲以明天，依然未到。馴至電話中，希望聽到那人幾句寒暄套語，滿足他明知是敷衍的「先施為敬」，亦竟如泥牛入海，消息全無。他在無可奈何之中，只得好紆尊就卑，以長事幼，於第三天委曲求全地驅車往訪。那份耐心，如非涵養功深，確屬不易辦到。

一、吳紹澍反臉不認師尊

這人是誰？值得他如此重視。說來也許視為平淡無奇，即是新紮貴人掌握上海市黨、政兩方面權力而曾向月笙投帖磕頭的門徒吳紹澍副市長。月笙並不當他是三頭六臂的修羅道者，卻顧忌到他後面那位法力無邊的金身大士。如使紹澍一如舊貫，彼此無猜，月笙也會為他官高勢大，遇事退讓三分。現在既經發現裂痕，而整個上海又已為中國權力直接貫達的區域。紹澍負有重命，身受特達之知。除非全盤撤退，月笙自不得不向他加意周旋。總算紹澍還識大體，在月笙往拜之後，亦即回拜一次。雖是匆匆數語，「王不留行」，而月笙看來，已是「慰情勝無」了。

原來民國三十三年秋後，紹澍回滬述職，對於月笙及其同門弟兄以至吳開先輩，陡然露出敵對態度。無論公私場合，紹澍遇見朱學範、陸京士等（恆社同仁），不僅高視闊步，旁若無人，且故作尖酸之詞，使人不易忍受。向時於關係重大的方面，紹澍竭力洗刷，鄭重聲明並非杜月笙的門徒。而於吳開先等一向聲應氣求的同志，亦輒表示不滿，肆口抨擊。這一變化，有人疑心月笙對於及門弟子，待遇之間，不免親疏厚薄，因是紹澍憤憤不平。又疑心他們弟兄之間，彼此角逐，不無齮齕；紹澍意氣用事，不免遷怒到「老夫子」頭上。而開先與月笙、京士等平時交遊密爾，隱作連雞之勢，紹澍認為合以謀「我」，遂亦視為一丘之貉。這些猜測，雖在情理之中，到得後來，才明白個中癥結另有所在。

當時月笙為反擊計，檢出以前紹澍函電，要從「稱謂」之間，證實他確屬自己門徒。白紙黑字，使他無從狡賴。不知是否紹澍蓄謀已久，抑是事出無心。幾十份電報中，不是稱「公」，便是稱「老」，或竟稱為「月笙先生」。電末具名，完全禿頭，只是「吳紹澍叩」字樣。尋來覓去，好不容易才找出一份電報，開首是「月師鈞鑑」四個大字，月笙喜不自勝。可是這個電報，是由紹澍借用屯溪交通銀行密碼託由電臺拍往重慶，重慶交行接電之後，為著密碼保密，照例另謄一紙，送交受報人。月笙雖可執以為憑，影印多份，分送各方，藉明究竟。但在紹澍言之，仍可譯為「師」字是由誤譯所致，原稿並非如此。因此月笙依然無可奈何，一時提不出真憑實據。

他在回滬以後，一面與紹澍敷衍周旋，一面卻自準備。關於證實師徒關係一點，揭穿來說，不算什麼。因為這類把戲，原是互相利用。果真來個逢蒙射羿，紹澍亦非作俑之人，斷斷計較，有何價值！而月笙所以必須辨明者，則以欺師滅祖，在幫規裡是椿嚴重的罪行。這且不談，單就紹澍矢口否認而言，必自有其作用存在。一旦證實他的狡賴，即可將其作用抵消。其間出入，不無關係。月笙想起紹澍當時拜門，介紹何人，大紅帖上，書畫分明，祖宗三代，備載如式；並有「永遵訓誨」一語，信誓旦旦。離滬之際，所有門生帖子，特地保存，雖非金匱石室之藏，亦自包封完固。此時手到拿來，於必要時，攤在人前，紹澍縱有百口，從何置喙？卻不料一查之下，滿箱帖子，雖已色褪紅殘，但仍點名無缺；獨有吳紹澍這份帖字，已自不翼而飛了。

二、小八戒忘恩甘充內線

人情是最勢利的，在其利欲薰心之際，忘恩負義、賣主求榮，雖在至親骨肉之間，照樣硬起心腸，下得辣手。所以老話有「眾生好度人難度」一語，確是閱歷之言。在月笙當年發跡，遷入華格臬路新建住宅後，他豢養著一個和他帶點瓜葛的小廝。那副臉相，煞像天蓬元帥投胎，鼻樑坍塌，兩耳搧，又加滿頭癩痢，因此給人題上「小八戒」的綽號。虧他小心伺候，巴巴結結，熬過了好多年。杜公館不吝這份閒飯，倒養得他脫胎換骨，肥肥白白。也許是福至心靈吧，他雖目不識丁，卻把月笙親友間數百個電話號碼記得滾瓜爛熟，一聲吩咐，他立刻撥動號碼盤，不須「對照古本」；而於煮「土」收膏、裝煙上斗這類燒（鴉片）煙的技術，在久練之下，得心應手，乾淨俐落，服侍得月笙舒舒服服。外加老天爺賞給他一副伶牙俐齒，「爺叔」聲長，「爺叔」聲短，叫得月笙震天價響。又常利用他的尊容，故意裝成奇形怪狀，哼著幾句東腔調（浦東土戲），逗得月笙哈哈大笑。猶之馬戲班裡必須有個小丑，後來月笙竟自離不掉他，而他也就搖身一變，隱然成為杜家總管。在那水漲船高之下，仗勢凌人，趁機斂財，吃裡扒外，分駐「甥壩」，他都幹得頭頭是道，出色當行，著實撈起不少。

話說回來，抗戰期中，他遙奉月笙命令，帶領杜宅傭人，追隨蔣伯誠、吳開先、吳紹澍等駐滬大員，從旁跑腿，吃過苦頭，拚過性命，卻也是鐵一般的事實。由於工作需要，這時他身旁缺不了一個知書識字的人，給他遇事參謀，兼掌書記。於是汲引一位綽號「半瓶醋」的狗頭軍師，參加「地工」行列。這位「半瓶醋」和月笙也自沾親帶故，亦由月笙培植成人；面削皮，獐頭鼠目，一臉陰陽怪氣。「小八戒」究竟是老粗出身，沒有喝過墨水，在此錯綜複雜的局面，掉不出新樣花招；「半瓶醋」雖是假冒斯文，卻滿肚皮鑽刁古怪。自從加入合作，彼此一搭一檔，等於一狼一狽。扯著月笙旗號，假借「地工」招牌，指鹿為馬，顛倒黑白，已夠他倆從中取利。

以前，蔣伯誠、吳開先輩，出入杜門，他倆自慚形穢，不敢正視相覷。此時，蔣、吳等因潛蹤伏跡，身在虎穴之中，對外奔走，不得不仰仗他倆協助。所以紆尊降貴，假以詞色，和他倆平起平坐，有說有笑。他倆受寵若驚，又做非非之想。以為「錢」是有了，缺的是「名」。眼前幾位巨頭，都是重慶的股肱心膂。一旦抗戰勝利，論功行賞，必然高官任做、好馬任騎。而月笙身處後方，遙領滬局，以今日當局倚畀之殷，預測他日酬庸必厚。他倆下半世的富貴榮華，完全寄託在這幾位身上。因而遠交近接，趨媚奉承，倒確動過腦筋，耗過心血。一面又自高自大，把自己幹過工作，視如汗馬功勞。以為他日縱因奧援，博得一官半職亦屬理所應有，當之無愧。在這樣如意算盤之下，期待將來，自更殷切。

怎料勝利之後，蔣伯誠雖已榮膺軍事代表，而半身不遂，照顧不到當年跑腿的人。吳開先是禿頭中委，並無實缺，落得無聲無臭。杜月笙雖不失其昔日風光，但政府從未給以任何名義，「苗頭」缺缺，依舊做他的老百姓。獨有吳紹澍春風得意，滿被光榮，身兼黨政之尊，氣勢方興未艾。他倆在接連失望之下，抱著賭徒壓寶心理，以為三門既已落空，這門還有希望，非落重注，無以翻身。眼前師徒反目，正是天賜良機。紹澍欲操勝算，必然爭取「內線」。為了錦片前程，哪計忘恩負義！於是全心全意，背地趕向紹澍靠攏；還不時在月笙跟前，探聽虛實，轉向紹澍告密。莫說一份拜門帖子，在他倆看來不值一文，即使是丹書鐵券，亦早如張松獻地圖般作為贄禮了。

三、宣鐵吾與杜化敵為友

門內藏奸，變生肘腋。月笙查明之下，氣得非同小可。尤其是顧嘉棠，為著江湖義氣，惱怒到七竅生煙，三尸暴跳，磨刀霍霍，揚言三天內定顯顏色，來個斬草除根。一時杜公館內，勢態緊張，氣氛嚴重。「小八戒」和「半瓶醋」這時才意識到闖了大禍，惶恐觳觫，浼出諸般友好，反覆勸解。月笙礙於情面，又怕鬧出事來，授人以柄，反而轉勸嘉棠「姑放一馬」。這場風暴，才告收梢。可是紹澍與月笙的鉤心鬥角，依然兔起鶻落。

與此同時，宣鐵吾和杜月笙間的流言，又忽哄傳市面。宣氏是勝利後上海首任的警察局長。下車之始，像煞抱有整頓決心。對於所謂「聞人」，眼梢不屑一顧。他與月笙截然無所交往，已自惹起人們猜疑。又傳月笙有次請宣氏赴宴，几席之旁，公然擺起煙具，吐霧吞雲。不唯失禮慢客，直對身負煙禁的公安首長，視若無睹。因此激怒鐵吾，勢成水火，一時繪影繪聲，說得像煞介事。民國三十六年，月笙前往香港休養，市面上又有新聞。指出他之去港是避鋒頭，因宣氏已準備對他採取行動；休養純為煙幕云云。衡以月笙離滬，是在元宵節前，如非急事，照例此時很少有人出門。即以休養而論，蘇、杭亦屬勝區，何必遠適異地。在時間、地點交互敲推之下，越發顯出這新聞之如假包換。空穴來風，自非無故。

按之實情，初時宣之於杜，確屬不甚融洽，認為通常社會，不應有這類特殊階級。但亦止於如此，並無進一步的露骨表示。而杜則以環境如此，一切以忍耐為先，對於宣氏的措施，絕口不談。對於宣氏為人，反之在人前人後，推崇有加，從無腹誹。處處用其細磨功夫，處處曲致其結納之雅。人心是肉做的，何況以往原無深仇宿怨。經過一時期的疏解後，彼此之間，已自雨過天青，毫無隔閡。莫說擺設煙具這類故事，純為向壁虛構之談。即以月笙去港一節而言，其時宣氏早將半身放大照片，親題款識，送給月笙，留供紀念。而月笙臨行，亦曾致函宣氏，表示行色匆匆，歉難踵別。其間更已水乳交融，何來鋒頭之避！

可是月笙這番化敵為友的手法，施之宣鐵吾，可以收功，施之吳紹澍，扞格不入。在謎底未經揭露以前，誠令人百索不得其解了。

四、戴笠一手攬垮吳紹澍

月笙曾假同孚路趙培鑫住宅，專誠宴請紹澍。所約陪客，盡是與紹澍氣味相投的恆社同仁。希望杯酒聯歡，稍稍消除嫌隙。這頓飯歷時頗久，自八點開始延至十二點左右。紹澍自始至終，繃住鐵青臉孔，大有「包拯一笑黃河清」之概。因此許多話兒根本無從提起。月笙抱著喘病，悶坐數小時。迄至夜色已深，氣溫漸變，月笙喉頭作響，嘶嘶有聲。身旁陪客王先青，知道他毛病即將發作，意殊不忍，力勸他離席歸休。月笙仍以慢客為嫌，吩咐從人，燃起隨帶藥末，薰煙止喘。在青筋暴露、冷汗直淌之下，強作笑容，自謂「絕不妨事」。直待席終客散，才肯驅車返寓。這一份「捨命陪君子」的心情，在旁人看來，多少有些動心。可是紹澍面不改容，確是「郎心如鐵」。

月笙旋浼與紹澍同一系統的有力分子，從旁斡旋。紹澍仍是昂頭天外，絕不買賬。其時紹澍早已接收一間報館，改為《正言報》。社評一欄，不斷地刊出「打倒惡勢力」的社論。當時上海幫會人物，黃金榮年登八秩，不問世事，已入冬眠狀態。其餘角色，自分淪陷期中，做過順民，沾不到勝利光榮，匿跡銷聲，僅求自保。所謂「惡勢力」云云，意何所指，不待畫龍點睛，直是呼之欲出。後來月笙自顧公館遷回華格臬路本宅，嗣又遷往十八層樓公寓，其附近一帶馬路上，紅線標語，時常發現，全是「打倒杜月笙」的口號。何人主使，不待參詳。而劍拔弩張，已由隱約其詞進而為人身攻擊。

上海市參議會成立，議長一席，月笙自分力不勝任，但敵不過其名心之重，意欲在當選以後，立刻辭職，博個虛名，掙些面子。一切布置就緒，只待串演一番。卻不料臨時變化，有人竟投白票。使非早事彌縫，將致求榮反辱。此中蛛絲馬跡，更屬一目瞭然。至此，紹澍與月笙間，已是短兵相接，不易共存並處。在此緊急關頭，月笙雖未至勢窮力絀，但終苦於孤掌無援。也許是路轉峰迴吧，驀地又得到戴笠的解圍。雖其動機未必出於袒護月笙，而結果卻於月笙大有裨益。

事緣上海是塊肥肉，各方勢力，一向角逐其間。迄今勝利突然降臨，種種應付，悉由急就。職權既無明確劃分，權力自難免於競逐。紹澍目無餘子，凌厲無前，賈怨既多，樹敵自眾。於是由於戴笠的一手擺布，所有本兼各職，轉眼之間，次第削除。爬得高，跌得重，從此紹澍一蹶不振了。

五、揭開謎底政治最骯髒

據說，紹澍事後隱約透露：他與杜某並無宿怨，所以號召打倒惡勢力亦非出於自動，此中主使自有其人。所不及料者，在他正在執行方案之際，忽有人倡為「今非其時」之說。意謂：惡勢力不容存在，自是天經地義；但在此勝利之始，社會尚未安定，如果操之過急，惹起風波，轉非國家之福；何況周遭環境隱患重重，在必要時惡勢力還不失其利用價值，遽加剪除反為損失；目前租界收回，全國統於一尊，這類癬疥之疾，隨時可以一掃而光；何如忍待須臾，先以全力針對未來的心腹大患。這些意見，不管是託詞曲庇，抑為言出由衷，卻自冠冕堂皇，極中肯棨，不由得其人不點頭同意。做了一百八十度的大轉變，月笙是因此超豁了，他卻因此犧牲了。

此一謎底既經揭開，紹澍雖已垮臺，月笙並不因此寬解，反進一步確認：政治是骯髒東西；幹政治的只講利害，不擇手段。上海是全國精華所在，本身已成一個目標，臥榻之旁，自無許人酣睡之理。眼前喘息稍蘇，後事誰能預料？惴惴不安的心理，始終未得寧貼。而事實上接二連三的打擊，其後果然接踵而來。紹澍的演出僅屬序幕而已。

第十五章 高喊打倒惡勢力

在吳紹澍高喊「打倒惡勢力」的當兒，忽發生萬墨林的「糧貸」案。在吳紹澍垮臺後「打倒惡勢力」的暗流仍在澎湃起伏之際，忽又發生杜維屏的「破壞金融」案。墨林是杜公館得力的老傭人，而維屏是月笙的第三公子。在真正法治國家，法律之前，人人平等，其間不會參雜著什麼面子問題。故無論其為老傭人與貴公子，只要情真罪當，於月笙原不傷其大雅。可是我們中國，一向講究的是人情而不是事理，重視的是勢力而不是法律。古話相傳：「打狗要看主人面。」以一家畜之賤，在棒打腳蹴之前，猶須審慎徘徊，不願失之魯莽。何況是位貴介？更何況是位貴公子？縱使犯罪，詎不能刮目相看，曲加容忍！

一、「糧貸」案打碎杜氏招牌

憶自抗戰勝利以後，上海灘頭，瀰漫著一片烏煙瘴氣。整部《六法全書》，敵不過有條（金條）有理。像萬墨林等這類案件，提起千斤，方下四兩，輕重之間，大可隨意。詎不能隱事消弭，網開一面。乃竟鐵索鋃鐺，先後入獄。這不是閻羅、包老，關節不到，而是有意給月笙以無情的打擊。回想當年他在法租界全盛時期，憑著「閒話一句」，大事化小，小事化無，多少達官貴人，都曾仗他解紛排難。不料八年之後，於國家民族已盡貢獻之餘，回到故鄉，連遭挫折，家人、父子，幾難自庇。這是時代的進步麼？只是勢力上的消長而已。

所謂「糧貸」案，發生於勝利後第二年。其時上海糧源枯竭，米價騰踊。當局乃貸出鉅款，交由萬墨林以上海市米業公會理事長資格承辦採運接濟事宜。不謂墨林利欲薰心，趁機利用，以貸款經營私運，壟斷居奇。米價越發高漲，致引起社會公憤。一班滑稽劇演員，借用電臺廣播節目，臨時編為歌謠，冷嘲熱諷，備致抨擊。尤以筱快樂（滬上著名滑稽演員）之指名道姓，公然畀以「米蛀蟲」的徽號，直接做人身攻擊，最為激烈。上海警備司令部根據報告，予以逮捕，拘案訊辦。就事論事，墨林罪有應得，當局處置，原不為過。可是在另一角度言之，其觀感又自不同。

如所周知，他是杜公館的老傭人。認識到月笙的，沒有不認識到他。雖屬輿臺廝養，亦自赫赫有名。中國官場，向以情面為重。正如上文所說：「打狗須看主人。」今竟鐵面無私，依法辦理，反而令人感到內幕之大不平凡。何況吳紹澍與月笙的反臉，已屬到處蜚揚；宣鐵吾（其時已兼任上海警備司令）與月笙的對立，亦早哄傳市面。那麼鴻門之劍，意在沛公，在參合推敲之下，更成為合理的推測。自月笙在法租界發跡以來，華格臬路的杜公館，等於小旋風柴進的皇莊。其所護翼的人，幾曾捉將官裡？在法國人的屋簷下，猶承曲意包荒，而在中國人權力開始達到租界後，便碰上這般的風行雷厲。即使對於月笙並非有意打擊，亦足使其臉面無光，招牌失色。

提到萬墨林其人，以前種種，姑置不談。單就勝利後說來，其肆無忌憚，確為社會所不容。日本人最初接受無條件投降時，重慶接收大員尚未到滬，月笙猶在淳安，上海正陷入一片真空，各路民族英雄，紛紛自我出現。萬墨林即憑其於淪陷期中曾在日本憲兵隊裡灌過鼻水、坐過老虎凳的資格，以「漢忠」的姿態，合著陳默，在月笙從未住過的杜美路七十號公館設立總部。門前、梯畔，都站有揹盒子槍的警衛。從前一班舊友，要想見他，居然要待通名傳報。其所住的一層樓，關防嚴密，儼如白虎節堂。一面發號施令，混水摸魚，單就太陽啤酒而言，即從被目為經濟漢奸的鄧姓家中，整車運走。那時月笙滯留淳安，日夕盼望他來電，報告上海情形，結果是泥牛入海，消息全無。則正因他忙於接收，分不出心神旁騖。

可憐的倒是那位陳默，他出身於黃埔軍校，原是月笙高徒。抗戰前期，在上海幹地下工作，出生入死，行動上表現得有聲有色。抗戰中期，擔任軍統派駐西安檢查所長，嗣又調任成都。這份差事，吃力不討好。在西安時，他為了執行命令，檢查過當時陝西省主席蔣鼎文的行李，搞得相當狼狽。所以他在調任成都之後，便擬具一個計畫，通過月笙之手，呈准戴笠，仍回上海擔任地工任務。至此，他以先遣軍的名義，由浦東渡過上海，為軍統方面首先到達之一人。他和墨林是屬老友，又兼浦東同鄉，於是彼此合流，在杜美路設立機構。因他為人相當老實，在那魚龍混雜時期，倒未曾接收到什麼。張冠李戴，只是被人利用。後來事過境遷，忽因在他家內抄出一把梁鴻志的摺扇來，指為貪污有據，因而嚐到鐵窗風味。

這幕過後，墨林搖身一變，成為上海市農會的理事長。會址何在，如何產生，都屬不可究詰。這類名義，雖談不上什麼光榮。可是它與上海市商會上海市教育會同屬法定團體，鼎足而三。視之月笙仍以上海市地方協會會長名義，出席公共場合，反較臺型紮硬。其時大場機場、黃埔江邊，中外高官，冠蓋往來，絡繹不絕。在那一迎一送之間，他居然藍袍黑褂，廁身於縉紳之列，握手揮巾，裝模作樣。滿盤珠玉之中，著此礎碔砆礫，直使三百萬上海市民，為之含羞蒙垢。還不止此，在以後選舉國大代表時，他也硬紮一腳。當時恆社同仁如陸京士、駱清華輩，期期以為不可，屢勸月笙，加以阻擋。無如月笙見不及此，一任其胡作非為。票數湊齊，果然當選。與一般黨國元勛，通儒碩士，以及社會名流，並肩列坐，周旋於南京國民大會會堂，直至佛頭著糞。而行憲後的首任總統，以至其後的連任三任，竟由這目不識丁的豪奴投上其神聖的一票，更足使通國蒙羞，全民受辱。

以故墨林被捕以後，人心大是稱快。所苦者只是月笙，鬱悶之餘，更感到大風蘋末，來日大難。而在事實上，墨林多坐一天的牢，等於給他多丟一天的臉，於情不容不管。但環境上，墨林之所以坐牢，大半正為著使他難堪，於勢又不便多管。以故他在表面上強作鎮定，內心上卻是徬徨煩惱。幸虧徐寄廎等幾位名流，從旁疏解，設法斡旋，墨林得以保釋，月笙的面子總算稍稍挽回。

二、一波再起杜維屏被捕

過此一年，一波甫平，一波再起，杜維屏的「破壞金融」案又突然發作了。

事緣三十七年八月二十一日，政府頒布改革幣制，規定以法幣三百萬元兌換金圓券一元。又規定其與美金黃金比值，為金圓券四元折合美金一元，金圓券二十元折合黃金一兩。民間除首飾外，所有存金、存鈔（美），統須依照牌價售與中中交農等國家銀行。以後民間如有金鈔需要，卻又不能依照牌價申請配給。嚴令煌煌，違者論罪。積威之下，何求不得？因此四行門前，人山人海，各挾其血汗結晶、棺材老本，紛紛擠兌。一時手忙胸亂，無法應付，於是准由商業銀行參加辦理，仍自川流不息，陣列長龍。所有櫃面之上，無不橙黃耀目、蘋綠醉人。京、滬大官，互相報喜，以為大功告成，引得龍心大悅。但就民間說來，先之以偽券與法幣比值之二百作一，今又責令以金鈔兌回毫無準備之金圓券，黃臺之瓜，一摘再摘，其心情之沉重，比之淪陷時期之排班挨戶口米，猶自添上幾分。因為那時拿到的倒是食糧，全家大小，賴以充飢。此時兌回的是些紙券，比之榆錢、冥鏹，究勝幾何，尚待事實之考驗。

為時未久，兌換工作，甫告完成。財政部突將紙煙稅則提高，不由人不於改革幣制的效果發生懷疑。亦即因煙稅提高、煙價之調整，不由不刺激到其他物價之波動。於是此一全無基礎的經濟堡壘，不轉瞬間，樑摧石坼，以至於全部崩潰。為求挽救此一急劫危棋，只得乞靈於政治上的鐵腕。於是蔣經國被命為上海區經濟督導專員，駐節於中央銀行，從事鎮壓。一面設立特種刑庭，準備以嚴刑峻法，整肅奸商；一面組織經濟檢查大隊，紛紛出動，調查可疑的商號。上海市面，陡時籠罩在恐怖氣氛之下。若干人以私套外匯見拘，若干人以囤積居奇入罪。墨林其時仍任米業公會理事長，突被蔣經國召見。驚弓之餘，自分凶多吉少。預先囑咐家人，理好衣褲、被褥，準備再度坐牢。一面帶好牙膏、牙刷，匆匆出門，硬著頭皮，趕向中央銀行報到。月笙亦自為他捏著一把大汗。所幸經過一番訓話後，仍然囑令還家。方喜有驚無險，渡過難關，卻不料杜維屏以「破壞金融」罪嫌，遽遭逮捕。霹靂一聲，這就大出月笙意外了。

維屏留學美國，在MIT專攻紡織工程，成績極佳，曾獲獎「金鑰匙」。勝利後回國，與盛蘋丞等合營進出口貿易。上海華商證券交易所成立後，維屏領到經紀人牌照，因又開設駿發公司，從事於股票買賣。改革幣制前一天，他拋出永安紗廠空頭股票八千股。改革幣制後，初時股票停拍。及後復業，此項空頭，自是相當獲利。至是被經濟檢查隊偵悉，認為情節可疑，通知市公安局予以逮捕。維屏住在辛康花園，當由該局駛到裝有鐵網的香港車（即囚車）一輛，跳下彪形大漢武裝齊全的警察多名，湧進住宅，把一個手無縛雞之力的商人，上了手銬，推擁登車，疾駛而去。其形勢嚴重，直如兜捕江洋大盜。上海人所謂「做足輸贏」，已足使月笙難堪。後來解送法院，承審法官，望風承旨，認為他不先不後，獨揀八月二十一前一天，拋出空頭，其為得到改革幣制的密息，不問可知。他的父親，長袖善舞，交遊廣闊。事先獲有此項機密，更屬意中之事。因是專就此點，左盤右詰，希望漏出片言半語，牽涉到他父親身上，便是功德圓滿，不止於可以交差。無奈維屏堅以巧合為詞，而法院又提不出旁證。因此幾度開庭，始終不得要領。

按之實情，維屏此次拋空，確先得到消息。與月笙當年在渝之購買黃金，由於李祖永之密告，如出一轍。原來維屏所設之進出口公司，有位股東，與財經大員是屬通家之好。以往關於金融方面之祕聞密息，他都歷歷如數家珍。此次改革幣制，自難逃其耳目。維屏與他過從甚密，所以分得一線春光。法官之疑鬼疑神，全是隔靴搔癢。

三、八兒缺一個又待何妨

當時月笙以係兒子犯法，引嫌迴避，不便出面營救。同時並以此事來得蹊蹺，比墨林的「糧貸」案，尤足耐人尋味。因為「糧貸」案關係到上海三百萬市民的食糧，即使當局有意向他施以間接打擊，而為公憤難容，執法相繩，猶屬合情合理。若以維屏之拋空言之，看漲看跌，全憑眼光，原屬投機商人的家常便飯。何況八千股永安紗廠股票，數額不鉅。如果真個預悉改革幣制的機密，空頭蹦出，自是獲利無疑。盡可破釜沉舟，做孤注之一擲。何致限額自封，賺錢還賺手？又況國家機密，掌管有人，如果關防嚴謹，外界從何得悉！今不向內部徹底偵查，徒以情節可疑，遽入人罪。其為捨本逐末，已失事理之平。個中癥結，另有所在，自屬顯而易見。

月笙經過這番分析後，認為不僅本身不便出面營救，即使託人說項，亦足增重危機。必須逆來順受，曠以時日，使其志得意滿，怒火潛消，認為杜某已經低頭，才有轉圜之望。若必顧全面子，恐怕坍臺，東處求神，西處拜佛，希冀於急遽之間，從寬發落，猶之火上澆油，轉有燎原之禍。所以他洋洋如同平時，並不過於急躁。他的法律顧問秦聯奎大律師，其時正在杭州遊玩西湖。此公不甚閱報，消息相當隔閡。一天在攤頭購買水果，攤販正取舊報為之包紮，他突瞥見此案大字標題，急忙歸滬，直趨杜宅，詢問月笙準備做何打算。月笙將此案經過情形，以及本人主意，如此這般，逐項細說。秦律師沉思有頃，連呼「高見」。

另一方面，維屏在獄，忽聞王春哲因私套外匯，由特種刑庭判決，予以槍決。乍聆之下，想到自身前途，驚疑萬狀。寫成一封情詞悱惻的家書，密遞其父，懇求早日設法，否則恐難相見。月笙看罷，反而哈哈大笑，自言自語地說道：

「怕什麼？我有八個兒子，缺他一個，有何關係！」

其後法院以維屏一案供證全無，難以入罪。於是轉移目標，改控他兼營「對敲」，違反證券條例。這麼一來，案情大見鬆動。所謂「對敲」，是指場外交易，逃避課稅；最大處分，不過停牌罰款，無甚關礙。但因餘怒未解，仍然不准保釋。過了一段時期，維屏才得超豁於九幽之外。

勝利以後，至此未足四年。其間月笙之所遭遇，就其得意方面言之，遠遜於以前在法租界全盛時期；就其失意言之，則經常受到前所未有的打擊。而這些打擊，又皆清一色地出於政治上的把戲。人情紙薄，世局如棋，在這個夾縫中，月笙又須賈其餘勇，另做一番掙扎了。

第十六章
頭銜仍是好風光

在勝利前後的四年中，儘管不如意的事件不斷地和月笙發生糾纏，其作用只不過給他面子上幾分難堪。憑他做人經驗和社會關係，對於他實質上並無多大損害。而由於客觀形勢之發展，到得後來，他的地位還有「看漲」的趨勢。如前所言，捨得錢、吃得虧、講義氣、要朋友，這些都是他的特性。由這特性而表現出來的是：在臺上的人，他固然著意周旋，深相結納；即在下臺以後，他還能舊情在念，不會以陌路相看。甚至在他手上栽過筋斗的人，雖是委曲一時，而九九歸原，他總會假手其他機會補還你錢分公道。所以，在初提到他大名的時候，有時不免視為凶神惡煞般嚇得死人，可是經過幾度交手後，你會像碰上磁石般不期而然地給他攝引到夾袋裡去。因此水漲船高，泥多佛大，他能在社會上博到廣泛的同情和合作。此時那些利用政治上勢力的人，乘瑕抵隙地不時加以迫逼，確曾使他碰上或大或小的尷尬局面。但如擊中要害，使其一蹶不振，那還離題尚遠。

一、社會上對他還是需要

這因他的地位不是從政治上得來，而是在社會上站穩腳跟。如果希圖以政治上的勢力去改變社會上對他的觀感，那得先考慮到這政治的本質——修明的還是黑暗的。而勝利後中國政治之屬於哪一類，人民的眼睛是雪亮的。退一萬步說，即使月笙成為社會上不受歡迎的人物，亦未必對當時的政治予以擁護吧！

提到「打倒惡勢力」這句口號，殊為可笑。在勝利後提出，尤屬無的放矢。所謂「惡勢力」者，是指一般幫會堂口而言。遠在同盟會以前，中山先生為了驅除韃虜，已與幫會發生聯繫。其時經常在中山左右之鄭士良，即屬華南幫會中人。其後，辛亥革命、推翻洪憲、北伐、清黨，以迄於八年抗戰，幫會人物，幾於無役不與。換言之，國家於幫會人物，亦幾無役不予借重。這是事實，絕不誇張。至於所謂革命分子，在其時窮勢蹙，混跡於十里洋場之際，其生活上的澆裹、行動上的掩護，所仰仗於幫會頭子的維持與護翼者，不乏其人。這類故事，今猶歷歷可數。可見過去在國內的幫會，對於國家並非無所貢獻，其徒眾亦非全屬莠民。

以月笙言，當他在上海法租界全盛時期，固曾為國效勞。但如認為功罪之間，不容互掩，針對事實，嚴正地提出這個口號。雖因租界關係，未必有何效果，但正義所歸，猶不失其言之當。

可是當時的達官貴人，多是杜門上客，稱兄道弟，結納未遑，眼前喊著這個口號的人，當時更是鑽門覓縫，唯恐不得其門而入。所謂「惡勢力」這名詞，壓根兒還未發明，更無論於「打倒」。及至抗戰發生，他以一貫擁護政府的立場，隨著陣地轉移，離開上海；勝利以後，他以同樣的立場，回到故鄉。他在地方上雖還擁有相當勢力，但已失去租界的護符。他的內心雖非人所得窺，但至少已做到「大德不踰閒」的地步。陡然把這「惡」字栽在他的頭上，與白相人「硬裝筍頭」的辦法，同其伎倆，詎不大失事理之平？揭穿來說，無非是上海這塊肥魚大肉，要由新人物來「照沙蟹」、「吃通莊」，不容旁人分到杯羹而已。

在這階段中，他雖感到環境上有其相當困難，但亦體會到他的人生歷程上，只有向前，不容退縮。他既掌握著那份廣泛的人緣，以鞏固其本身的立場；他並認識到這局面之下，社會對他還是需要。所以他依舊步步進取，在上海領導階層中維持其特定的地位。計當時他所擁有的頭銜，略如下列：

在公職方面：他當選了國民大會代表、上海市參議員、中國紅十字會總會副會長、全國輪船業總會理事長、全國棉紡織業總會理事長、上海市商會監事、上海市工業會籌備主任、上海市地方協會會長、上海市銀行公會理事、上海市水果業公會理事長、上海慈善團體聯合會理事長。

在工商業方面：他擔任榮豐、大豐、恆大、沙市、中國紡織（小中紡）等紗廠董事長，中國、交通兩銀行董事，中國通商銀行董事長兼總經理，中匯、浦東、國信等銀行董事長，上海南市華商電氣公司董事長，民豐、華豐兩造紙公司董事長，華豐麵粉織布廠董事長，上海魚市場董事長，上海華商證券交易所理事長，招商局常務董事，大通、大達、裕中輪船公司董事長，復興輪船公司董事，中華、通濟、嘉陵、揚子等貿易公司董事長，中國茶葉公司董事長，西北毛紡織廠董事長。

在教育文化方面：他為正始中學創辦人，中華職業教育社董事，上海《申報》、《商報》董事長，《新聞報》董事，世界書局代董事長，大東書局董事長，中華書局董事。

二、名心過重不免失常態

上開名義，猶未盡其全貌。就中有些為其戰前職位之蟬聯，而大多數則為勝利後的新職。這些新職中有些則由他出面代表國家資本和官僚資本，有些則因其特殊情形在黨、政兩方認為他是適合人選之下而予以指定。又有些則由他以通常的名義在幕後加以策畫和控制。如以國大代表而言，上海選區及其他選區之競選人由於他的聲援而當選者大有其人。上海市參議會議員之由他支配而產生的更屬不少。其他如立法委員、監察委員，與他原不相干，但亦有多人的當選是由於他的鼓勵與布置。如今日以敢言著稱的某位大砲監委即其一例。以故，就表面看來，他的履歷並不顯得輝煌，而不知其所包含的潛力則遠過其票面價值。這足反映他的吸引力仍然活躍在人們的心坎之中，政治上的把戲未必可以削弱他在社會上的地位。

於此，有不必為他諱言的，即由於他的名心過重，進取過劇，有時不免失其常態。上海市參議會議長的競選，由於有人從中破壞，幾使他瀕於失敗，除已如前文所述外，其先尚有一幕。

先是，勝利未久，上海市長錢大鈞即接重慶來電（其時政府尚未還都），恢復上海市臨時參議會，並著其敦請陳陶遺先生出任議長。此公高風亮節，確為東南有數人物。筆者於此，且先將其行誼略加介紹。

陶遺先生為江蘇金山縣人。早歲留學日本習法政，參加同盟會，擔任暗殺部副部長。旋自日本輸運槍彈軍火來滬。船甫落碇，即被拘捕，轉解江寧監獄，以革命罪將置重典；據說是被江都劉師培出賣所致。所幸其預先駁運上岸的軍火，在事洩後已為其老友蔡恕一悉數投入黃浦江中，事無左證，又經各方營救，不久釋出。那時端方任兩江總督，頗能愛才，嘗索閱他的日記和書法，備致傾倒。他於被拘時自分必死，至此獲釋，以為區區微命是由端方所保全。端號陶齋，因自號為陶遺（他名道一，原號陶怡）。於是有人妄加揣測，以為他受了端方的籠絡。他因詠「死別未成終有死，生還而後始無生」之句以見志。宣統元年，他和陳去病、高天梅、柳亞子等發起南社，在蘇州虎丘山開會，以文字鼓吹革命。辛亥武昌革命，各方正苦餉絀，他自南洋攜款回國接濟。而蘇省各地的先後舉義，則賴他和高梓等遊說疏通之功居多。南京臨時政府成立，林森和他並被推為參議院正、副議長。旋去東北辦理墾務，因遭鬍匪洗劫而歸。迨孫傳芳以「秋操」為名，占領南京，自稱「五省聯軍總司令」，在標榜「蘇人治蘇」以達到其收服人心的目的下，他由張一麐等一班賢達之敦勸而出任江蘇省長。國民革命北伐後，他和蔣方震向孫設譬示意，勸喻歸降。孫執迷不悟，且靦顏乞援於張作霖。他乃以省印交政務廳長曾孟樸代理，微服而去。二十二年上海成立臨時參議會，由於議長史量才是屬老友，他乃受聘為祕書長。抗戰後，一度避居香港，因資斧不繼，仍回上海。汪政權成立後，力加羅致。最後一次由其友趙正平往做說客，他聲色俱厲地告以：「做人時短，做鬼時長。」趙大感羞愧，踉蹌而去，自是始絕此項纏擾。

當時錢市長持電就商，反覆敦勸，以陶老那份淡泊寧靜的襟懷，當然不會接受。最後錢市長為覆電上有個交代，請陶老薦賢自代。陶老為求客去主安，匆遽間隨口漏出「徐寄廎」三字。錢既據以電覆，詎重慶亦竟據此定議。卻不料在陶老視如敝屣的虛名，在月笙則正躍躍欲試。及至查徐寄廎的議長是出這般得來，月笙在心理上的醋意越發濃厚。事過以後，月笙特地借顧嘉棠住宅宴請陶老，並約與其接近之徐采丞等作陪，自入席以至終場，他本人卻始終不曾露面。在禮貌蕩然之下，陶老不動聲色，飲啖自如，迄於終席。臨行徐采丞代表主人曲申歉意，陶老笑瞇瞇地和采丞說道：「這不必了，這是月笙有意向我露點顏色啊！」

三、與洪蘭友結成莫逆交

另一方面，月笙又體會到在此擾攘之際，本身雖未與政治直接發生關係，但緩急之間，卻缺少不得一條政治路線。就他的交遊而言，文官自宋子文、孔祥熙而下，武官自何應欽、顧祝同以次，哪個和他沒有交情？哪個不可借為背景？可是他卻感到這些巨頭，只能在某一特定事件上對他發生效用，而不能在其全面上做有力的盾牌。自他投身抗戰陣營以來，十年之中，意氣上彼此相投、工作上聯繫甚固，而在緊要關頭上表現得痛癢相關的，只有戴笠一人。以往在重慶時期，月笙是屬客體，局面比較單純，戴笠於他猶未顯出特殊的重要。現在他回到這租界收回後的上海，整個局面起了變化，情勢十分複雜，那就非借仗戴笠的力量不足以抵補其在某些角度上的空虛。所以在勝利後，他一唯戴笠的馬首是瞻，作為他在政治路線上的磐石。當三十五年三月十九日戴笠座機在南京郊區撞山身死之際，他正患著嚴重的喘症，其家人初擬向他保密，以免引起病情劇變；嗣又認為這樣大事絕不容匿不以聞；最後決定，還是及時地據實相告。這足反映他倆間關係之深，而戴笠一死之影響於他的是多麼重大。

其後軍統工作由鄭介民繼任，他於月笙似屬尊而不親。軍統一般人員，雖於月笙過從仍密，但如就政治路線言之，則此輩遠不夠格。經過一番考慮後，他乃移其對象於洪蘭友先生。蘭友為人和易，倜儻風流，雖以辦黨出身，卻嗅不到一絲黨老爺的臭味。在重慶時，他與月笙關係並不甚深，但在月笙這圈子裡的人物，如吳開先、龐京周、駱清華、陸京士等一流，與蘭友結契甚厚。月笙在渝所鬧的「黃金」案，後由蘭友予以消弭；其時月笙已去淳安，心頭片石，才能放下，自是感激異常。江湖上最重的是義氣朋友，因此嚮往之忱，視前彌切。勝利以後，蘭友轉任國民大會祕書長，開會期間，在文書、招待、交通、布置各方面，需助良多，而蘭友一時未易網羅到這副班底。於是月笙將其恆社弟子，撥交蘭友遴選聽用。憲法通過後由影印裝訂成本的全書，其原稿即由恆社弟子葉聞思以楷書一手寫成，最為出色。而月笙去京參加國民大會，亦即以洪宅為其居停。由於環境上的彼此湊合，心理上的互相瞭解，在推心置腹之下，他倆遂成為莫逆之交。蘭友大有幹才，這數千名國大代表中，品類不齊，性情互異，其間形形色色，惹出不少風波；可是對於這位祕書從無微詞。在他周旋晉接之下，大體上總是處理得平穩周洽。戴笠是以先聲奪人，而蘭友則能以和悅眾，這對月笙說來有同樣的幫助。戴笠固常有其詣闕陳情之便宜，而蘭友亦不乏其前席專對之殊遇，這點在月笙看來尤屬重要。其以蘭友為戴笠死後之政治路線者，用意亦即在此。

四、臥榻呻吟歎落日餘暉

至於月笙所面對的那股狂潮，如前文所述，他一味抱定沉著的態度。遇到大小打擊，其可以轉圜的，絕不惜委曲求全；其無從轉圜的，那就聽其自然，靜待時間的沖洗。那時，東北各城，先後易守。華北風雲陡緊，徐海一帶亦已劃入警戒區域。眼見這艘破船，載浮載沉於驚濤駭浪之中，整個局勢，大是不利。月笙於被人指摘為惡勢力後身經打擊之餘，此時由於情勢推移，忽又有人認為這惡勢力還值得利用一下，從而對他緊緊地拉攏了。

原來抗戰時期，重慶有個組織，全名為「人民行動委員會」，為軍統管理下之半獨立支體。其成員全屬三山五嶽之雄，如張樹聲、向海潛、田得勝、楊慶山、冷開泰等，統在其列。如照勝利後的說法，可視為集中全國「惡勢力」之大成。月笙為其中常務委員，負責獨多。當局用意，只求這班人物，不致在抗戰上發生障礙，故特以此虛銜閒職，從事羈縻。可是在救濟難胞、捐獻飛機、推行兵役、策動獻金等運動上，由於他們的徒子徒孫，人多勢壯，這班人倒確曾轟烈地幹過一番。尤其是捐獻飛機至二十架之多，在珊瑚壩飛機場呈獻時，人山人海的一幕最為突出。勝利以後，惡勢力既須打倒，這批人自在淘汰之列，所以這個組織，以後便沒沒無聞。迄至此時，內戰發生，局勢嚴重，乃就此一沿革，借屍還魂，改組為「新社會事業建設協會」，希望能如民國十六年的共進會發生同樣效用。除以幫會分子為基幹外，並加入若干工商人物，以資掩護。其領導階層則為原隸軍統之徐為彬、曾堅、程克祥及月笙諸人。一面擴大組織，在各省各縣設立分會、支會。計成立省分會二十八個，縣支會四百六十八個，會員總數為五十六萬人。其間聯絡溝通，則由月笙派遣總幹事王鐵民等分巡各地，從事策進。氣勢之盛，恐自有幫會以來無此壯觀。實際上是一盤散沙，絕無表現。而對於那班以「打倒惡勢力」為號召的人們說來，這卻是一個強烈的諷刺了。

過此不久，烽火迫近長江，南京告警。上海的城防工事，即在「保衛大上海」的口號下動土興工。事屬軍事範圍，原與百姓無干。但為工程浩大，需費甚鉅，儘管中央銀行的金銀財寶，裝箱外運，卻仍向上海商民科斂。月笙於是被抬出來，以上海市城防工事建築委員會主席的名義，專負籌款、購料任務。其時他的病況，相當沉重。一個月內，可能起床之日並不甚多。吳國禎市長、湯恩伯將軍等幾於逐日出入其門，不待肅客，逕詣榻前，在屏退隨從之下，喁喁商洽。月笙唯唯否否，大有「山中宰相」之概。其實此時他的心情已與抗戰時大不相同，臥榻呻吟，筋疲力盡，即人生趣味亦感蕭索。但為明哲保身起見，無論此項任務，必須擔承，即比此更為繁重的工作，亦得表示熱心，坦然接受。所幸藉著病的掩護，還能免去若干困擾。在此人民、城郭行將易主之際，月笙個人聲望，猶得如落日餘暉，不失其絢爛之致，私衷上似亦可以告慰了。

第十七章

家門有慶展排場

這些年中，其他可使月笙引為快慰的，即在他六十大慶的當兒，倭奴受降，河山重整，符合了十年前的願望。先是，在他五十初度的時候，正值「蘆溝橋事變」爆發，全面抗戰醞釀之間。國難當頭，情勢嚴重，一家私慶，無足容心。故僅由黃金榮、張嘯林、金廷蓀、高鑫寶等數人發起，邀約知親好在，集合於國際飯店十四層樓，為之稱觴介壽，不免草草終場。當時主客之間，私祝六秩平頭，正是八方奏凱，忍待十年，再做盛大的慶祝。果不其然，天從人願，勝利兩年之後，月笙花甲初周。一班親友，自是快意感懷。當年宿願，大可盡情實現了。無如攘外雖邀天佑，幸奏膚功；而內戰烽煙，又已瀰漫於關東、華北。百姓雖免於異族憑陵之痛，而生活仍困於流離瑣尾之境。十載悠悠，依舊是水深火熱。月笙固知親友的盛意難卻，勸阻為絕不可能；但如過事鋪張，致招物議，則期期以為不可。

因此切戒排當，力求簡約。比起當年「進祠堂」的一幕，直不可同日而語。可是由於的他的人事淵源和社會關係，範圍盡可自我緊縮，場面卻仍隨人擴張。以故，眾庶騰歡，百朋寵錫，猶極一時之盛。

一、六秩平頭稱觴介眉壽

民國三十六年八月三十日（即丁亥年七月十五日），為月笙六旬攬揆之辰。先夕，其至友假顧嘉棠住宅為之暖壽。裙屐翩韆，觥籌交錯，到有章士釗、許世英、錢新之、鄭介民、劉航琛、洪蘭友、潘公展、蕭同茲、程滄波、徐寄廎、范紹增、黃金榮、王曉籟、陳方、楊虎等，男女來賓二百餘人。由洪蘭友致祝詞。月笙謙遜未遑，未嘗入席，由潘公展代為致謝。

壽誕之日，假泰興路麗都花園舉行簡單的祝壽儀式。禮堂設於大廳。正中高懸蔣主席題贈的「嘉樂延年」鏡框匾額。兩旁張掛各院部會首長的壽幛、壽聯。其左右兩廂粉壁，則全為各界各業所致送的壽屏所掩翳。所有金鼎、銀盾、玉器、古玩等禮品，分置於庋閣之上，大小共八百餘件。而牆根、壁底，則周匝地砌以千紅萬紫的各式花籃。其中最覺別緻的為郵務公會之百壽圖，完全以各式郵票剪貼而成，天衣無縫，別出心裁。另一則為美一繡業公司以百種以上的毛絨繡成杜像一巨幅，神采栩栩，維妙維肖。據說是該公司繼杜魯門、麥克阿瑟繡像之後的第三幅力作。

自晨八時起，麗都門前已自車水馬龍，冠蓋雲集。最先到達者為上海警備司令宣鐵吾夫婦。繼此則吳國禎市長以次絡繹而來。自南京趕來的有吳鐵城、吳鼎昌、宋子文、王寵惠、莫德惠、張道藩、董顯光等，及孫科、白崇禧諸人的代表。自鎮江來的有王懋功主席。自杭州來的有周象賢市長。東南人物，薈萃一堂，約計五千六百餘人，汽車一千五百餘輛。月笙本人，避壽於十八層樓寓所。逸由錢新之、徐寄廎、楊嘯天、徐采丞等分任招待。其在禮堂，向來賓還禮、謝禮，則由其男女公子以及兒媳，分站禮臺左右，於紅燭高燒、軍樂悠揚之下，進退以禮，周旋如儀。

來賓祝壽後，十人一組，配成一桌。款待素麵一碗，綴以腐衣製成素雞、素鴨、素魚、素火腿四事。以故場面儘管壯闊，而招待殊為簡單。其最突出的，則為由南北名伶在中國大戲院以救濟廣東、廣西、四川、江蘇四省水災災民演出的祝壽義務戲。

二、南北名伶義演祝孤辰

此項義演原定九月三日起至七日止，其後因籌集助學金及救濟貧苦伶人，先後持續至十天之久。茲將其前五天的戲目錄後：

九月三日夜戲：

《蟠桃會》——閻寶善（豬婆龍）。

《拾玉鐲》——姜妙香（傅朋）、筱翠花（孫玉姣）、馬富祿（前劉媒婆，後賈貴）。

《法門寺》——裘盛戎（劉瑾）、馬崇仁（宋國士）、張君秋（巧姣）、楊寶森（趙廉）、芙蓉草（後媒婆）、劉斌崑（劉公道）。

《龍鳳呈祥》——李少春（趙雲）、譚富英（劉備）合演〈甘露寺〉；馬連良（喬玄）、韓金奎（喬喜）、李多奎（吳國太）合演〈美人計〉；袁世海（前孫權，後張飛）、梅蘭芳（孫尚香）合演〈迴荊州〉；葉盛蘭（周瑜）、麒麟童（魯肅）合演〈蘆花蕩〉。

九月四日夜戲：

《搖錢樹》——閻世善（張四姐）。

《大翠屏山連時遷偷雞》——筱翠花（潘巧雲）、葉盛長（楊雄）、葉盛蘭（前石秀）、馬富祿（潘老丈）、劉斌崑（海闍黎）、李少春（後石秀）、葉盛章（時遷）。

《武家坡》——譚富英（薛平貴）、張君秋（王寶釧）。

《打漁殺家》——馬盛龍（李俊）、馬富祿（教師）、梅蘭芳（桂英）、馬連良（蕭恩）、袁世海（倪榮）、馬四立（丁郎）。

九月五、六兩日夜戲：同前。

九月七日夜戲：

《打瓜園》——閻世善（陶三壽）、葉盛蘭（陶洪）、高盛虹（鄭明子）。

《全本得意緣》——汪志奎（狄龍康）、葉盛蘭（盧昆杰）、蓋三省（丫頭）、章遏雲（狄鸞英），芙蓉草（郎霞玉）、馬富祿（太夫人）。

《搜孤救孤》——孟小冬（程嬰）、魏連芳（程妻）、趙培鑫（公孫杵臼）、裘盛戎（屠岸賈）。

義演票價，分五十萬元、四十萬元、二十五萬元、二十萬元、十萬元、三萬元等六種，悉數撥充水災賑款。孟小冬女士登臺之夕，轟動一時，戲迷滿座；黑市票價，陡漲至一百萬元。各界贈送的花籃，折合現金計三億三千八百餘萬元，亦掃數移充善舉。月笙在壽期中，避免酬應，很少見人。此夕則臺後臺前，忙各不了，這是他快慰中的無上快慰了。

筆者於此，將掉轉筆鋒，把時間拉回到民國二十年，追記其「進祠堂」的經過。此雖一人一姓的虛榮，而在當時則為全國性的大新聞，上海灘破天荒的創舉。

三、杜祠迎賓繁華話當年

浦東高橋，與上海一江之隔，為月笙祖居的地方。其家祠基地，則為他所僅有的祖遺產業。他於十九年間，就此原址，修築成三進敞廳，一所抱院，兩帶耳房。院內建有戲臺。祠門左右，雄踞兩座石獅，正中砌起白石牌坊，藍底金字，鐫著「杜氏宗祠」四個顏體大字。宇舍相當寬敞，氣勢自屬渾雄。在「奉主入祠」以前，預料屆時來賓必多，未易容納。而隔江來往，交通更有困難。因在祠堂四周，加蓋彩幔蓆棚百餘間。又在浦西金利源碼頭（上海方面），自備汽船多艘，派員駐守，引導來賓渡浦。自高橋埠頭以達杜祠，長約十華里。則又備奧斯汀客車十五輛及人力車一百五十輛，專供來賓代步。沿途原無路；除預製燈籠數千盞備客夜行外，並臨時安裝木桿，高懸汽油燈，以供照明之用。這些布置，設想不謂不周；可是在三天內往返者達八萬人，這些設備，當然遠不夠用。

各方致賀的代表，幾於各省各埠均有到來。全上海的大旅館都住有渡浦東去的賀客，遠至東三省的張少帥，也派代表專誠來滬祝賀。所有禮品，品類甚繁，精粗並備。細緻的有鐘鼎、書畫、銅器、玉器、金銀盾、鐘錶。實用的有檯椅、床榻、碗盞、被褥、帳幕。大件的有石碑、石坊、彩旗、彩牌、萬名傘。形形色色，不下數千件之多。就中匠心獨運、生面別開的，為江一平律師致送的摺扇五千柄，一面由其夫人虞澹涵女士繪就杜祠全貌，一面為一平隸書頌詞。其時將近陰曆端陽，氣溫上揚，得此分貽賀客，障日招風，最合時令，又不失其紀念之意。

禮品中最易惹人注目的為各方所送的匾額，大都朱底金字，閃爍生輝。計有蔣主席頒給的「孝思不匱」，徐世昌題贈的「敦仁尚德」，曹錕的「俎豆千秋」，段祺瑞的「望出晉昌」，吳佩孚的「武庫世家」，章炳麟的「武庫遺靈」，于右任的「源遠流長」，張學良的「好義家風」，何應欽的「世德揚芬」，李烈鈞的「明德維馨」，杜錫璋的「鎮南世業」，張宗昌的「尊祖敬宗」，馬福祥的「纂懿流芳」，班禪額爾德尼的「慎終追遠」，駐滬法總領事甘格林的「東方望族」，坂西利太郎的「明德之後」，其他未及備載者尚多。當時蔣主席對於月笙，讚賞有加，寵惠倍厚，特於頒給匾額以外，再賜祝詞，文曰：

詩詠祀事，典備蒸嘗，水源木本，禮意甚詳。敬宗收族，德在無忘。激彼秕俗，秉茲彝常。
元凱之家，清芬世守。孝孫有慶，服先食舊。任俠好義，聲馳遐邇。濟眾博施，號為杜母。
肯堂肯構，實大其宗。爰建新祠，輪奐有容。籩簠既飭，鏘濟攸從。式瞻枚實，介福彌隆。

摛藻揚芬，重致其嘉許之意。

四、章太炎作杜氏祠堂記

此外，以長篇巨著致祝的，有胡漢民、劉蘆隱的〈高橋杜氏家祠記〉，汪兆銘的〈高橋杜氏家祠記〉，鄭孝胥的〈杜氏家祠記〉，虞和德等的〈杜氏宗祠記〉，楊度的〈杜氏家祠落成頌〉，何成濬、谷正倫、賀耀組、楊杰、鄧錫侯、徐源泉、葉開鑫等的〈杜氏家祠記〉，馮雲初、王西神的〈杜氏家祠頌並序〉，章士釗的〈杜祠觀禮記〉，皆屬金泥翠墨，妙筆增華。其中能於杜氏世系，考據獨詳，而於月笙殷殷致其期待之忱，義不取諛，詞皆紀實的，那要獨推樸學大師章炳麟先生的〈高橋杜氏祠堂記〉了，其文曰：

> 杜之先出帝堯。夏時有劉累，及周封於杜，為杜伯。其子隰叔，違難於周，適晉而為范氏。范氏支子在秦者復為劉，以啟漢家。故杜也、范也、劉也，皆同出也。杜氏在漢也，有御史大夫周，始自南陽徙茂陵。自是至唐世為九望。其八皆祖御史大夫。惟在濮陽者祖七國時杜赫，自江以南無聞焉。宋世有祁公衍，實家山陰，江南之杜自是始著也。高橋者，上海浦東之鄉也。杜氏宅其地，蓋不知幾何世。其署郡曰京兆。末孫鏞自寒微起為任俠。以討妖寇，有安集上海功，江南北豪傑皆宗之。始就高橋建祠堂，祀其父祖以上。同

堂異室之制，近世雖至尊猶然。故諸子庶不立別廟，獨為一堂，以昭穆敘群主，蓋通制然也。凡祠堂為址八畝，其壖地以待設塾及圖書館，所以流世澤率後昆也。余處上海，久與鏞習識。祠成而鏞請為之記。夫祠堂者，上以具歲時之享，下使子孫瞻焉，以悃致其家室者也。杜氏在漢唐，其為卿相者以十數，盛矣。上推至帝堯，又彌盛矣。雖然，自堯之盛，尚不能覆露其子，使襲大寶，其餘雖登公輔，賜湯沐之邑，曾微百年，後之人至不能指其先世里居所在，此鏞所知也。為子孫者，豈不在於自振拔乎哉？和以處宗族，勤以長地材，福倍漢唐盛世可也。其兄弟不輯，其居處日媮，禍倍矜寡無告可也。抑聞之，古之訓言，保姓受氏，以守宗祊，世不絕祀，不可謂不朽。稱不朽者，惟立德立功立言。宜追觀杜氏之先，立德莫如大司空林，立功莫如當陽侯預，立言莫如岐公佑，其取法非遠也。鏞既以討賊有功，其當益崇明德，為後世程法。然後課以道藝，使就其文質，化其畔喭，以跂於古之立言者。有是三者，而濟以和宗族，勤地材，則於守其宗祊也何有。不然，昔之九望，奄然泯沒於今者七八矣。雖有丹楹之廟，窮九州美味之饗，其足以傳嗣者幾何？吁！可畏也。迺記之云爾。

五、儀仗之盛歎洋洋大觀

民國二十年六月十日，為月笙舉行家祠落成典禮之期。先於九日上午九時，奉主渡浦入祠，由華格臬路本宅出發。其儀仗分作六個行列：最先為碩大無朋的國旗及「杜」字大號彩旗數十桿。每桿由十數人牽扶，臨風招展，若軒軒霞舉。由高騎駿馬的英籍巡捕為其前導，繼以大隊華籍巡捕、法籍巡捕及安南籍巡捕。每一行列中，配有特大銅鑼數面，由多人扛荷，不時敲戛，聲逾洪鐘。又高大無比的萬名傘數十頂，綺麗奪目，每頂由七八人扶行。又五光十色的花籃數十隻，芬芬四溢，沁人心脾。其最大的，遠逾燈彩中的臺閣，活色生香，鮮妍壯麗。又各界饋贈的錦製彩牌，無計其數，爭妍鬥巧，五色繽紛。又修竹數十竿，秀葉飄蕭，繫著綢製賀聯，魚雅擒文，不少名家之作。持行者雁行有序，保持著聯語的上下次第。又中國陸軍、上海市警察、保衛團、各學校童子軍，均派有儀隊參加，樂人之樂，個個精神抖擻。又上文列舉的匾額，特地配製彩亭，由兩人肩負成行，金碧輝煌，雲霞燦爛。蔣主席的匾額置於最先一列，其頌詞則置於最後一列。

所有法租界工部局的軍樂隊，淞滬警備司令部上海市公安局的軍樂隊以及各駐軍、各機關、各善團的西樂隊，均已到齊，在每一行列的首尾配置一班，此吹彼應，響徹雲霄。其中海軍部的軍樂隊，尤屬聲容並茂。最後為神主轎亭，繡幰低垂，彩帷密匝，香煙繞繚，細樂琤瑽。月笙與其諸子，緩步輕搖，扶侍前進。轎亭前為前套官鑾，戈矛劍戟，耀目生輝，赳赳桓桓，恍如英宮的古裝衛士。轎亭後為送行人士，或則西裝革履，或則玄褂藍袍。點綴著鬢影衣香，珠光寶氣，更顯出雍容華貴。

這一浩浩蕩蕩的行列，總計不下五六千人。由華格臬路起，經李梅路、愷自爾路、公館馬路，轉入華界老北門大街。然後朝東走民國路，由小東門大街而抵金利源碼頭。法租界和華界的電車因此停駛兩小時。沿途觀眾，蜂擁蟻聚，肩摩踵接。凡儀仗所經之處，如菜場茶肆、旅邸酒樓，都被看客預定一空，踞為臨時看臺。如此洋洋大觀，確值萬人空巷。這時碼頭上矗立著數座牌樓，派有保衛團一排在場照料。十一時半，儀仗執事到達後，歡呼聲和爆竹聲，鬧成一片。於是軍警團及童子軍下船渡浦。另備一船，專載神主轎亭和月笙家屬以及女賓。連檣並櫓，相繼啟碇，共達百數十艘。此時爆竹之聲又作，各軍樂隊於船中更番奏樂。童子軍亦興高采烈，齊聲歌唱。一時軍樂鏘鏘、歌聲洋洋，直是響遏行雲，驚得鳶飛魚躍。迄至高橋登岸，奉主入祠，這一幕空前絕後的儀仗遊行，才告終結。

六、花團錦簇盛況三朝

杜祠裡裡外外，這時已布置得錦簇花團。大門外紮起五層高聳的大牌樓，上面鑲入蔣主席「孝思不匱」匾額的複製品，兩旁懸著于右任院長撰：「春酒薦楹階，北地南天唐韋曲。家門振旌節，經文緯武晉征西」的賀聯。各類禮品，均已陳列就緒，琳瑯滿目，美不勝收。下午三時起，堂戲開鑼。入晚大排筵席，一連三天，祠內款待佩有證章的嘉賓，精饌細膾，出自名廚。祠外蓆棚，招待當地親朋、鄰村故舊，肥魚大肉，全是浦東風味。大有「置酒沛宮，悉召故人、父老、子弟縱酒」之概。

十日清晨五時，舉行栗主奉安典禮，由月笙親奉神主入龕。隨即舉行家祭，參照古禮儀式。警備司令部、第五師及公安局軍樂隊依序奏樂，莊嚴隆重。雖因年久失考，譜牒無稽，立的僅是一個九龍鑲邊藍底金字的總主，但就「慎終追遠」說來，固不失其一番孝意。至此，奉安大典乃告完成。

堂會共是三天。開始兩天，都是裡外兩臺戲。祠內原有戲臺，由京朝大角主演，看戲的當然是上客名流。祠外是蘆蓆搭成的草臺，由海派伶人演出，專讓浦東的鄉下人看。到了最後一天，大放龍門，裡外兩臺戲併在一起。真乃火樹銀花，金吾不禁，好一片豪華氣象。戲單是定造的粉紅海月夾宣，木刻梅紅大字，尺八寸長，刊著如下的三天劇目：

六月九日下午三時開演：

《天官賜福》——全班合演。

《金榜題名》——徐碧雲、芙蓉草、言菊朋、金仲仁。

《鴻鸞禧》——荀慧生、張春彥、姜妙香、馬富祿。

《百花亭》——雪艷琴。

《汾河灣》——張藻宸君、尚小雲。

《打花鼓》——華慧麟、馬富祿、蕭長華。

《落馬湖》——李吉瑞、小桂元。

《蘆花湖》——程艷秋、王少樓。

《龍鳳呈祥》——梅蘭芳、楊小樓、馬連良、高慶奎、譚小培、龔雲甫、金少山、蕭長華。

六月十日上午十二時開演：

《富貴長春》——全班合演。

《八百八年》——袁履登君、王曉籟君。
《空城計》——郭繼雲。
《宇宙鋒》——季小姐。
《群臣宴》——孫化成君。
《慶頂珠》——王庚生君、小楊月樓。
《狀元印》——劉宗揚。
《狀元譜》——張藻宸君、小桂元、金仲仁。
《智取北湖洲》——鄭永泉君。
《玉堂春》——芝英夫人、高慶奎、張春彥、姜妙香。
《兩將軍》——李萬春、藍月春。
《燭影記》——程艷秋、貫大元。
《獨木關》——李吉瑞、小桂元、苗勝春。
《捉放曹》——王少樓、金少山、張春彥。
《長坂坡》——楊小樓、雪艷琴、高慶奎。
《全本紅鬃烈馬》——梅蘭芳、程艷秋、荀慧生、尚小雲、馬連良、雪艷琴、龔雲甫、貫大元。

六月十一日上午十二時開演：

《滿堂全紅》——金碧玉、楊鼐儂、彭春珊、馬佩雲。

《岳家莊》——小楊月樓、小奎官、蔣寶印。
《瓊林宴》——言菊朋。
《戰宛城》——荀慧生、麒麟童、劉奎宮、金仲仁。
《取滎陽》——馬連良、金少山。
《取帥印》——高慶奎。
《花木蘭》——徐碧雲。
《馬蹄金》——尚小雲、龔雲甫、貫大元。
《挑滑車》——劉宗揚。
《二進宮》——梅蘭芳、譚小培、金少山。
《林沖夜奔》——李萬春、藍月春。
《弓硯緣》——雪艷琴、姜妙香、雪艷芳。
《臥虎溝》——李吉瑞。
《忠義帶》——程艷秋、譚富英、王少樓。
《八大鎚》——楊小樓、馬連英、劉硯臺。
《五花洞》——梅蘭芳、荀慧生、雪艷琴、金少山、程艷秋、尚小雲、高慶奎。
《慶賞黃馬褂》——麒麟童、王英武、趙如泉、劉漢臣。

七、老龍噴水觀劇有插曲

據說這三天堂會戲，莫說上海從來沒有這樣排場，便是北京的窩窩頭會，也不易湊足這班齊全角色，因此名氣響得駭人。賀客為著享受耳目之娛，也就顧不得諸般痛苦。原來戲場雖可寬容數千人，但看客近萬，幾無插足之地。加以天熱場低，四圍密不通風，空氣異常混濁。縱然可以揮扇招風，無奈周圍密層層的全是人頭，怎由得你從容揮展。饒你占有座位，可免站立之勞，但兀坐終宵，動彈不得，加之呼吸急促，也就夠你頭腦脹裂，渾身痠楚。最可笑的，有位邊省代表，坐久口乾，卻沒法起身覓取飲料。瞥見座旁有瓶開樽的啤酒，正在冒氣。以為來得正好，擎瓶直灌。怎奈全是腥臭氣味，喉頭怎生消受。陡時心噁難禁，便如老龍噴水，直把鄰座仁兄，吐得滿頭滿臉。在彼此一言不合之下，揮拳便打，和臺上的全武行，隔池競技。說也可憐，原來那位代表喝的並不是酒，不知誰個促狹兒因為內急無法離座，已早藉此空瓶，痾上一泡如假包換的濃尿了。

《慶賞黃馬褂》，演的是清初黃（三太）老英雄棄暗投明，立下十大功勞，康熙一帝賞給他一件黃馬褂的故事。花開棼尾，戲到圓場，特地配合月笙身分，來個吉徵喜兆。這宣傳遐邇的「杜家進祠堂」盛舉，就在善禱善頌之中圓滿閉幕了。

短短十七年間，月笙身經兩大家慶：一則鋪張揚厲，唯恐花錢不多；一則適可而止，慎防招尤惹悔。這是閱歷已深世情看淡了麼？也許是「江湖走老，膽子走小」了。

第十八章

師弟同心結恆社

筆者在前文屢次提及的恆社，勝利後在上海福履理路購進社址，奠定根基，月笙和其及門弟子積年心願於此完成，自是快心之事。說來也奇，這些由江湖上起家人物，家庭觀念並不濃厚，對於兒女，似只認為宗祧上的繼承。倒是於授業傳統方面，心有獨鍾，維護扶持，不遺餘力，一若他的精神事業將完全寄託在門徒身上。以月笙言，他於兒女教育，多由友好勸導設計，很少主動地加以關心。而在其門徒的前程和利益，籌畫布置，卻是劍及履及，大費心血。說到恆社，它的組織雖已脫出幫會窠臼，但因月笙身隸青幫，畢竟不能自外於幫會淵源。筆者且先將幫會沿革做一概括的介紹。

一、清幫沿革及幫規梗概

近代中國最大幫派，首推洪幫，發源於明末清初，為反清復明的潛勢力大結合，不僅密布全國，且遠及東南亞。在革命初期中，同盟會曾加以策動運用而得到不少幫助。次之即為青幫，發源於清初，在江淮一帶水路上活動，掌握漕運的勢力；它的宗旨是擁護當時政府，從事於除暴安良工作。兩幫各有幫規，洪幫以兄弟論輩，青幫卻以師徒相稱。凡不在幫的，則一律被稱為「空子」。所以在本質上洪、青兩幫截然不同，也可說是對立的敵體。及後年湮月遠，隨著時代變化，兩幫本質都已不合於現實環境，因此界限逐漸消泯，僅餘勢力上的互相消長。國民政府定都南京前後，青幫分子多曾為國效勞，在人緣與地緣上，自占優勢。於是青幫勢力抬頭，而整個黑社會遂唯強者是附。

據說：青幫的創始人為江淮地方翁、潘、錢三位結義弟兄。他們同拜法名羅祖的僧人為師，因此被尊為青幫鼻祖。這裡面有段荒誕不經的故事：據說清初年間，西南峒苗叛變，清廷不欲勞師動眾，張榜募人前往說降。當時揭去這黃榜的便是羅祖。憑他單人獨騎走進蠻峒苗疆，運用三寸不爛的舌，說得峒苗全被感化。功成以後，不再回頭，便留在苗疆古廟修行。這消息被翁、潘、錢三人聽了，以為這樣異人，世間少覯，既聞明師，怎容放過？於是抱定決心，不憚長途跋涉，尋到苗疆古廟，執意拜他為師。在固請堅拒纏繞不清之下，羅祖避免囂塵，遁向江南而去。翁、潘、錢三人哪裡肯捨，還是緊緊追蹤，又經千辛萬苦，才發現他在杭州武林門外山洞中打坐。翁、潘、錢三人長跪洞前，聲言如不得請，誓不起身。羅祖才張眼說道：

「事也不難，只待跪到紅雪齊腰，便有師徒緣份。」

這明明是決絕的話，三人卻不因此灰心。其時已入嚴冬，彤雲四布。三人就無分晝夜地一直跪到漫天飛絮以迄大雪封腰。可憐地面上茅根碎石已早嵌入小腿、膝蓋，稍一轉動，皮破血流，白皚皚的尺深積雪，陡時泛成殷紅顏色，恰應了「紅雪齊腰」的預言。羅祖方肯收錄為徒，讓他們結茅洞外，禮佛諷經，皈依三寶。如此過了多年，羅租覺得他們年富強力，佛門非久駐之地，便囑還俗，為世人立功立德。因此他們拜別祖師，回到江淮原處。

當時清廷正在興辦漕運。要從江南一帶，疏糧運粟，遠達京師，填補食糧上的恐慌。翁、潘、錢三人投效漕標承辦這項差使後，當行出色，所向有功，因由漕督奏准，允許他們各招門徒一千三百二十六名，帶領糧船一千九百九十一艘半，成立「江淮四幫」。這是「欽此欽遵」的大事件，故亦名「清幫」。後來口語相傳，訛為「青幫」。自此以後，翁、潘、錢三人分別收徒，奉羅祖為祖師爺，立下三堂六部二十四輩和十大幫規。所謂「三堂」為：「翁佑堂」、「潘安堂」、「錢保堂」。所謂「六部」為：「引見」、「傳道」、「掌簿」、「用印」、「司禮」、「監察」。所謂「二十四輩」為：「羅祖真傳、佛法玄妙、普門開放、萬眾皈依、圓明心理、大通悟覺」等二十四個字。每代用一字排行，和宗族世系無異。所謂「十大幫規」，為：（一）不准欺師滅祖，（二）不准擾亂幫規，（三）不准藐視前人，（四）不准江湖亂道，（五）不准扒灰放龍，（六）不准牽水帶線，（七）不准奸邪淫盜，（八）有福同享，（九）有難同當，

（十）奉行仁義禮智信。如有違犯，莫說三刀六洞不算稀奇，取去命根也如家常便飯。這是青幫大概情形。徒子徒孫就在這樣部勒下替祖師爺傳道。

收徒是幫中大事，名為「開香堂」。入幫的先由在幫的介紹，經老頭子認可後，再備拜師全帖，裡面寫上本人姓名、三代履歷，及「自心情願」、「永遵訓誨」等詞句。帖面寫上「信守」兩字，由引見師、傳道師簽押後，方合程式。聞香堂的地點，都在荒村僻壤的冷廟裡。時間全在夜永更殘之際，陰影沉沉，燭光閃閃，在蕭森慘惻的氣氛下祕密舉行。堂中掛著羅祖真容，案上供設翁、潘、錢三位神座。所有老頭子的前人和同參兄弟以及徒弟們都要到場，到得越多，老頭子越有面子，這名為「趕香堂」。一切準備妥當後，便把山門緊閉。老頭子居中坐定，趕香堂的人分站兩廂。這時引見師才把那些要入幫的「空子」領導到供案前向四位祖師爺各磕三個響頭，再到老頭子座前磕三個響頭，然後分向六部師父及趕香堂的前人面前一一磕頭。磕頭既畢，「空子」們一字平肩地跪下，由「司禮」師父將包頭香拆開，分給各人執著。另備清水一盆，端給每人各喝一口，表示齋戒。於是老頭子開腔問話：「空子」們齊聲回答，大概是「甘心自願」、「信守幫規」等一類套文。最後每人立下血誓，重新向祖師爺、老頭子磕上響頭，這儀式才告完成。當下，大排筵席，狂飲歡呼，當然是由新參弟兄醵資孝敬。以後他們就憑傳道師發給的祕本，三關、六碼頭，盡可去得，到處不愁沒人照顧。

所謂祕本，裡面寫的是青幫沿革、開堂儀注及各種「海底」切口。這是最緊要的東西，不能給「空子」看見，必須記得滾瓜爛熟。一逢開出碼頭，自家人不認得自家人時，使用切口盤問海底。譬如：

對方問：「貴幫有多少船？」

便須答上：「一千九百九十一隻半。」

又問：「船上掛什麼旗？」

便須答上：「進京百腳旗，出京杏黃旗。初一、十五龍鳳旗，船頭四方大纛旗，船尾八面威風旗。」

如此層層盤話，要待對答得正確無誤，證實確是同道，自會有人供給住食路費。其不用說話而做手勢盤問的，也得如此。如伸幾個指頭，扣上第幾個鈕子，都有一定，萬錯不得；錯了，非但得不到幫助，還恐大禍臨身。

二、本身是清幫的「悟」字輩

這幾十年，上海的青幫是由「大」字輩當家，如張仁奎、高士奎、樊瑾成、王德齡等，都是此中翹楚。月笙初出茅廬，高攀不上，只拜得「通」字輩的陳世昌為師，自己落得個倒數第二，為當時最低的「悟」字輩。世昌幹著套籤子的勾當，諢號「套籤子福生」。所號套籤子是一種下流賭博。在一個鐵筒裡插入三十二枝牌九，或十六枝繞著各種色彩的絲線。每枝約筷子般長，但沒有筷子般粗。如是牌九式的，則在三十二枝籤子的根頭一部分製成長方形，每枝刻上「天地人和」等牌面。莊家和賭客，各在鐵筒內抽出五枝，盡量揀用四枝配出大牌，其餘一枝不做行用。在互比大小之後，分出輸贏。如是絲線式的，則在十六枝籤子中，繞有五種色彩絲線的只有兩枝，其餘盡是五色以下的籤。賭的時候，比較籤子上色彩的多寡以分勝負。凡幹這項營生的多是一手拿著籤筒，一手擎著滿籃糖果、花生，專門引誘無知的婦孺入彀；表面上以果品作為賭彩，實際上賭的是錢。陳世昌當時就在上海十六鋪一帶的街頭巷尾設著這種賭檔。他本身輩份不高，在白相人地界極為平凡，對於月笙原無多大幫忙。倒是月笙發跡後，給他在淡水路修築一棟住宅，報答師門，不為不重。月笙所收的開山門徒弟，據說是江肇銘（小棣），人稱「宣統皇帝」。其後陸續收錄多人，無非是起碼角色。及至月笙嶄露頭角，拜門的才有商界聞人和紈袴子弟。前者倚仗他的聲勢保護身家，後者扯起他的旗號好在嫖賭場中爭雄奪霸。

民國十六年後，月笙聲譽益隆，於是聞風慕義的人，爭相投隸，人物自是整齊，陣容大為壯闊。但這些門徒，按照青幫輩份，已成末代徒孫，他們雖可收徒接代，但在世系上已屬中斷。又因時代轉變，如果墨守成規，依舊在月黑風高的荒村野廟開堂收徒，也大大不合潮流。於是改變方式，採取商業上拜先生的辦法。只須經人介紹即可，備具拜師紅帖，寫上姓名、三代及介紹人後，無論時間、地點，向他遞過帖子，行過三鞠躬禮，便確定了師徒名份。

月笙雖屬在幫，但於幫中一切，印象相當模糊。自改為「拜先生」後，更不措意。因此抗戰時他初到香港的時候，市面上相傳一段新聞。據說有天午後，他的九龍柯士甸道公館內突來一個壯漢，擎出手槍，對準其太太，囑將臂上金鐲褪下，交彼帶去。在威脅之下，當然照辦。臨行前，這位壯漢向杜太太說：

「我們並不稀罕這點東西，拿去只是做個標誌。你丈夫是上海大亨，彼此原屬同道。到了香港，莫說依照幫規，應得認識前人。即論尋常交遊，行客也須先拜坐客。你丈夫似乎太托大了，所以不得不玩上這套。」

說罷揚長而去。後來月笙知道了，自承失之大意，確屬理虧。訪得當時香港在幫的以年近七旬的謝姓老頭子輩份最高，乃備具全名紅帖，登門造訪。謝老頭子原是《打漁殺家》裡蕭恩一流人物，相見之下，慰洽平生。義氣博義氣，顯出一派江湖本色。果然，隔日有人登門將金鐲璧還，一面賠禮謝罪。於是他在華南幫會上，從此搭上關係。

這些傳說是真是假，無從證實，但其後他到了重慶，南溫泉袍哥們邀請赴宴，他竟怯於前往，必待向海潛給他做了《黃鶴樓》上的趙雲，才能應付如儀。又其後薄遊西北，到了成都後，他必須邀請向春亭同行，也就為著幫他應付沿途袍哥們的歡迎、歡宴。所以，他雖不是「空子」，而一切卻顯得外行。

三、桃李滿門結成恆社

據說，當年王曉籟在滬把他的學生組織起來，配合「曉籟」兩字所寓「如日之升」的意義，題名「升社」。於是月笙及其弟子仿照辦理，由陳群代擬社名，號為「恆社」，配合「月笙」兩字所寓「如月之恆」的意義。

「恆社」弟子在杜公館內，雖是一般看待，但隨著月笙本身環境的轉移，不免影響到他們所處的地位。在他於煙、賭兩業未曾洗手以前，其弟子中邃於此道的，在開闢財源上確有幾度散手，不唯得到他的賞識，亦有他同輩弟兄借重。及至他揚棄舊業踏上正途，作風丕變，於是新收弟子中的嶄新人物，針芥相投，形成一股新生力量。至此，向日走紅的弟子自屬相形見絀，即同輩弟兄亦多側目而視。無如形勢比人強，其同輩弟兄經過相當期間後，也就明白大勢所趨，逐漸改變態度，而與此新生力量結合。及至月笙在各方面的地位都已有了進展，他便以其全力為弟子們做安排、打出路，在精神與物質上雙管齊下地予以支援。反之，其門弟子之所以報答師門者，亦即唯力是視。凡有囑咐，無論因公因私，不避艱難，務求達成任務。一面廣揚仁風，創造機會，使老夫子臉面飛金，在百尺竿頭更進一步。

據「恆社」最後編製的社員名冊，共為九百十五人（實際並不止此）。就中於月笙拳拳服膺、終始不渝，於同門殷殷護翼、甘苦能共的，以陸京士為首屈一指；月笙生前曾視為傳授衣缽的人物，確實老眼無花，深諳冰鑑。其以幕後身分，備受諮詢，從中籌畫而不失為智多星，卻要推駱清華了；他於抗戰時在港加入「恆社」，從相反的立場轉變為月笙的謀臣策士，貢獻實鉅；所以，自月笙以下均稱為「紹興師爺」而不名。至其以個人心思才力，縱橫馳騁，卓然有所自見的，如陸京士、朱學範等以郵務出身，而由控制局部工運晉而控制整個工運，可見其魄力堅強；如某大使以研究西洋文學出身，不數年間，馳譽重瀛，蜚聲樽俎，蔚為外交界後起之秀；如鄂森於勝利後奉派為檢察官，參加東京國際法庭對於日本戰犯的審訊，白為法律界傑出之才；如葉聞思於駢文、散體各擅勝場，從政服官廉隅自勵，以一身而兼文質之美，確為不易。至如犯險搏命、殺賊除奸的，如陳冰思、于×喬、潘×岳一流，在抗戰期中幹得有聲有色，不失為渾身是膽。這些雖僅為其一人一事的光榮，但就「恆社」整個組織說來，固足為師門增彩。

此外尚有一事，為其他類似的會社所難望其項背的，則為「恆社」社員在京劇上的造詣甚高。生、旦、淨、丑，角色齊全，如果編為劇團，不待外求，已自聲容並茂。其中如馬連良、譚富英、葉盛章、趙榮臻等原屬職業伶人，置而不論外，單就票友言：如趙培鑫、郭翛翛、陳覺民等的鬚生，楊畹農、姚君喻等的青衣，方岑一、王震歐等的小生，張哲生、蕭北翹等的大面，蔣勃公等的小花臉，章耀泉、裘劍飛等的武生，周振芳、郭筠墨等的胡琴，此外尚有多人，各有所宗，均屬一時之選。而趙培鑫得與梅蘭芳、孟小冬等大角不時配戲，工力更臻上乘。楊畹農綽號「安徽梅蘭芳」，在抗戰時，重慶、昆明如有義演，必浼此君登臺，全場才感滿意。郭翛翛為麒派正宗，其串演《潯陽樓》宋江吃糞一場，神情、動作，完全是麒麟童的翻版，允為絕活。月笙最嗜皮黃，對於這些票戲高徒，往往特加青眼。

四、誰非誰是十指本難齊

反轉來說，「恆社」之中，亦多竹屑木頭、牛溲馬勃，以及雞鳴狗盜之雄、作奸犯科之輩。十個指頭，長短不一，自是勢所難免，不必為諱，亦不必加以詬厲。

但月笙認為痛心疾首的，第一是汪曼雲的變節。事因抗戰時國軍自淞滬撤退後，上海市黨部轉入地下工作，其任務即落在他的身上。迄後中央訓練團在渝成立，他已簡在「帝」心，立被徵召參加第一期訓練。當時政府倚畀之殷與其期望之切，自可想見。以故過港時月笙予以盛大招待，慰勉有加。不料後來回到上海，禁不起時代考驗，竟然投身於汪政權的偽組織。這就不由月笙不引為奇恥大辱，口口聲聲，認為：「大自鳴鐘的臺（指法租界）都給他坍了。」

第二為吳紹澍的背師反噬，事詳前文，茲不再贅。

第三為朱學範事件。學範原為「恆社」中堅幹部，與陸京士並駕齊驅，以搞工運起家。由於月笙的栽培，自有國際勞工會議以來，他是歷屆中國勞方代表，出席會議。抗戰期中，他去國外出席一次會議後，回到重慶，對於政局輒表不滿。抗戰末期，其言論態度，尤為激越。勝利之後，重慶民主人士不時集會，反對現狀，要求民主，他以勞動協會主席地位出任總發言人。此項集會，原屬任人自由參加，正反兩方，不加限制。最初幾次，猶僅互相辯論，各逞詞鋒。及至在校場口一次，竟由舌劍唇槍演變為大打出手，釀成政治上的大風暴。何人主使，不待深求。至此學範無可立足，遁回上海。此時忽有人提出他在美國經募的勞工福利捐款，賬目不清，涉嫌中飽，準備向法院控告。報章騰載，大有「山雨欲來」之概。三十六策，走為上策，他因潛蹤香港，過其流亡生活。一天，他乘人力車經皇后大道向東而行，此時忽有汽車追蹤而來，從後加以猛撞。學範翻身落地，雖身受傷不重，而按之當時跡象，絕非出於偶然。旋由街警舁送瑪麗醫院治療，暫時雖慶逃生，暗算仍難避免。此時，又忽值英國國會訪華代表閣團公畢過港，突聞此一民主人士險遭不測，認為政治上的黑幕；手執鮮花，前往慰問。駐港通訊社記者據此發稿，華洋各報，紛紛轉載。經此一幕，學範因禍得福，反為國際知名，乃得轉危為安。出院以後，做些標金走賣，維持澆裹。迄至華北易手，方才離去。

以常情言，政治上的立場，師徒間不必求同。學範個人趨向，月笙原不負責。但多心的人，看法卻有不同，疑鬼疑神，大有人在。而月笙於此得意門生，一手栽培，不為不厚。終不免於分道揚鑣，私衷詎無怏怏！在此外感內鑠之中，其處境之尷尬自是不言而喻了。

「恆社」社址，原在上海愛多亞路滬光影戲院附近，其後移往淡水路新城隍廟左右，完全為遊樂性質。抗戰後，移設重慶戴家巷，由陸京士等主持辦理，始具規模。勝利後，師徒合籌黃金七百二十兩，購進福履理路花園洋房一座。社址既經奠定，組織乃臻健全。不料僅越一年，時局突變。雲飛玉壘，塵黯金臺。文武衣冠異昔時，王侯宅第皆新主。此項帶有幫會性質的房產，自在抄沒入官之列。電光泡影，轉瞬皆空。月笙猶自眷顧不勝，易簀以前，尚為恆社前途，準備復興資斧。此是後話，姑先一提。於此可見其於門弟子之心情，是何等的真摯懇切啊！

第十九章
風聲緊老病離鄉

民國三十八年四月杪，月笙第二度離走去港，將兒挈婦，幾於盡室南來。其時，中共隊伍已經渡江，國民政府擬遷廣州。南京城內，一片蕭森景象。京滬鐵路時斷時續，沿途各站，人頭攢動，都是候車遷徙的行客。上海市市區以內，雖尚熙來攘往，無異平時。但金圓券的幣值，已慘跌到無可維持的地步。無論其他物價，不斷地做直線上升，即以香煙之微，亦自早晚市價不同。街頭巷尾，銀圓聲「叮噹」作響。一般市民，為了保持幣值，恐後爭先，爭相兌換。而軍警、保甲，猶向居民徵收捐款，在各里各弄總口，建築柵門，堆置障礙物，以為巷戰準備，據稱是「保衛大上海」計畫中的重要一環。

一、勢局全非復興島謁蔣

其實那時上海市民的心理，並不為戰事迫近眉睫感到驚慌，反而希望局面變化，越快越好。因這四年中烏煙瘴氣，已自令人受夠，而物價的高壓，更令人喘息無從。明知政府易手以後，是好是壞難以預計，但眼前即將不保，更何暇預抱杞憂。因此十停之中，至少九停抱著橫決心理。當時，蔣先生雖已由溪口駐節於吳淞附近的復興島，但在敗象畢露、人心已去之頹勢下，亦屬無法補救。

月笙於民國三十七年底便已預定離滬計畫，但因蔣先生之下野，和談代表之再度北上，以為大局容有一線轉機，以故遲遲其行。至此局勢全非，乃不得不重度其流亡生活。

月笙先於四月十日，前往復興島，晉謁蔣先生，具述離滬之意。瞻對之下，備蒙嘉許，著其早日成行。據說，其時當局，慫恿各階層領導人物離開上海。其用意在使上海變成真空，中共攫取以後，人力、物力無從取給，一時未易恢復秩序；同時，在國際方面亦可引起副作用——由於當地知名人士之空群出走，得向友邦間接證明民眾對於中共政權之不願支持。因此月笙之行，自合「孤」意。

而顏駿人（惠慶）氏之拒絕離滬，與蔣先生正面發生辯論，亦於其時哄傳市面。按之常情，他們這批人物，年齡都在六旬開外，老態龍鍾，衰病侵尋。於八年離亂之餘，倦鳥初歸，餘痛猶在。又離鄉別井，淪為斷梗飄蓬，自為人情之所難堪。而形勢迫人，仍不得不打疊行裝，烏蓬出海，則其內心鬱塞，更可想見。

以月笙言，在勝利後的四年中，對其羅致爭取者，亦自不乏其人。先是，在政治協商會議期間，中共要員，馳函致候，或做禮貌上的間接接觸，曾有多起。宋慶齡女士以主辦各種慈善事業，其間與他往還之處更多。在理，國、共兩方代表，既能麇集一堂，商量國是，那麼他以無黨無派的老百姓身分，拋開政治立場敞著大門，延賓納客，固亦無可非議。早在民國十六年，汪壽華以中共特工身分，不時登門造訪，促膝深談，雖其後不免因而遇害，如前文之所述。而杜門門戶，有關無關，於此可見一斑。但在此時，月笙感於樹大招風，深自警惕。每以「抱恙」為詞，閉門推月，寧冒來而不往之衍，不敢做一步的聯繫。

二、行前走後有客苦糾纏

他的老友黃炎培，如前文所述，由於上海市地方協會的關係，原與月笙過從甚密。此公一度被稱為東南學閥，亦自鼎鼎大名。平生以趨時善變見稱，單就其服裝過程而言，已足覘其梗概。他是遜清舉人出身，當然穿過花衣補服，戴過紅纓帽子。入民國後，他才三十有餘，忽然蓄起鬍子，八字分披，扮成德皇威廉鬚式。西裝革履手提司狄克，全副洋腔洋勢。過後幾年，他又突將鬍子剃光，改穿藍袍黑褂，回復到「破靴黨」（上海南市人士將此類人物題名為破靴黨）面貌。北伐以後，中山裝最為時髦，他乃依附潮流，改服易式，擎著大皮包，出入於豪紳巨賈之門。尤其在大熱天，他竟穿起白恤衫、白短褲以及長統全白毛襪，裝成運動家的姿態，一若忘其年齡之已屆六十平頭。以故他所主持的職業教社內幾位老先生曾給他送上「老妖精」的徽號。

他在政治上幾度翻過筋斗，此時以「民盟」身分，不時向月笙遊說。月笙聽聽笑笑，不加可否，因此認為月笙對他只是「尊而不親」。可是後來他的老命卻由月笙的示意而得脫離虎口。原來民國三十七年秋後，當局對於這批所謂「民主人士」，擬予一網打盡，密加逮捕。月笙得到風聲，以友誼、鄉誼關係，不忍見其垂暮之年，鋃鐺入獄，因著人示意，囑他遠走為佳。他乃微服去港，轉程北去。旋以「民主建國會」主委地位，公開露面，吸收民族資本家，成為中共政權下一個派系。錢新之和杜月笙自為其心中最佳的吸收對象。大陸變色後，他不時仍有便條自北京帶來香港，敦促他倆返國。便條上款，截取他倆別號的上一字，題名「新月」以避耳目。最後一次，他並表示願到深圳候駕。這項糾纏，直至月笙死前一年，才告終結。

在月笙將近離滬的兩月前，清晨靜夜，陳真如（銘樞）又不時出現於十八層樓的杜氏私邸。陳氏為十九路軍的老上司。「一．二八」之役，十九路軍在上海以孤軍抗日，鏖戰至月餘之久，雖終不免於撤退，但已為國人稍伸積憤。因此，十九路軍一系列的高級將領，自陳真如以次，同被認為「民族英雄」。他與月笙即於此時定下交誼。後在重慶，真如相當潦倒。且因二十年「閩變」一幕，猶為當局注目，大有蹙蹙靡騁之慼。乃鬻書自給，而以一部分經銷之役委之月笙。這是口角春風與人方便的事，月笙當然承受不辭。所以他倆交期並不以平時蹤跡疏遠而有隔閡。至此真如以「民革」立場，力勸月笙，留駐上海，並保證他絕對安全。

月笙以不疾不徐的聲調對他說：「論到人事淵源，我和國民黨最為接近，你便是其中的一位。論到大勢所趨，共產黨挾其雷霆萬鈞之勢，收功自在眼前。可是這些對我都已無甚相干。我以老病之身，一切無意沾染。只求跳出是非之地，借人籬下，優遊靜養，於願已足。外面有人說我必須離滬，以防將來對於上海『清黨』一役的清算。這話不假，卻只道出一半，可不是我必須離滬的全部原因。你提到的保證，我絕不信。甚至毛先生當面對我保證，我亦不能無疑。因為我相信共產黨是不講情面的，公事公辦，我不能日夕託庇於毛先生的左右。話說回來，今天上海，還不是你的安全地界啊！我這句話，相信還值得你引為參考……。」

由於上述經過，可見當時他在上海並非絕無留駐的餘地。而其必須出走，原因亦並不過於單純。至以暮齒蒼頭，辭鄉去國，寧做望門之客，以終投老之身，則其於真如對答之間，已足見其低徊悵惘了。

三、是是非非成謎樣人物

月笙到香港後，賃居於堅尼地臺。僅及一月，上海易手。其時中共留港人員，先後回國。胡喬木臨行前，曾來訪問，叩以上海易手後的觀感。未幾，蔣先生移節廣州，傳諭月笙與錢新之，著往穗垣晤會，由洪蘭友轉託趙棣華傳遞旨意。他倆在商酌之下，一以喘哮不耐遠行，一以足跛不勝步履，均以疾辭，覆電告罪。未幾，留港立法委員四十餘名通電起義，響應中共政權。此中很有幾位為與月笙往還甚密之人。未幾，金山（原為電影界）等一行自滬來港，稍做勾留。在其歸後不久，劉鴻生、劉丕基、袁國樑等即接踵北旋，以工業界人士的姿態，前往觀光。兩劉均與月笙時有過從，而金山、國樑即同為月笙的及門弟子。未幾，陳辭修主席（時任臺省主席）忽來密電，堅約月笙移家東渡，願效東道之勞。未幾，香港各報，突載上海市長陳毅致函月笙，洋洋灑灑，不下千言，浼其歸滬。未幾，又從臺北發播電訊，謂月笙業於某日抵臺。未幾，北京發表月笙為中國銀行董事。又傳月笙委託香港中國銀行經理鄭鐵如代表出席董事會議。

凡此種種，皆於月笙到港後的最初幾個月內不斷發生。有的是屬事實，有的為向壁虛構。其最荒誕不經的，厥為美聯社的電訊，不啻白晝見鬼。月笙原欲跳出是非之地，卻不料是是非非，竟自萋菲交錯。只有東向闢謠，西向解釋，直鬧得滿天星斗。

其時，他在上海經承的各種事業隨著政制變更，起著大大變化。他雖不是業務上直接處理人，但以領導地位，其中牽涉之處自多。何況賬項不明，手續不清，以及挪移轉嫁等一類情節，在以前工商業中幾為通病。而他所主持之機構中，如交易所一類企業，則更因其龐雜紛擾，益見漏洞百出。他於責有攸歸之下，至低限度，不得不負解答的義務。從前他以「閒話一句」見稱於時，此時卻以「閒話一句」大吃其苦。因為這話固足表示其人的豪爽慷慨，但同時亦顯出其人的籠統疏略。此時他既無卷冊可憑，又由於當時是「閒話一句」，其經過始末、各項細目卻只有模糊印象，憑其一度戒煙後記憶力之渙散，重以身攖喘症後體力上之不支，儘管使盡全副精神，亦難將每一事件說得源源本本，來清去白。因此心煩意亂，大費周章。只有電召當時的經守人，來港面商，才能理出頭緒，應付過去。

他所創辦的中匯銀行，此時更屬腦筋傷透。該行最大存戶，為上海魚市場及大東書局兩家。前者每天都有巨量現鈔收入，後者則因承印鈔票，收益更為可觀。他以董事長地位，挹彼注茲，盡夠中匯銀行憑藉運用，因此該行對於小額存戶，並不加意爭取。迄至上海易手後，該項存款來源，完全斷絕，業務一落千丈，而開支猶自浩繁。收歇既非他所甘心，勞方壓力亦不容走此一著。只得從其流亡資斧項下撥出一部分匯返國內，從事增資。該行總經理浦拯東，於抗戰勝利後為首任上海財政局長，原由交通銀行出身，坐慣南面，打慣官腔；其由國家銀行轉到商業銀行，經營方式，大大不同，必須具備爭取客戶、拆用頭襯等手面，這在拯東說來完全是此路不通，儘管資望甚高，卻是「黃牛肩胛」；到此艱危境界，竟以一辭了事。他在迫不得已之下，只好派其長子維藩，遄返上海，暫時維持現狀。

可是這一行動，卻遭到臺灣的嚴烈抨擊，幾於無可解釋。他原望到港以後，以超然地位度此餘年，卒因客觀環境與其內在因素之交互盤纏，大大地使他驚駭困擾。我國自抗戰後，政治力的影響已廣泛地深入民間。及至此時，政治上之鬥爭更為尖銳。以月笙其人，以香港其地，而欲逃避政治上的觸鬚，保持其空靈超脫，自然是屬夢想了。

四、百無聊賴聽書消永晝

抗戰期中，月笙旅港四年。其所賃的柯士甸道公館，賓朋絡繹，車馬喧鬧，前文曾述其詳。此次南來，雖有上述的風風雨雨，其實是裙屐蕭寥，門庭冷落。在韓戰發生前，尤不禁門巷斜陽之感。月笙雖以哮喘纏身，行動不得，先後兩年中，出門不滿十次，登樓拜客，僅有回訪虛雲法師為唯一的一遭。但其本質原是喜歡熱鬧的人，不耐岑寂。至此長日枯守，興致索然。無可奈何，只有借重閒書，消磨永晝。一手端著氧氣筒子，湊近鼻觀，補救因喘病發生的呼吸困難；一手提著一卷《七俠五義》，凝神注視，和書本上的英雄俠客，默默相對。像他那般人物，度著這樣光陰，確是意想不到的事。入晚以後，間有幾位不速之客到來，有時鬥牌，有時唱戲，才覺氣氛調和，一洗空虛沉悶。

後來他為排遣歲月，特地以每月六百元的代價，從上海雇到一位說書先生。這一行業，分作「說小書」、「說大書」兩種。小書所說的是《玉蜻蜓》、《珍珠塔》、《雙珠鳳》一類傳奇故事，注重噱說彈唱。其描摹情節，以清楚細膩為佳。大書所說的是《英烈傳》、《包公案》、《水滸傳》等一類野史掌故，注重開相出相、開打口勁，在現身說法之中，要做到聲容並茂。以往江南富有之家，視此為清閒雋品，經年將說書先生供養在家，不以為奇。此時月笙雇來的是位嚴姓，說的「大書」，原屬二三流角色。他面對這尊獨一無二的聽客，以前是聽慣紅牌名角的人，心理上已先誠惶誠恐，神情上自難免拘束緊張。月笙逢場隨喜，原無苛求；但有時不免遊目四顧，似是心不在焉，有時又不免眼開、眼閉，露出頹容倦態。其實與說書的毫不相干，但由於聽客之不能聚精會神，往往影響到說者之心慌意亂。何況是獨面對獨面的場合，更感到滿臉尷尬。直至收書，心神稍定，已是渾身汗透。

此外，月笙又因所說老書，早經聽厭，隨手抓起一本武俠小說，指定某章某段，著他隔日說出。看去要求不高，做來卻很吃力。因為這一段文字中的幾個主角，與全書中的前情後節均有關聯。從前他所傳習的，由於師父歷代相傳，已有定型，只須記得滾瓜爛熟，便能敷衍應付。此時要由自己設計創造，自非將全書下番苦功，把各個主角的長相、生性，加意揣摩，前後來龍去脈，融會貫通，就無法說得活靈活現、頭頭是道。因此，這位說書先生遇到此項難題，只得像老相公般下闈攻苦，熬個通宵達旦，才能草草臨場，交代過去。就這些小節目上看來，月笙在此兩年中的無聊生活已可覘其一二了。

龐京周醫生於〈月笙六十生朝所贈壽詩〉有云：

元龍豪氣隨年斂，夔府秋心許我知。
涉世難拋康濟願，不官偏靳養閒時。

這於描寫月笙到重慶後的心情，確是意有獨到，詞無虛發。所不及料者，以前月笙是「養閒時靳」，而在這番大變化後，卻是「閒得發慌」了。

第二十章

朕兆凶飯碗落地

月笙的哮喘症，於借助氧氣後，初時頗感輕快；後以使用過久，其肺部機能益見萎縮，非藉氧氣，幾致艱於呼吸。因此，片刻不離，在其床頭、几畔，甚至進食之頃，必須備置一筒，以皮管漏斗接連筒身嘴口，握近鼻觀，使氧氣徐徐滲透。每月用量，多至二十餘筒，遠超過規模較小醫院或化工廠所需之總和。氧氣公司，按月以貨車運來，排列於其大門前走廊內。驟視之幾訝為巨型砲彈，櫛次鱗比，蔚為壯觀。月笙有時外出訪友，亦須先以一筒，送往友家，預為布置。又在其座車之內，另置小型一筒，以備沿途取用，才能成行。以故此兩年中，他於社交方面，幾致完全絕緣。

一、痼疾纏身治標難治本

他起身甚早，於讀報紙進點後，旋即登床。中飯後又做午睡。迄至四五點鐘左右，他才感到精神較可支持，移坐客廳，瀏覽閒書，開聽留聲機片。但此亦限於天高氣爽其體力可以抵受期間，才能如此。若遇天色陰沉，濕度濃厚，則其哮喘發作，如響斯應，與寒暑表上銀柱升降同其準確。於是終日偃臥，輾轉起伏，迄無片晌安寧。有時汗珠涔涔，青筋暴露，兩唇忽張忽闔，有如初失水後的魚類。有時突從床頭躍起，兩手空張，竟似亟須抓穩一個堅韌物體，借助一臂之力，使其喉間阻障，得以破裂迸發。如此苦痛，直須延續一週半月之久，才能逐漸減輕。以故此兩年中，他是蜷伏時多，走動時少，其下肢幾與地面完全隔絕。

其時，出入杜宅的以醫生為最多。按日必到的為中醫丁濟萬、朱鶴皋，西醫梁寶鑑、吳必彰。而溫植慶、沈桐芳、吳子深諸氏，有時亦穿插其間。就中每天以朱鶴皋的往來頻率為最高。他是月笙的及門弟子，婦科為其特長。月笙此番南來，預防途中發病，他是隨船伴送的醫生之一。此時月笙如感些微不適，或在自按脈搏發覺跳躍次數稍有出入，無問清晨深夜，立刻電召鶴皋，其緊張情形，大有「州司臨門，急於星火」之概。而其時鶴皋或正好夢方酣，或正溫衾在擁，一聞老夫子的電召，只得本其「有事弟子服其勞」之義，於睡眼惺忪中，披衣就道。及既抵達，則有時月笙已漸復原態；有時僅因氣溫變化的偶然影響，事屬尋常，原無足異，而在月笙則已慣於大驚小怪。鶴皋於是在「望聞切問」四個字上，做番應景功夫，一面以溫語甘詞，加以慰藉，如逗小孩般導引到他的心懷寬展，才得脫身歸去。

大概月笙在久病之後，氣血早虧，心理上已陷入恐慌狀態。他雖明知所有中醫、西醫，對於喘哮老症，只能治標，無法治本；又明知所有治標方案，其本身已備歷飽嚐，未必可以發生重大效用。除非根治的特效藥及時發明，此一痼疾已是他的絕症。醫生不是造命之神，絕不會創造奇蹟。可是在他一天不見醫生到來，總覺忽忽如有所失。尤其在風吹草動，稍有感染之際，他更惶然恐懼著病情突變，如無醫生隨侍在旁，將蹈間不容髮之險。因此這班醫生，遂成為走馬燈裡的剪貼人物，在杜門內，倏隱倏現，旋轉如環。鶴皋不時陪同熬夜，更有睡眠不足之苦。

此外，月笙又延請唐天如先生為其醫藥上的最高顧問。天老為名孝廉，風骨嶙峋，與梁任公極為相得。吳佩孚開府洛陽時，聘為幕僚長，禮遇極隆。他於道德、文章之外，精研醫理，深諳藥性。但又以醫卜星相，同屬雜流，除非至好相浼，絕口諱言醫道。據說，任公生前一度患小便出血性，方劑紛投，迄難收效。後由天老施以人所不敢用的猛劑，才告脫險。他與月笙原不相識，由於江幹廷的介紹，彼此結交。幹廷曾任民國初年趙秉鈞組閣時的密探。那時制度，所有高級探員，隨身帶有紅色證件。在必要時可以憑證調借軍警，更可在鐵路局、電報局等一類交通機關調用款項。幹廷來往於京、津、滬、漢，認識不少名流大老，結納各地不少三教九流。天老於此類江湖人物，一向刮目相看。以為他們真性流露之處，較之所謂士大夫一流的假仁假義，反勝一籌。故在幹廷作介之後，亦殊樂與月笙周旋。以往月笙在港，偶有病苦，天老曾予診治，疏導培補，曲盡其妙，月笙信仰極深。此時他以無日不在病中，未便數數驚擾，只在沉重關頭，始敢邀請到診。天老因諱言醫道之故，特定在其診脈之際，不准有人窺探，處方之際，更不准有人雜坐。月笙知之有素，在其駕臨以前，諄囑家人，屆時除侍奉茶煙外，一體迴避。其於一迎一送，則派定專員，同車隨侍，執禮甚恭。以故其時杜宅請天老看病，可說是一件隆重的事。

後來，月笙又嘗邀約中西醫生，分組集會，研究病因，商酌方劑。香港大學醫科教授，亦曾應邀而來。見其門前所擺氧氣筒子，排列成行。詢知是病者每月用量之一部分，不禁駭然，認為是醫例中絕無僅有的創見。

四十年秋初，月笙又患兩腳痲痺，不能行動。由其寢室以達客廳，至多不過十餘步，亦須乘轉輪車以行。其初，一般西醫鑑於他終日非坐即臥，兩腳幾不踏地，亦曾顧慮其後果，因倡為人工幫助運動之法。由月笙躺在靠背沙發椅上，兩工人距其跟前尺餘，席地而生。分捧其左右兩腿，上舉至相當高度，然後做半弧形的旋轉。如此左右盤旋，每次約歷一鐘有餘。可憐兩個工人，久坐之後，臀部遂漸痲木，而腰部又須挺直，使其渾身精力，集中於兩臂之上。因此數十轉後，已自疲楚不勝。加以天氣炎熱，滿頭汗水，被面直流，視線亦致模糊。而在運動進行之中，為求左右平衡，又無法抽空揩拭，以故一次運動完畢，他倆等於小病一場，遍體癱瘓，倒頭便睡。

月笙本人，則感於消耗他人精力，以增進本人健康，人道上說不過去。何況活力必須從本身發出，才是真的力量。這由借助而來的力量，只能抵補片段的空虛，如果其人本身已成真空，這些助力全屬白費。有損於人，無利於己，那又何必！因此，這項運動，不久即行作罷。及至此時，乃以針灸及電機按摩方法以求補救，於是杜宅又添上一批針灸醫生及物理治療專家。

二、座中星士命理細推詳

次之，出入杜門較多的則為命相哲理專家。如袁樹珊、李栩庵、趙神仙、一成仙、紫虛上人等，一時同為座客。此外友好間介紹之業餘命理星相家，亦屬不少。據月笙自說，他在發蹟以前，有天陪同黃金榮在城隍廟溜達。行到九曲橋邊，被一位相命同參的江湖術士，兜攬遮留。這術士先將金榮相命推斷一番，於其以往經過、眼前境況，都能娓娓說來，九不離十。推到未來，並許他一片前程，花團錦簇。金榮在心花怒放之餘，正擬摔下相金，準備開步。不料術士又將月笙一把拉住，一面說道：

「且慢，且慢，我看你骨肉勻停 氣色開展，不久便將交上大運。比起這位老闆，後來居上，不知勝過幾倍。你且將八字報來，讓我參詳一番。」

月笙是個乖巧的人，識得金榮度量不廣，眼前術士的話，雖聽得有點心癢難熬，但如真個報出時辰八字，一任他說得黃花亂墜，而將金榮命造，在相形見絀之下，貶抑下去，「莫說他的信口開河，是真是假，無從確知；即使句句真言，以我這樣無依無靠的人，掙扎打熬，得到黃老闆的賞識，居然平行平坐，已不知出過多少血汗；如果因此無關得失的事，惹得金榮滿肚皮的不快，從而引起忌刻之心，那是大大的犯不上了」。於是月笙陡時擺出一副鄙夷不屑的臉孔，指著金榮旋轉向正對著那術士的鼻樑說：

「操那！你知道他是啥人？你真是瞎了眼珠。」

說罷，他倆揚長而去。隔日，月笙獨個兒踅到這術士跟前，求他推斷一番，並告以「昨日同來的便是赫赫有名的黃老闆，怎可將我在他面前抬得太高」。術士亦自悔失言，反多謝著月笙的惡聲相報，得以遮掩過去。此後月笙得意，一一如術士之所預言，認為這人不失為風塵知己，專誠往訪，則已人去樓空，不知去向。以此月笙雖非篤信命運之人，但因本身經歷，卻曾留有深刻印象。此時一病纏綿，八方風雨，儘管此道如同水月鏡花，無從捉摸，而為求心理上的慰藉，固不免於效季主之問卜了。

就中袁樹珊老先生，自為命理界的泰斗，飲譽大江南北，垂數十年，今在臺灣行道。李栩庵則原非此道中人，來港後才以其所學，出而問世。此君命理之外，測字尤擅勝場。抗戰時，重慶發生大隧道坍塌慘案，死者萬餘人。其時吳國禎適任市長，應負一部分責任。在輿論抨擊、民怨沸騰之下，將不知受到何等處分，方寸之間，殊不寧貼。一日，栩庵到訪，國楨正在登榻擬作午睡，即指所懸蚊帳的「帳」字，囑其預測前途吉凶。栩庵噭然應聲曰：「不必擔憂，至多是革職留任。」因「帳」字從「巾」從「長」。「巾」上無「二」不成「市」字，如單以「巾」字推論，必須撤職無疑。幸虧右邊有個「長」字，仍自完整，毫無損傷，雖在處分之中，究不失其首長地位，則其結果之為「革職留任」有何疑義。後來結局，果屬如此，人稱當時謝石。

趙神仙偶忘其名，為留美華僑。返國後才習國語，至今猶不甚解國文。曾遇喇嘛僧，皈依密宗。獨具慧眼，能望氣，並擅千里眼術。「太平洋事變」後，上海與重慶間通信斷絕，兩地消息不明。有人請他以千里眼術自重慶透視上海家庭情況，在告以地址及門牌號碼後，他凝視有頃，即將透視所得逐一說出。或言其家人口已有增減，或言其住所已經搬移，當時疑信參半，不以為意。迄後接到家書，則所述情形與其預言頗多類似之處。抗戰勝利前，祝紹周以川陝邊區副總司令述職來渝，寄寓交通銀行。趙半仙見其頂上光芒甚旺，許以即有升遷之喜。不久，果獲陝西省政府主席之任命。迄後月笙臨危，他早移居澳門，彼此隔絕。一日，其在港友人突接他的來信，謂其在視覺中發現月笙魂魄，離地尺許，飄蕩無定，必已大難臨頭。並告以三限，即陰曆七月十三、十五、十八三天為月笙最嚴重的難關，過此三限，生命可保，囑前往探問致意云云。則其時月笙已在綿惙之中，而大限之期，亦不出其所料。

月笙故世前四月，唐天老亦曾特別商請古天文學家吳師青先生為他推命。當時吳氏與他面談，唯唯否否，似不便做斬釘截鐵的論斷。但事後語人，即決其絕難逃過本年中元節。以故，在他故世前幾天中，天老向著杜宅派往請診的來員說道：「你們全都沒有聽到師青先生的話麼？」言下之意，以為他的天祿已夠，病雖可醫，而命已無可續了。

三、坐吃山空內心憂鬱重

月笙生趣既已索然，而內心憂鬱，尤難分解。其比較顯著的為經濟問題。這次他來香港，除隨身所帶的有限外匯外，其最大的一宗僅為存在香港交通銀行而由出售杜美路住宅得來的港幣八十萬元。那筆屋價原為四十五萬美金，但當時是照生活指數折合法幣付款。在那幣值貶落速度劇烈之際，一收一兌之間，已早打上折扣，無法兌足四十五萬元美金之數。何況月笙以其大部分法幣價款，存入銀行生息，作為家用開支。其所購入外匯始終僅此八十萬港幣戔戔之數，怎能供應他在港的長期支付。按其港寓開支，單就醫藥一項，每月至少為六千元，合之其他費用及濟助親友款項，每月至少非三萬金不辦。在坐食山崩之下，經此兩年，其銀行存額已近於蠶絲欲盡的階段，怎不使他發生恐慌？此外，他雖仍有美金十萬元於二十七年交由宋子良代在美國主持營運，但事隔多載，盈虧難料。此時雖已去函收回，而營運之款，非同存放，何時可以結束匯返，亦無把握。即使立刻到手，而數額不鉅，又禁得他幾年支銷？這是其一。講到其次，他這番來港，原欲以超然姿態，脫出是非之場，事實上他亦確向著此一方針做去。可是在大環境上他卻仍處於「樹欲靜而風不寧」（借用其意）的尷尬局面，左支右絀，無以自圓，這是他心中的最大疙瘩。因此，他雖留戀於生之可愛，但為求種種解脫，亦自無懼於死神的到來。

四、碗碎語讖榻前訂遺囑

他為布置身後事宜，於七月二十日，去函臺北陸京士，告以病狀惡化，體力益衰，囑即來港。二十七日去電促行，二十九日又急電病危速來。京士憂悸驚惶，在辦妥出入境手續後，於八月一日趕赴機場，準備飛港。詎意香港適有颱風過境，氣候惡劣，飛機停航，乃改於翌日搭民航隊機到港。月笙一見之下，自是欣慰異常，精神轉佳。晚餐時特坐轉輪車前詣客廳，陪同京士進食。不料他才將飯碗端起，兩手忽然顫抖，一霎間，飯碗從手中滑落，裂成兩半。席間、地上，飯顆狼藉。此事似亦尋常，但照世俗眼光看來，打碎飯碗，原屬忌諱之事。尤其病人打碎飯碗，更為不祥。當時同座諸人，見此光景，支支吾吾，敷衍過去。

飯後，他太息而言曰：「這回我是爬不起來的啦。我在急電京士之前，心口相商，許下一願。如果京士於八月一日到港，我尚有不死可能。過此到港，則是我的壽數已盡，回天無術。詎在我認為或生或死的轉換機頭，臨時忽起颱風，不先不後，特於一日吹港，以致飛機停航，京士不能在我預期中抵達，這對我說來便是凶徵。剛才打碎飯碗，不啻將這凶徵加濃增重。話雖迷信，而在冥冥中對我是有力的啟示，這回是我爬不起來的了！」

人之將死，其言也哀，這番話說得滿座淒然。

八月四日晨起，月笙即囑京士速為準備後事。六日，京士邀集錢新之、金廷蓀、吳開先、徐采丞、顧嘉棠等會商一切，又參照臺北諸友好的意見，擬就遺囑。

七日，月笙對其家人云：「京士有港幣十萬元存我處，應予歸還。」而京士卻當眾鄭重否認其事。

原來月笙瀕死之際，猶顧念到恆社日後的團結，亟欲京士經理此十萬元以充社費，但又未便直說其事，故以存款為託詞。其於門弟子愛護之深、用心之苦，確有獨到。

是日下午六時，月笙陷入暈迷狀態，脈搏停止，經吳必彰醫生施以急救呼吸手術，至七時始漸蘇。即於是夕經注射二次強心針後，在錢新之等見證下，月笙簽名蓋章於遺囑之上。當時其家屬、親友環立滿室，無不喉頭咽哽、淚承於睫，布滿了一片死別吞聲的淒涼氣氛。

八日為立秋節，月笙又加上便祕症候，大便、小便，非助以手術不可。自此以後，時醒時睡，譫語亂作，神志越發模糊。有時張目注視檯燈底下及沙發椅的兩面靠手，喃喃自語，說是：

「上海八仙橋的老朋友都已來了。」

有時其面部又露出掙扎觳觫的形態，斷斷續續地說道：

「好啦！好啦！」

一時侍疾的人，不禁驚愕毛聳。據說人在病死之際，前塵往事，兜轉心頭，往往有此類現象發生。此在醫理上有其解釋，而在世俗上則更有其荒誕不經之談。

筆者於此，趁其病榻昏迷之際，拉轉筆鋒，再回述其生平最初一段經過，稍補前文之略。

第二十一章
因譫囈補談身世

臺灣陳定山先生所著的《黃金世界》、《龍爭虎鬥》，及香港傑克先生所著的《名女人別傳》等說部，其中涉及月笙事蹟甚多。書中假名，明眼人都能心領神會。關於月笙身世，他倆所寫，卻不盡同，度必各有所本。大概月笙那一段時期經過，只有當時和他同淘的夥伴才能清晰。世界上像他這樣的人是太多了，「賤日豈殊眾」，誰屑加以理會？只因他後來闖鬧市面，嶄露頭角，有人要明瞭他到底是何方神聖，於是他的出身經過，才像傳奇小說般透露出來。話說回來，在那草莽時期，所謂同淘夥伴，因其生活環境隨時變遷，行蹤飄忽，彼此之間，只是暫時結合，不會長相廝守。雖從他們說出的多屬可信，其實只是若干片段，無從清理脈絡。現在事隔數十年，當時人物，雖未全凋，而回首前塵，尤其那些不夠光輝的陳蹟，在身經幾度滄桑之後，只餘歎息，誰願多談？因此寫書的人，包括筆者在內，只能就其一鱗半爪，連線成篇。大體上不失其為真實，細節上不免有所出入了。

一、娘舅太刻薄六親無靠

月笙名鏞，誕生於戊子年（一八八八年）中元節。秋澄月朗，雖比不上中秋那麼可愛，也自清輝一片，照徹長空。所以他的乳名便叫「月生」。後來發跡了，另題名號。有人根據《周禮・大司樂》疏：「東方之樂謂笙，笙者生也；西方之樂謂鏞，鏞者功也」之義。給他在「生」字上著一「竹」頭，號曰「月笙」，而名之曰「鏞」。一面保存乳名的原音，一面又寓發揚光大之意味，典雅不俗，頗費巧思。後來他身邊常掛一顆金質小圖章，長度不滿半英寸，鐫的陽文，就仍是「月生」兩字。

據說，他祖籍為浙江海寧，其先人經營絲繭行業。失敗後移居上海浦東高橋，為一海濱小鄉鎮。他父親曾在楊樹浦與友人合夥開爿米店，本小利微，僅堪餬口，窮到連他的學費都無法供給。某年，大達輪船公司的大達輪舉行下水典禮，月笙為該公司董事長，出席參加，途經楊樹浦，陡然舊事兜上心頭，遙指該處一禮拜堂向著楊管北說：「這是我兒時讀書處，每月學費僅五毫。無奈家貧，至第五月已無力措辦，從此我便失學了。」

這是插話。後來他的父母相繼故世。「既無叔伯」、「終鮮兄弟」，只剩下他光桿般孤兒。鄉下人的娛樂場所，一是茶館，二是賭棚。他在無人管教之下，過的是遊蕩生活，茶館、賭棚，是他經常出沒的地方。據說，他生就一副好高逞強的脾氣，在這三瓦兩舍之間，論賭品、論人緣，卻都不壞。怎奈爹娘遺留下來的原只一些破破爛爛的衣衫，殘缺不全的傢俬，拼拼湊湊，禁不起幾番風雨。所以在一個短時期內，都給他一掃而光。高橋和上海，雖僅一江之隔，但在當時，仍留滯於落後的農業社會，洋場風氣，絕少沾染，活了一輩子還沒渡過黃浦的還不乏其人，一般都保持著古老的風格。他有一位娘舅，原是經紀人家，知慳識儉，自是本色，但不免流為慘覈寡恩。因此，月笙雖認為他是至親，而他卻視月笙為累贅。尤其月笙混跡賭棚，賣盡當光之後，更是振振有詞地給他個百不理睬。月笙有時在挨了一頓狗血淋頭的毒罵後，暴栗子還像雨點般被打得滿頭滿腦。

這個可憐的孤兒至此深感六親無靠，故鄉對他是絕望的了。在這百般無奈的情形下，只有忍著怨氣，揩乾眼淚，硬著頭皮闖進了五花八門的上海洋場。在黃浦江擺渡的當兒，他默默向天賭咒，如果此去弄不到一身光鮮，一輩子不回這個血地。後來他發跡了，這娘舅的兒子們都仗他教養培植，才得成人。可是他和娘舅始終不通往來。直至高橋杜祠落成之頃，甥舅之間，方才見面，他在兒時所受的怨氣總算痛快地發洩了。話說回來，卻也虧得當時那位娘舅的忍心刻薄。

二、賣水果出身的白相人

天不絕人，月笙到達上海後，好容易才在十六鋪鴻元盛水果店幹上一名學徒。老式的商店，當學徒等於做「後生」。每天幹的，無非是掃地揩臺、燒水煮飯等一類雜役。與其本身業務有關的，亦無非擔負碼頭提貨、客戶送貨，及門市上應付顧客等工作。至於這一行業所必需的知識和技巧是得由自己從旁留意揣摩，做師傅的絕不會源源本本地詳加指導。像月笙那樣放蕩已慣的人，是否具有這份耐心，安份守己地幹好這刻板而繁瑣的任務，可想而知。十六鋪在當時是水陸交通的重點，自法租界外灘沿黃浦江而至大東門一帶，所有招商、寧紹、怡和、太古等輪船公司都在這裡建設碼頭。往返津沽、寧紹及長江各埠的客運貨運，都從這裡起卸。熙來攘往，絡繹不絕，成為一商業繁密之區。許多流氓地痞、小偷扒手，以及江湖神騙也就在這稠鬧人市之中，神出鬼沒，大顯身手。月笙為著提貨、送貨，和外界逐漸發生接觸，在耳濡目染之後，才認識到這裡面另有一片天地。

就在此時，他投拜了陳世昌為老頭子，在青幫裡占著一個極微末的地位。事實上，他的工作也有和幫會結合的必要。因為提貨、送貨，事屬外勤。在這欺詐哄騙、明搶暗奪的區域裡，難免不出事故。只有圈子裡的人，才可減少麻煩。以故，他之混進白相人地界，其初意固另有所在，但因本身缺乏習業耐心，而又眼紅著那些人的滾紅滾綠，在沉浸漸漬之下，於是脫離了鴻元盛而與此輩合流了。

抗戰時，月笙在范（紹增）公館用過晚飯後，抓起一個雪梨攐皮進食。他一手握著梨子，一手擎著刀兒。兩手齊動，一面把梨旋轉而緊湊地黏貼著刀鋒，一面悠然地把刀鋒嵌進梨皮和梨肉間輕輕轉進，只見梨皮如螺旋般不斷地懸空而下，梨肉卻毫無損傷。

座客中有人向他說道：「杜先生，你這手攐皮的本事倒不壞啊！」

月笙隨撏隨笑答著：「老兄，虧你還是外面跑跑的，你難道沒聽說我杜月笙是賣水果出身的麼？」

在這一問一答之間，急煞了同座的江倬雲，他以為問的正是揭破了月笙的瘡疤，必定引起不快。倒不料月笙竟輕描淡寫地把本人的出身自我說出。他回到所住的新都招待所後，轉告友好，一時引為笑談。

勝利後，上海水果業的巨頭為徐潤身、蔡潤心這批人，月笙自離鴻元盛後與此一行業已絕無干連。但上海市水果業同業公會理事長一職，卻仍由這批人推選月笙擔任。月笙不以為忤，受之不辭。他從重慶回到上海，由顧嘉棠住宅搬回華格臬路本宅時，首先問到的人是王國生，因為國生是當年和他同在鴻元盛當學徒的老夥伴。

三、對門徒負責聲價頓高

此後，月笙因馬祥生的關係混進了黃老闆（金榮）的公館。祥生亦拜世昌為師，和他是屬同參兄弟，在黃公館幹著雜役。因此牽引，月笙得在黃公館進進出出，但走的是後門，所到的地方僅為廚房咫尺之地。原來這些人的公館，包括後來的月笙公館在內，全是畸形的家庭。廚房之內，只須認得有人，閒茶閒飯，絕不計較，盡可到時取用。主人輕易不到廚房，就是見到，他也從不問訊。所以這時月笙見到黃老闆的機會並不甚多，倒是和那與黃老闆同居而掌權的桂生姐逐漸地彼此認識。由於月笙的伶俐聰明，又由於桂生姐的有心提拔，月笙才從廚房而升堂入室，由吃閒飯而與聞煙、賭兩行。這些經過，前文中曾經提過，不須再提。

在月笙比較得意後，依照這批人一般的作風，每天下午，多在英租界澡堂內，洗澡、休息，一面接洽生意，這名堂叫做「孵混堂」。他是個出手很快的人，在去澡堂之前，必先袋好許多零錢。沿途碰上癟三釘耙，以及澡堂門口的苦哈哈，他總是逢人施捨，裝成闊少模樣。在經常如此這般之後，自不免要打聽他的根底。於是由一傳十，由十傳百，他的名氣乃由法租界而傳入英租界，由最低層而轉到較高層。他所收的門徒，第一位是諢號「宣統皇帝」的江小棣，已見前文。

小棣性喜尋花問柳，不免沾染五淋、白濁等花柳毛病，往往面「黃」飢瘦，褲檔裡點「滴」淋漓。有人便就此兩句口語中截取「黃」「滴」兩字，配上「皇帝」的諧音，又因他的面格和溥儀有些相似，於是給他提上這堂皇的諢號。他於賭博一道，雖非高手，卻是見慣場面，過慣風險。那時嚴老九（九齡）在英租界西區開設賭檯，賭的「搖攤」，小棣自是常客。一次，他在賭盡輪絕後，抱著行險僥倖的心理，希圖白手翻梢。隨意在各注碼上罩上個「三」的蓋子，把賭注全拉到「出門」一門。面對莊家，唱齣「生死肉搏」的對臺戲。注碼總額，相當可觀，大家都給他捏把急汗。迄至揭缸，三顆骰子，一「二」兩「四」，點色分明，落在「白虎」門上。應由莊家通吃，小棣照賠，絕無躲閃餘地。

按例：莊家為表示「慎重」、「硬朗」杜絕紛爭起見，必待本次的輸吃贏賠完全了結後，才將搖缸蓋好，連搖三下，作為下一次的輸贏標準。也許是因對臺戲攪得推莊的做手有些頭昏腦脹吧，突然一反故常，在搖缸揭開唱出「二」點後，不待「吃」、「賠」完結，遽將缸蓋罩好，隨手連搖三下擱在一旁，而將本次「二點」的證據，疏忽地予以消滅。小棣正在目瞪口呆、走頭無路之際，驀地碰上這個破綻，當然緊抓不放，一口咬定「三點」，要求莊家照賠。及至莊家警覺到搖缸動過，授人以柄，已是噬臍莫及。縱有百口，無從分辯，眼巴巴地指望旁人從中作證。卻不料同檯賭徒，因為所謂「攤路」關係，恰巧在這次「白虎」門上絕少落注，稍有得失，無關痛癢。又明知小棣原為賭急，才出這記槍花，以一賭客，硬吃賭檯，其人已自夠狠。怎肯因此區區，捲入漩渦，自尋煩惱。反而不約而同地大家面面相覷，啞口無言，更使莊家陷入既無物證又無人證的絕境。

這時，幕後的嚴老九出面問訊了。在他摸悉小棣是月笙開山徒弟的底蘊後，吩咐照注賠清。一面對著小棣說道：

「你真了得，我這賭檯只好關給你看了。」

言次，吩咐大門閂上，表示從此收攤歇檔。其時，一班賭徒陸續從後門引退，小棣卻愁著財香到手，性命難全。出得門去，不知怎樣結果，深悔一時孟浪。可是這地方又不由他白賴下去，只得硬著頭皮，逡巡退出。卻喜和平常一樣，一路上絕沒有些風吹草動，反使他透著滿肚奇怪，格外提心吊膽。

話分兩頭，嚴老九並不是易與的人。他的捺住性子，絕非認輸。他是要藉此機會向月笙掂㨾一番，看看月笙這位新紮的人物在徒弟鬧事後如何圓場結蒂。他珍惜他的牛刀，不屑在割雞上輕於一試，因此對於小棣姑放一馬。

迄至這消息被月笙括進了耳朵，大大地把小棣怨埋一番。連忙帶同小棣登門道歉，並將當日賠出之款照數還清。一面堅請嚴老九重新擇吉開張。又許下屆日約定朋友到來捧場的心願。後來果然做到，嚴老九的面子十足掙回，而月笙的為人四海和對徒弟們的負責，也就藉著諸如此類的事件，在英租界的圈子提高其聲價了。

四、阿芙蓉幻作黃金世界

至於他的勢力越界發展，則以鴉片煙市場的變化為其契機。以前，上海大煙土行如郭煜記、鄭洽記、李偉記等都開設在英租界棋盤街麥家圈一帶，其老闆幾為清一色的潮州人。他們經營有年，「門檻」精括。大廟燒香，小廟許願，安排得停停當當。界外的遊神野鬼，盡可不必十分理會。其間雖不時發生搶土事件，他們並無多大損傷。羊毛出在羊身，在幾個轉嫁後，歸根結蒂，還是黑籍煙民晦氣。不料日內瓦的國際聯盟提出全球禁煙方案，英租界當局受著這份壓力，顧全面子，宣布禁煙；雖說眼開眼閉，並不徹底，但這些大土行則須停止營業。而法租界對此卻不理睬，依然我行我素。在此一情勢轉變之下，潮幫除收歇以外，只有遷地為良，搬往法租界，而逐漸地歸併於月笙等主持的大公司（牌名「三鑫」，但一般口話都稱為「大公司」，其名轉晦），正如前文所指陳，從此潮幫退處於附庸地位。與此同時，那批向在土行坐地分贓的英租界捕探和白相人也就隨著此一轉變而在大公司內吃其俸祿。俗話說：「吃人嘴軟，端人手軟。」那批人已先矮了半截。何況月笙抱著有容乃大的宗旨，待人接物，另有一功，籠絡羈縻，不無權術。那批人在幣重言甘之下，怎不成為他的藥籠中物，效勞、效命，一唯他的馬首是瞻！於是他的勢力就由此「暗渡陳倉」，越界發展了。

談到南市閘北、吳淞龍華的中國官場，他們的公館和其日常活動都在租界之內，與月笙等多有往來。無論北洋政府、國民政府，對於鴉片，雖皆禁令煌煌，那只是給瞎子看的。後來還有所謂特稅，表面上是寓禁於徵，實際上是變相地准許販毒。可笑的是，全國最高禁煙機關委員會委員長竟也是杜公館的嘉賓上客。千里為官只為錢，這是大家心照不宣的事，也就不必多去說它。不過，這些與煙禁有關的各級機關，在這裡面卻有分檔。如淞滬護軍史、吳淞砲臺司令部、淞滬警察廳等大衙門，其主兒腦兒隨著政治上人事的變化多遷調無定，不會做滿三年五載。所以這批首長階級，只在逢年過節之時，坐享「孝敬」，合污而不盡同流。至於水巡、緝私等一類小衙門，當事的多數是蘇杭一帶土著，其中不免有私梟出身之徒。對於當地情形，水路汊港，深諳熟識，其上級利用他們這些優越之點，作為爪牙。而他們也就從此窟宅其中，衍為嘉湖幫、南橋幫等一類系統。雖其主管人員有時調動，但在脈絡上依然指臂相連。其與黑社會看似對立，實相默契。這些小衙門管轄下的水面巡船、緝私砲艇，遇上毒販，甚至以官船代為駁運，亦大可能。所謂分檔，即在於此。陳定山先生其所寫上海黑社會情況的說部，題為《黃金世界》，顧名思義，確屬一針見血。於是月笙由這份行業所產生的力量，在靈活運用之下，其輻射性遂遍及於整個淞滬區域了。

民國十三年前，華格臬路杜公館尚未落成，黃老闆住鈞培里，月笙住金福里，大公司設在菜市街寶成里；俱樂部設在法、華兩界毗連處的寧波路，一地區就是他們的大本營。而張嘯林、金廷蓀、顧掌生、馬自齊、袁珊寶、范恆德、葛永泉、蘇嘉善、楊錦堂、高鑫寶、顧妙根、芮慶榮、葉焯山、顧嘉棠、馬祥生、沈杏山、浦錦榮、戴老二等，以及其他不及備載的老朋友，大部分都住在這一地區附近的福昌里、寶昌里、貞吉里、元聲里、紫陽里、生吉里等衖堂內。依據上海人習慣的區劃，這一地帶的總名為「八仙橋」。其不住在此一地帶的老朋友，亦得不時到八仙橋上跑一趟。雲龍風虎，總算是一時際合。月笙臨危前譫語中說「八仙橋的老朋友都到了」一語，當時除廷蓀、嘉棠尚在人世外，指的當是上開諸人。千里關山幽明異路。適從何來，遽集於此？真有點不可思議了。

第二十二章

論恩怨略溯從頭

據說人類腦子，其構造最為巧妙。在智識開悟後，對於事事物物，統被攝收，構成印象。而於突出事件，其印象越發深刻。在健康正常時，這些印象，挨次排列，井然有條。一至失去正常，神志昏亂，則所留印象，如受大力震撼，推排傾倒，分散凌亂。但其突出經歷，則因印象深刻之故，往往排闥而出，自動反映。月笙臨危前的譫語，殆從此一現象而來。筆者既將其「八仙橋老朋友都到了」的譫句，於前篇加以臆度，於此，再將其若斷若續的神態表露及「好啦！好啦！」的譫語做意想上的引申。其時他的靈臺方寸之間，已如上述病態，心潮起伏，失其平衡。筆者亦只能就點滴所及，拉雜成篇，姑以存其梗概。

一、由夥計坐上虎皮交椅

在月笙一生的過程中，從客觀說來，有兩個重大的轉變。民國十六年以前，他雖已嶄露頭角，成為上海聞人，但在他們圈子內仍以黃（金榮）、張（嘯林）為首。表面上鼎峙並列，序列上究判後先。及至十六年經過「清黨」一役，月笙才能邁步向前，後來居上。但仍不能完全脫出窠臼，黃、張等於他還具有相當的影響力。直待二十六年全面抗戰，月笙離開上海，鳶飛戾天，魚躍於淵，這才特立獨行，施展自如，獨闢新的途徑。以故，他在十六年以前，只是那圈子裡龍爭虎鬥的後起之雄。隨著時日推移，力量增長，其地位由次要晉於重要，由附庸躍居領導，而於二十六年後才能改弦易轍，憑其鉤心鬥角的本能，以參加波瀾壯闊的局面。

他嘗自承，曾為法租界捕房勾當過公事，但他從未帶過「硬卡」（捕房發給便衣探捕的照會），更未受過分文俸祿。所以，後來他和法國領事與法捕房總巡盡可賓禮周旋，平起平坐。而金榮碰上這類場合，就享不到這份待遇。因為金榮是從捕房出身，退休後仍為舊屬；而他卻始終處於法租界居民的地位。在他初認識黃金榮的當兒，正是年富力強，身手矯健。關於眼線、緝捕等類任務，他確以金榮私人夥計身分參加行動。其自承之語，即指這類事故而言。當年金榮迭破巨案，躍升甚速，他自有其從旁效命之功。亦即以此，他才受到金榮的賞識提拔。所以，在他的生活史中，應以「快馬健兒」的角色勾畫其最先的一頁。

他所先後結納的弟兄，其原始並非盡為無業遊民。大多數靠著幾斤力量，幹著勞動生活。

其人本性亦未必盡欠馴良，只為家庭無力栽培，受不到基本教育。而於下流社會，則因生活上的煎熬，從小便已發生接觸。經過不斷的耳濡目染，發覺改善生活，正路外盡有殊途。與其辛勞幹活，一輩子不易翻身，倒不如憑著小爺身體，拚個成王敗寇。於是如水就下，混在黑社會裡各奔前程。就中如張嘯林原是杭州機房出身，後來變為當地青皮。內地不比大埠，淺水不易藏龍，因此闖進了納污藏垢的上海洋場。高鑫寶以在球場上為西人撿拾網球開始，一變而為細崽，再變而為大英總會幹事。葉焯山原是汽車司機，曾在美國領事館幹活。上海人口語上稱美國為「花旗」，故其諢號被人稱為「花旗阿根」。馬祥生窮到輪埠上睡鐵板過夜。遇有洋船靠埠，才得臨時在船上大廚房內幹些零碎差役，以此，在他發跡之後，那批廚房司務，大都成為他的門徒。金廷蓀是以紮鞋底做皮匠營生。顧嘉棠在北新涇灌園種地。芮慶榮的上人在曹家渡開爿鐵器店，「打鐵」是他的祖傳。其他諸人，大都類是。月笙和他們結合後，為了生活上的掙扎，兩個拳頭，一身膽量，便是他們的看家本領。在煙、賭兩業未經歸併統一以前，各幫各派，並峙爭雄，你短我的財路，我踢你的後門。始猶互逞狡謀，暗施「陰損」；終則彼此翻臉，大動干戈。為著保護權益，在快刀利斧下出生入死，絕非「絕無僅有」之舉，大都幹上幾遭。

上海五方雜處，良莠難分，各碼頭的所謂「英雄」、「好漢」不時到來，在物以類聚的自然規律下，彼此勾搭，那自不在話下。即說那些外來的軍旅大員、商場巨賈，名刺上儘管鑲上各色頭銜，行囊裡儘管裝滿黃金、白鏹。而在暗地裡也幹的盡有見不得天日的勾當，和他們自是針芥相投，一拍便合。每於徵歌選色、酒酣耳熱之餘，此翹拇指，彼拍胸膛，爭示膽肝，互相誇獎，認為志同道合，從此聲應氣求。以故近則嘉杭、太湖一帶，遠則直溯長江上游，北自燕趙，南連潮汕，條條大路通羅馬，到處都有自己的人。月笙憑著手面闊綽，氣度恢宏，儘管其人一向並無半點淵源，可是經過幾度交往後，往往被吸收於心膂之列。因此他們的活動範圍日廣，月笙的力量隨而坐大。

某年，法租界工部局書記樊爾諦夫婦往遊太湖，於煙波容與之中，突被當地匪徒，當做洋財神看待，一聲唿哨，綁架以去。這營救的責任當然直接落在金榮身上。他和月笙、廷蓀等計議後，派定高鑫寶出馬一趟。原來鑫寶對於水路裡的棒子，摸得很熟。太湖內七十二座山頭，大部分都有他的路線，所以由他出面勾當，確是最適合的人選。果然此行不虛，旗開得勝。那班匪徒衝著眾兄弟金面，願把這對法籍夫婦交與鑫寶，護送回滬，銷差了案，並未費去分文。從此法捕房對於他們另眼相看，一次簽給特別護照二十多張，准許他們在界內享有特殊待遇，隨身攜帶雜物可以不受檢查。單就這一件事看來，可見他們的氣勢已不局限於淞滬區域。又這事件所代表的僅是「正」的一面，如果他們要在「負」的方面行雲布雨，也會得心應手。

二、注碼壓在國民黨一方

那時國內情勢，正是北洋軍閥秉政。上海在政治上的地位絕比不上天津，但因它是國際市場及全國第一巨埠，在朝、在野，於此角逐，醞釀政變，其重要亦足影響全局。自辛亥革命以迄北伐成功，上海經歷過幾次戰事：如「二次革命」、「齊（燮元）盧（永祥）之戰」、孫傳芳「秋操」之役。風風雨雨，雖從四面八方而來，但其間捭闔縱橫，則法租界實為核心之地。當時各方要人的住宅及所設祕密機關，大都隱蔽於此。金榮以在捕房掌握相當權力，固為野心家所須爭取。而嘯林、月笙等以一方之雄，亦自在羅致之列。其間，事齊事楚，他們初無顯著主張，熟魏生張，他們似亦無所歧視。如照他們的作風、行動而論，應與北洋軍閥沆瀣一氣，合作同流。但在事後的跡象追尋，他們所落注碼，幾全壓在國民黨方面；次之，則為後來與國民黨頗有聯繫的皖系。而於直系、奉系不僅虛與委蛇，且從中扯其後腿。

以「齊盧之戰」而言，其第一次戰役發生於瀏河前線。當時齊部的團長冀汝桐，驍勇善戰，一鼓突破盧部在太倉方面的防地，形勢岌岌可危。那時部隊增援，水路多恃民船，陸路全為徒步，在緩不濟急情形下，盧部幾至不支。於是由黃、張、杜三人，設法徵集租界內的汽車、卡車，駛往龍華，聽候調度，備供增援之用；才得挽回頹勢，予齊部以有效的截堵。此中原委，即因盧永祥隸屬於歪鼻子段祺瑞的皖系。後來孫傳芳以「在蘇州吃月餅」為口號，鼓勵軍心。藉著秋操為名，把軍隊直操進南京城內，逐走了楊宇霆，囊括了蘇、浙、閩、皖、贛，自號為「五省聯軍總司令」。他要找個得力幫手，駐滬坐探，以為耳目。於是下個派令，委任月笙為本部參議。這淌來的名義，他並不感光輝。但因孫氏威震江南，卻自拒絕不得。只是對於委辦事項，他從不肯出力，往往敷衍了事，甚至置若罔聞。孫氏積怒之下，又因他包庇亂黨（民黨），陡發虎威，下令通緝。所以有個時期，月笙不能前往南京一步。其實他著緊的是這金迷紙醉的十里洋場，並不稀罕那虎踞龍蟠的名城重鎮。這道海捕文書，只供孫氏自我解嘲，何曾損到他的毫末。

至於他們和民黨方面，則在「二次革命」前後已顯出其關係不同。當時發難的陳其美氏，籍隸湖州，駐滬甚久，原是光復時上海都督。雖說彼此殊途，卻與他們混得極熟。甚至說他本身帶有幫會氣味，這話也不為過。以地緣言，法租界與華界僅有一柵之隔，進攻可以資為據點，退卻不失為一尾閭。金榮既有默契，其他自益通融。而月笙與其弟兄以及一班徒眾，則更劍及履及，參加攻打高昌廟火藥庫的戰役。及至失敗以後，「亂黨」一詞已成為民黨分子專號，偵查極嚴，格殺勿論。其潛匿在法租界的黨人，多賴金榮等一系列的包庇掩護。即使被拘到案，亦多上下其手，設法從輕發落。至低限度，絕不使中國官廳輕易引渡以去。至其贈送盤川，資助逃亡，隨手分金，更為常事。此後袁氏稱帝，軍閥割據，淞滬一隅，隨著北洋各系勢力消長，此起彼伏，更迭雄長。其間東南學閥、門門奸商，攀附趨承，大有人在。他們這圈子內均無作虎作倀之人。直至北伐軍興，時機已到，他們才又露其身手。

三、張宗昌與畢庶澄故事

其時孫傳芳盤踞的五省，全屬膏腴饒富之區；坐擁大軍，更具舉足重輕之勢。如果他與民黨攜手，則北伐可紓東顧之憂，盡可長趨北指。如果他與直系合流，則由浙、閩潛師南下，亦大可解救武漢之危。可是他卻痴心妄想，要在兩敗俱傷後，做個最後得利的漁翁。因此，儘管汀泗橋的砲火，響得動地喧天，他只是按兵不動。及至吳佩孚敗走雞公山，他才憬然於自身難保，大禍臨頭。維時北伐軍的東路已從仙霞嶺攻入浙境。杭州警務處處長夏超，趁機舉義，宣布浙省獨立，響應國民革命。其傾巢以出應援江西的隊伍，又連接吃著敗仗。師長、旅長，被俘、被殺，潰不成軍。就中逃出的第四師師長謝鴻勳，胸部帶著槍傷，轉住上海寶隆醫院。卻給月笙大好機會，使這創傷不僅治療無效，反而腫脹潰爛，終致不治，身亡。及至孫氏大勢土崩瓦解之際，長腿將軍張宗昌奉到安國軍大元帥張作霖的命令，率部南援。浩浩蕩蕩，號稱十萬，其中雜有白俄編成的義勇軍。而畢庶澄亦率其所部，做了先頭部隊。閘北、淞滬一帶，頓時成山東侉子的世界，揚威耀武，雞犬不寧。

長腿一向狂嫖濫賭，臭名昭彰。到了這座全國唯一的大都市，樂得心花怒放，一手抓住牌九，一手摟著粉頭，這便是他的軍國大事。月笙等從旁助興，曲意周旋，在他認為「孺子可嘉」，也就託以心腹。實則月笙等陽為恭謹，別有企圖。落子布局，全在庶澄身上。此人眉清目秀，瀟灑風流，在北洋軍人中稱得上雞群鶴立，頭腦子也相當開明。而醇酒、美人，自是他的英雄本色。月笙等一面投其所好，一面誘致其歸順南方。這在畢庶澄說來，他原隸屬直系，後來倒向奉張；再來一次倒戈，馮婦重來，殊無足異。因此，心理上已起動搖，所爭的僅為個人名利。他想在江、浙兩省中，割據上方，作為酬庸，抱的還是軍閥的地盤主義。這與北伐統一全國的政策背道而馳。當然不易得到允許。以故他的倒戈，始終猶豫不決。迨至北伐軍溯江東下，直薄南京。東路軍已越杭州，迫近上海。在這鉗形攻勢之下，奉軍如不撤退，將成甕中之鱉。於是一夕之間，長腿的十萬大軍，沿著滬寧線直奔浦口，轉車北去，撤退得乾乾淨淨。

其時，畢庶澄還在會樂里書寓內，摟住花國大總統，歡娛繾綣，倦極眠濃。直待天色近曉，副官前來告急，他才驚愕失色，倉皇出走，逃返青島。但月笙等向長腿告密，指他私通南軍的電報已先到達。其後他被褚玉璞以軍法判罪，執行槍決，其中因素固多，而這封電報，頗起相當作用。因為長腿於月笙們似猶幾分置信，認為幫的是他；卻不料月笙們將機就計，使他在窩子裡自相斫殺。

四、恩恩怨怨如春夢婆娑

以故金榮等這一系列，對於民黨，雖談不到建功立業；而從旁翼戴，則確曾盡其力量。至其所以向心民黨，據說亦自有其淵源。因為他們雖未受革命理論的薰陶，而得自陳其美氏的影響與鼓勵則頗不少。其於概括的國家觀念和民族意識亦自有粗淺的認識。自另一方面言之，金榮投拜張鏡湖老先生為師，鏡湖則別為遜清飛虎營統領徐寶山將軍的部屬。辛亥光復時，寶山參加革命，為蘇省起義將領之一。所部改編為第三十八師，鏡湖即為隸屬該師的第七十六旅旅長。其後鏡湖接任師長，兼充通海鎮守使，雖已在軍閥時代，但於寶山遺志，猶自薪火相傳。其參謀長馮汝麟、副官處長王鳳樓則仍與民黨不時聯繫。金榮既入其門，自多感染。而以擁金榮為首的系列亦一唯馬首是瞻。以故他們的向心民黨，在鏡湖領導下有其傳統的因素。這雖屬於揣測之談，但亦不妨姑存其說。

本編是從月笙在抗戰時期寫起。本章與前一章則從月笙病中譫語所引申，藉以補敘其在抗戰前的若干行蹟。此時月笙將踏上生命終點，在其昏迷驚亂、氣息僅屬之餘，當年的刀光血漬、燭影斥聲，諸般印象，不召自來。掠影浮光，一瞥即過。而其譫語及變態，即隨此一瞥的感應，倏然流露。陳蹟依稀，冥途迫邇。想當日恩恩怨怨，恍如春夢婆娑。他年是是非非，留與盲翁鍋鼓。

第二十三章
生死都在中元節

在月笙簽好遺囑後，他的家屬和友好們全是提心吊膽地注守著他最後的一剎那，無分晝夜，環侍左右。其時節序才屆初秋，原感不到一絲秋意。但因颱鳳尾掠過香港，帶來連場陰雨，淋漓淅瀝，落個不停。加上這無可奈何的境界，大家心頭上陡生蕭瑟之感。尤其深夜以後，幽靜的半山區籠罩在風雨交織之下，更顯出其沉昏陰寂。杜宅內前前後後，自是燈火通明。由於窗櫺緊閉，伴病人多，一呼一吸之間，全屋子卻蒸鬱著窒息的炭氣。因此由燈兒、火兒帶來的只是一片迷茫，照在臉上，越發覺得蒼白。陸務觀詩：「樓上蒼茫眼，燈前破碎心。」正好借來描摹當時杜宅諸般人等的心境。

一、一來一去皆月明之夜

為了骨肉深情，希冀萬一，其家屬對於月笙病體當然不肯放棄其近於白費的挽救。於是接血、急救、強心劑等類針劑，不斷地由梁實鑑、吳必彰兩醫生予以注射。同時其家人又將煙膏拌在瓜汁內予以進服，以期提神補氣及小便暢通。一面依照世俗辦法，於延請趙世光牧師在病榻前代為禱告外，復在荃灣弘法精舍，由高僧主持下建置七日七夜道場，為之禳災祈壽。並以其生辰迫邇，按照一向成例，都有一番小小熱鬧，此時不僅不為他的病情沉重有所減色，反在百忙中提早籌備，印就泥金請帖，預訂酒席，希望藉著一番喜氣紅光，沖散了他的滿身災晦。因此在立秋節後以迄其臨危前一日，杜宅人等就在六神無主的狀態下，紛亂攘擾，直如熱鍋上螞蟻。其時月笙本人，知覺漸失，兩眼半開半闔。初猶若斷若續地說些譫語，迨至十四日黃昏再度暈厥後，面色隨變灰青，呼吸停止，約八分鐘後甦醒轉來，已是口噤失聲，欲言不得，只能從其半開半闔的眼縫內流露出一線遲鈍的微芒。以故其第七公子維善於十五日中午由臺來港省疾時，病榻之前，幾經呼喚，他像是使盡萬分氣力地才將眼簾捲起，一霎下倏即閉去。

說也奇怪，在維善省疾後十五分鐘，洪蘭友先生兼程自臺抵港急趨病榻前，他的神情，突見清醒，也許是迴光返照吧！先是蘭友站在踏前，連聲呼喚，一面申說「此來是代表蔣先生慰問與眷注之意，請靜養勿憂」等語。在蘭友原不過於生死之際，盡其友誼，固不能必其入耳貫心，更不做遺言可接之想。卻不料月笙兩目迅張，出其顫抖之手與蘭友緊握，旋從喉頭清晰地迸出最後一句話：

「大家有希望。」

語畢手落，沉沉睡去。從此兩足逐漸發冷，呼吸由微弱轉為急促，延至十六日下午四時五十分溘然長逝。這正是陰曆中元節的前夕，與他誕生於六十三年前的中元節午時，相距僅二十四小時。他是從月明之夜踏進人間，他又從月明之夜踏進另一世界。

在十五日夜間，杜宅親友為他準備後事，其報喪新聞稿亦為準備事項中的一件，正由其私人記室在燈下擬稿。這原是普通報導，無非將其病情及治療經過，簡敘一番，結尾點綴幾句悼惜的詞句，盡可敷衍過去。卻不料座中已早坐好幾位國民黨派駐香港負責宣傳大員，把稿子傳觀後，認為太平凡了，用不得，要重擬。於是他們即就大廳上吮筆揮毫而在垂死者的身上大做其宣傳八股。旁觀者有以月笙家屬小部分仍在上海，如果寫不出「歿存均感」的鴻文，至少亦須顧到「生死均安」的現實環境。因而婉轉其詞，請他們在立意遣詞間不必過於鋒芒凌厲。不料這番說話，其結果觸了一鼻子的灰；因為他們正在藉著題兒打上一場政治上熱鬧的宣傳戰，莫說「投鼠忌器」在他們眼裡不值一顧，甚至其留滬家屬萬一因此受到影響，也許他們還認為代表月笙執行著「大義滅親」的遺志呢！

二、「義節聿昭」旌表來何暮

月笙遺體旋於即日奉移萬國殯儀館，在將離開住宅的當兒，許世英先生自隔海九龍、岔息而至，對著輿尸的黑箱車，搥胸頓足，痛哭失聲。前此數天，月笙的老友江幹廷，誤聽東坡海外之謠，以為月笙已死，於清晨趕到堅尼地臺住宅。才到門前，便已情不自禁，縱聲大哭，當場被萬墨林大大地埋怨一頓，目為不祥。在此以後，秦聯奎律師在殯儀館弔奠時，老淚縱橫，隨喊著「月笙哥」的名兒，嗚咽悲哽，一時聞者為之鼻酸。這三位都是高年人，那份真摯的友情，隨年沉浸，積久彌濃，所以不覺悲從中來，哀聲隨發。以視隔夕杜宅客廳上搖筆為文的宣傳家，臉無戚容，意有得色，一若不知十步之內躺有一位垂死的人（其時月笙已移住陽臺上與客廳僅有幾扇玻璃門之隔）。其間相去，直不可以道里計了。

月笙曾有遺言，死後三天成殮，三天內由其眷屬陪侍在側，須如生時。而據陰陽先生依照其遺屬生肖與死者的沖剋關係，揀定成殮之期，應在十九號上午，恰與其遺言巧合。這短短三天的間隔，在舊社會的喪事原屬常有，並不為奇。可是在這一次杜宅的間隔，卻給死者及時帶來一點浮榮，同時在時間上給予洪蘭公以折衝的餘地。

事緣洪蘭公是從臺北專誠而來之故，因此向極峰報喪電訊即由蘭公電託王世杰先生轉陳。當時各方的唁電、輓章，近自港、澳、臺、澎，遠自美國、日本，上自黨國耆英，下至尋常戚友，均已如雪片般飛來。衡以當年月笙六十大慶時，極峰題贈祝詞，且於壽期以前頒到。援昔例今，相信此際死生永訣，必不吝其綸音宸翰。於是辦好素色空白匾額以及斗筆、墨汁等等，準備以待。詎料今天過了，消息杳然；明日再來，依舊石沉大海。這在死者本身說來，一瞑不視，萬事皆休。雨露雷霆，何關榮辱。其家屬則在苫塊昏迷之中，一切由人做主。此類虛榮，自更無心計及。可是一般關心杜宅的親友卻不免透著幾分驚疑；而由臺來港的洪蘭友先生則殊感擔心著急。因他在月笙病榻前的說話，除私人交誼外，隱約地透露他是代表極峰慰問的身分。如果這點榮哀無法辦到，那麼他的代表身分勢將無語自圓。退一步言，如果他不來香港，也就罷了。既然來到，姑置代表身分不談，單以其個人地位而言，而不能為老友做最後效力，取得旌揚，像他那樣好義負重的人，亦將不勝遺憾。以故他在這幾天內，情緒逐步緊張。每日發致臺北的航郵、電報，以及長途電話，幾於手不停書，口不停講，直鬧得頭暈腦脹。迨至十九日零時過後，大家都在失望之中。忽然電話機聲，「鈴鈴」作響，話匣中由黃伯度（總統府第二局局長）傳來口諭，已蒙頒題「義節聿昭」四個大字。他那忐忑心情，至此才告寧貼。於是登時寫好，懸掛靈堂。其時距離大殮出殯，不過十個鐘頭。可見此三天間隔，冥冥中若有所待。

宋子文、子良昆仲對於月笙眷注之情，並不因他倆身在重瀛，有所陵替。宋子文除專電致唁外，並電囑香港廣東銀行代辦祭菜一席，派其留港祕書代表致祭。宋子良則以長聯郵輓，聯曰：

數萬里海外書來，墨瀋猶新人已逝。

十餘載天涯相託，交期如昨淚頻揮。

這聯內的「萬里書來」、「天涯相託」，看似套詞，實非泛語。其所暗指的，即為前文所述月笙於抗戰前曾有款項託其營運的事件。此時他已計清本息就近撥歸錢新之的在美銀行賬戶而由新之在港轉給杜宅，所以在下聯內用「交期如昨」一語以明終不相負之意。至於陳氏昆仲，則在臺的果夫和旅美的立夫會，各皆馳電慰問，致情盡禮，生死不渝。

其他如于右任、王寵惠、陳誠、張群、何應欽、鈕永建、顧祝同、吳國楨、董顯光、谷正綱、黃杰、桂永清、賀衷寒、鄭介民等唁電共一百五十三通。就中于院長的唁電，其文曰：

愛國憂國，獻勤社會公益惟恐不及如月笙先生者，未獲目覩祖國之復興，齎恨以逝。緬懷風範，悼痛如何！遺囑諄諄，彌昭高義，惟希繼志揚烈，順候禮祺，謹唁。

風格獨高，尤其語長心靈。其在大陸方面，徐寄廎、王曉籟曾先後寄到輓聯。這類通常弔慰，在那個環境裡，已是不合時宜；尤其對象為月笙其人，也許還得揹些風險。可是他們我行我素，並不有所踟躕。以視身列門牆，由月笙一手栽培而今掌綰大陸郵、電兩政的朱學範部長，及身受月笙於精神和物質上節節支援而其時高踞國務院副總理之尊的黃炎培，竟無片紙相遺，略申悼惜，誰敦風義，這是明顯的對照。

三、素車白馬最後好風光

關於喪務經理，組有治喪委員會，由錢新之總其大成。實際上則幾全由顧嘉棠一手掌握。他們抱有共同觀點，認為月笙生平是闊天闊地的人，雖其身後並不豐餘，但這最後一次風光，必須辦得像模像樣。棺材是楠木的，定價一萬五千元。萬國殯儀館表示對死者尊崇，自動削碼，五折收數。其禮堂訂價每次三百元，但杜宅在喪事期中使用，亦由該館完全報效。送禮力金規定依照其價值高下酌給百分之十。其花圈一項則無論巨細一律定為二元。三天內中、晚兩飯，委由附近餐館承辦，六菜一湯，每席六十元。啤酒、汽水，無限制地隨時供應。並預定出殯日改借六國飯店開席，十人一席，隨到隨用。報喪告白及謝啟，大小各報，一體刊載。事後統計，三天內收到花圈七百餘隻，附近花攤一時無法供應，於是使用偷天換日手法，前門送進，側門偷出，改頭換面後再送進去，依舊照給二元。單說這筆力金，已在千元以上。其以陌生人弔孝而唯餔餟是圖者，此中大有其人，以故先後開席，不下二百餘桌之多。廣告費用，經過七折八扣後，仍達八千餘元之鉅。到處浪費，到處另有漏洞。當事者看在「最後一次」上，眼開眼閉，不願計較。因此，這三天的排場，在香港也算是別開生面。

八月十九日上午十時，其遺體成殮入棺，於瞻仰遺容後，棺蓋隨闔。一代人豪，即在此一片哭聲中，音容永絕。家奠以後，十一時親友公祭，由許世英主祭，陪祭者為屈映光、許崇智、洪蘭友、王正廷、吳開先等三十八人。十二時為蘇浙同鄉會公祭，由徐季良主祭。李潤田、周毓浩等陪祭。十二時三十分為恆社公祭，由沈楚寶主祭，趙培鑫、吳紹璘等陪祭。其由個人參加弔奠者，則包括政府機關首長、香港華人代表、非官守議員、闤闠名流、工商巨學，以及社團領袖，計達二千餘人。於此素車白馬之中，星光熠熠、馳譽藝壇的李麗華女士亦自馳抵靈前，鞠躬成禮。而壽登九艓、銀絲滿頭的遜清宮保盛寶環夫人猶自佝僂到祭，令人肅然。

旋於下午二時一刻出殯，由萬國殯儀館分域道大禮堂門前發引，經洛克道、波斯富街、軒尼詩道、軍械廠街，至三時半抵大佛辭靈。其行列以極峰掛題之「義節聿昭」綴成鮮花橫額前導。繼為中華廠商聯合會、蘇浙旅港同鄉會、恆社同仁致祭儀仗。其中隔以各方致送的花牌十餘架，滿載花圈祭幛的卡車七輛，中西樂隊十隊。繼後即為靈輀與銜接之送殯私家車百餘輛。參加執紼的親友故舊達千餘人，行列長凡數里。一時鼓鈸管弦，哀樂間奏。沿途萬人空巷，觀此死後哀榮。香港政府特加派交通警察及摩托車巡邏指揮，維持交通秩序。其時微雨絲絲，秋風陣陣，一若人天之際，同感悲涼。辭靈後，數十輛轎車緊隨靈輀經皇后大道、西營盤，折入薄扶林道而抵大口灣，停柩東華醫院義莊。喪務至此，乃告初段結束。

四、花牌兩架默服心喪

在送殯儀仗中有兩架花牌，卻包含一段頗為動人的故事。

先是在是日午後一鐘左右，突有十幾位椎魯之徒擁簇著兩架花牌，汗流滿面地急步而來；穿的大半是半新不舊的藍布衫褲；其頭額皺紋和手背青筋，分明顯示著生活上曾經過不少的濃霜烈日。花牌下款密麻麻地寫上一簇姓名，而這些名號全不是江南人所習用的字眼。他們在致送花牌後，以微笑搖頭的姿態婉拒收禮處所付的力金。可是他們既不簽名，復不行禮，似又不便作為弔客看待。於是神經過敏的人疑慮到他們或許是託詞送禮，待機生事。因而在距離不遠處配置幾名壯漢，暗地監視，以防萬一。而他們卻只在殯儀館大門內外，徘徊瞻顧，默不作聲。直待哀樂大鳴，輀車引發，他們才拔步而起，環繞著他們所送的花牌，隨著行列，向前行去。迄至大佛辭靈，他們隨同止步，仍不參加行禮，只是默默地悵望正在毛毛細雨的長空。片晌之下，便各散去。當時襄辦喪事的王志聖，原是忠義堂人馬，夠得上眼精眉企，亦摸不出這批人是何路數。有人猜想也許是些漁民，當得月笙生前的照顧。但還是一個謎，固不知月笙以何因緣而能使此輩服其心喪也。

談到人生，總逃不脫子平家所說的根、苗、花、果四個階段。以月笙那樣根苗，鬱為奇葩，結成正果；雖蓋棺未必便有定論，而泉臺有知，固亦足以自豪了。

第二十四章

邦國長存任俠名

《書經》：「九五福，一曰壽，二曰富，三曰康寧，四曰攸好德，五曰考終命。」月笙生年六十有四，足以稱翁，已得其壽。身後雖不豐餘，亦非蕭索，不可謂貧。晚攖痼疾，而齒堅髮黑，筋骨猶自過人。其生平行事，雖不盡合準繩，而然諾必守，大節不踰，所謂士大夫階級，恐猶未能望其項背。在此大時代中，田園寥落，骨肉乖離，比比皆是。而其於易簀之際，家屬、親友，環侍左右。生有餘榮，死無遺憾，固自得其考終之全。尤其是他本身既已一了百了，而附麗於其一身的公私事件亦各一了百了。乾乾淨淨，毫無拖泥帶水。向使時局未經重大變化，而他病故在上海的話，以其接觸面的廣泛，經辦事件的繁雜紛紜，則恐可了者只其本身，而所遺的「不了」將有一大堆在，這又是五福之外的一福了。話說回來，在他身後卻還不免起著茶壺裡的風暴。

一、費盡叮嚀茶壺起風暴

先是月笙自知病將不起，對於和他在銀錢上有往來的親友，往往就賓朋滿座的時候，單單指住那人坦白地說道：「某某，我倆之間除某一項外，其他是沒有往來的啦。」直待那人承諾，他連喊「哦哦」後，一面將其目光於有意無意間向在座賓朋掃掠一過，才算了事。有次，他提到朱如山處存有十萬。

其時朱正在場，一聽之下，不免吃驚，趕忙說：「杜先生！杜先生！你交給我的是十萬港幣。不是美金啊。」

月笙亦趕忙答道：「滿對！滿對！是港幣，不是美鈔。」

彼此忙把這一重要關鍵交代清楚。原來他們款項往來，數額儘管鉅大，而授受之間，全憑口頭信用。如果寫到筆據，那就認為不夠寫意了。此時月笙感於來日無多，人欠欠人，必須清白。故就賓朋在座的場合，向當事人特提一番，以防他日發生爭執，缺乏人證，可見其用心之細。

就中和他往來最多的，以徐懋棠為最。懋棠仰承父蔭，席豐履厚，早已參加恆社，身列門牆，又曾任他所創的中匯銀行總經理，因此很受到他的信任。「太平洋戰事」爆發，日軍進占租界，懋棠忽與敵偽方面，竭意周旋。雖因保障身家生命，不得不虛與委蛇。而跡其所為，如：與以宏濟堂名義承包淪陷區煙土營業的盛幼盦發生乾爹、契兒關係，彼此推心置腹，從此參加該一系列的金融機構，則其動機顯見另有所在；一面又將中匯銀行受抵的金壇田產削價脫售，更見其處事乖張。一時人言嘖嘖，這些風聲就不脛而走地傳到遠在重慶的月笙耳裡。當時月笙為公為私，大為憤恨。口口聲聲，一待回到上海，要和他算個明白。這一「算」字看來飄飄然不著邊際；而出自月笙之口，卻帶著沉重的份量。

迨至勝利以後，月笙回滬，懋棠自是驚慌。可是他的銀彈攻勢，早在月笙抵達前已先發動。他既花了幾百兩黃金為月笙的一位心腹購進了一座花園洋房，又在月笙到達後無限制地將中匯存款供給在月笙眼前站得起、說得響的人物以低息貸款經營黃金、美鈔。當時渝、滬之間，金、鈔的差額頗鉅。他們從上海購進，空航重慶脫售，一晝夜間便賺到可觀的贏利，這自是懋棠間接的孝敬。這樣一來，他隱然在月笙身旁布置下一道包圍線。只要月笙提到他時，這包圍線上的列兵就自動地給他說好話、講人情，解釋消弭，出足八寶。經過相當期間後，月笙的那團怒火不僅被吹得煙消燄熄，且被慫恿著給他遮掩住被人檢舉的嫌疑。而那時他的義父已死在南京老虎橋監獄，禍兮福倚，反使他用在包圍線上的耗費有所補償。就在這樣巧妙的轉變下，他在月笙眼前一切恢復舊觀。所失者小而保全者極大，自是躊躇滿志了。

此時，月笙存在徐懋棠處有美金五萬元。亦如上述情形，在親友前，月笙喊著他的名兒，當面說清，只此一項，別無轇轕。懋棠裂著嘴兒，含笑點頭，接連地說著：「嘸沒！嘸沒！」這般問答，月笙對於他人，一提便罷；獨於懋棠則不下三番五次之多。其從懋棠口中吐出的「嘸沒」，亦早使旁聽者耳中生繭。

不料喪事初段結束後，由錢新之、吳開先、徐采丞、陸京士、顧嘉棠等組合之治喪委員會正在依照月笙遺囑處理其家務時，懋棠突提出月笙的借據一紙，數額為港幣十五萬元，恰及其存款美金五萬之半數。借據上的筆跡一望即知為懋棠所書，而他亦直承不諱。其借款人名下的圖章，一片殷紅，則確為楊千里先生代鐫而月笙常用的私章。當時錢、吳、徐、陸等固曾飽聞懋棠所做「嘸沒」的諾言，眼前忽又看到鈐有月笙圖章的借據，深感突兀離奇，無從判其真偽。照一般推想，這十五萬港幣，借的如是現款，計有面額五百元大鈔三百張之多。在月笙行坐起臥通常旁侍有人的情況下，大疊港幣，互相授受，絕不能掩盡旁人眼目。而詢據月笙的家屬、侍從，則始終無人目擊此一經過。借的若是支票，則銀行牌號、簽票日期、背書姓名、轉賬戶口，皆有線索可循，不難追根揭底。而詢據懋棠，則始終不肯吐實，只說：「到必要時自會分曉。」因此治喪會的幾位委員，面面相覷，既不願承認此一借據，又苦無法否認此一借據。商洽結果，以減半還款收回借據為折衷辦法，懋棠竟自接受，而在月笙存款美金五萬內扣除了事。

後來這些治喪委員大都去了臺北，於某一次席間，彼此相逢，就中某一委員驀地說道：

「由白相人出身像杜先生那樣講義氣的可說是高風千古了。現在一些白相人，有人氣的已屬不多，還說什麼義氣！他們專吃窩邊草，連兔子都不如啦！」

這突如其來的一番話，大使滿座驚奇。言次復以犀利的目光向另一委員掃射幾下，大家才憬悟到他的話出有因，意有所指。而另一委員心懷鬼胎，不待終席，便託詞告退。原來其中內幕，至此已逐漸揭穿。借據是假，圖章是真。利用人死無可質證，乃施此狡獪，於補償某一方面物質上的缺憾外從而朋比分肥。其編劇、導演，即為當日包圍線上的列兵。而所以由懋棠擔任主角者，即因其握有五萬美金存款，不致落空。這茶壺裡的風波雖屬微渺，而演出者則為其平日寵信的人。屍骨未寒，禍心已起，某一委員自不禁慨乎言之矣。

月笙生平不事居積，即使其在上海逝世，其遺產亦殊有限。除在虹口置有兩處破陋不堪的弄堂房子，住的盡是小戶貧民，房租任由繳付從不追討外，其在蘇州、杭州、青島、重慶大連、北京雖亦置有房產，恐除杭、渝兩地外，其他各處，月笙不僅未嘗住過亦未曾見過。至於住者何人，始終更未問過。此外，他尚擁有相當數量的股票，這裡面有的可以分到官利、紅利，大部分則等於廢紙。如就其畢生收益與資產做一比較，則其所自留者僅占其總收益的極小部分。因此他雖聲名洋溢，而經濟基礎卻很脆弱。這番南來香港，一住兩年，所持資斧，早近於四大皆空境界。李嘉有輓詩中腹聯云：「豪舉人空羨，長貧只自憐。」這「長貧」兩字雖不免過甚其詞，但其捉襟見肘之情，僱自有時難免。他以喘病纏身，悽然下世，誠為其重要死因。而感於囊空瓶罄，來日大難，由於精神上的打擊以加重其病體上的危機，亦不失為一因素。以故，此時其遺屬所能承繼的遺產，上海方面，房產、股票，等於水月鏡花，無可捉摸；香港方面，即如前文所提，由宋子良撥還之本息，美金十萬零九千元，為其絕無僅有之一宗。按照月笙遺囑，遺產分做兩股支配：其一股由其五房眷屬平均繼承，另一股歸其十一位男女公子所有，而於已婚嫁者與未婚嫁者略做等差。其所得之微，就杜氏門第言之，只能視為象徵式的遺愛。但就有志者說來，將相無種，男兒自強，月笙當年原憑赤手空拳打開天下。由今視之，其子女之所席履者已成豐厚，而在精神上之所啟發者，其價值更難衡量。繼志揚烈，應在此而不在彼吧！

二、遵循禮制移櫬去臺灣

這些瑣瑣家事，經治喪委員會處理解決後，已屆死者五虞之期。除舉行家奠外，並為月笙成主。主用木製，故曰木主，亦曰神主。《史記》：「周武王為文王木主，載以伐紂。」可見其源甚古。依據喪禮，率在葬日，於木主未入廟前，請宗親中善書者題署死者名銜於其上。後來踵事增華，富有之家，輒以厚禮敦請科舉出身之士大夫階級，擇日在清曠之處，東向設立香案。就已書就獨於「主」字故缺一點的木主上，以紅黑筆呵氣補滿一點成為「主」字，名曰題主，亦曰點主。曩時木天清祕的翰苑名公以及提學使司教諭、訓導等一流職官，皆被認為題主的最佳人選。因為他們是清貴，其筆下帶有清氣。其於刑部、兵部的職官，雖顯要為現任尚書侍郎，亦被認為大忌，因為由他們筆下帶來的是殺氣，於死者不利。在從前喪家舉行此一典禮時，題主官自其府邸排仗而來，鳴鑼喝道，儀衛甚盛。喪家亦視此為吉事，孝子易服而衣素服，匍匐道左，跪迎、跪送。往年上海愛儷園主人哈同逝世後，其遺屬耗六萬金羅致狀元劉春霖題主，榜眼、探花夏壽田、陳夔龍襄題，一時傳為佳話。此次杜宅所請題主官為許世英先生，襄題官為唐天如先生與屈文六先生。其學位、官階姑且不談，即以其人品道德而言，如許老的歷主慈善事業，唐老的歷主紅卍字會，屈老的皈依密宗，而又皆為月笙生前的至交好友。在這殖民地的香港，遵古成禮，亦不失為美談。

是日，秦聯奎律師特偕其戚女而來。秦老極信鬼神之說，認為成主之日，月笙靈魂，來歆來格，必無疑義。其戚女自幼即具慧眼，往往合眼低眉，朝空膜拜，云見諸天菩薩，適正騰雲而過。乃知其生有異稟，能見實相。因此約她同來，欲視其異。自晨逾午，毫無所見。迄至黃昏前後，其戚女忽然喃喃而語，指著原就飯廳隔成的小屋說道：「來了！來了！跑到那間房裡去了。」其家人因就門隙窺伺，了無蹤影。但驀地嗅到一股藥香，和其生前所服藥品，同一氣味，事亦大奇。

喪事至此，已告全部結束。家人鑑於時局動盪，遺櫬寄厝丙舍，終非久計，必以入土為安。因著手為其訪覓佳城，以安道自窀穸。無奈格於香港法例，月笙在港居住，未滿八年，依例不得落葬。其友人李應生願就其在青衣島私有土地，劃出半弓，作為墓穴，亦未獲許，於是移櫬臺灣，卜地安葬，其議乃決。

民國四十一年十月二十五日，為其靈櫬移臺之期。一切事務，統由李應生親自負責主辦。應生以前在滬，曾擔任月笙和法租界當局的聯繫任務，過從極密。此時他適任東華三院主席，而東華義莊則直隸於醫院之下，自是指揮靈活。該院為防止意外，保護靈櫬安全登輪，事先未經公布，故前往弔客僅有多年親友及恆社同仁等二百餘人。上午九時多東華醫院全體同仁設奠公祭，繼後，各親友循序焚香奠別。十一時靈櫬移出中堂，安置於特備的大型汽車，並覆以素緞，上書「歸依國土」四字，下為前往奠別的親友題名。中午十二時，靈輀抵達敞產碼頭，太古輪船公司已派員工在場照料。李應生偕同親友復於靈櫬登輪前做最後祭奠。祭畢，盛京輪員工已全部準備妥善，啟門迎柩，旋安置於該輪大艙，隨輪侍柩者為姚夫人及公子維垣、女公子美如、美霞等。

下午五時，該輪啟碇，於白茫茫一片浪花裡，直向臺灣駛去。二十七日午後七時半，駛抵基隆港口。碼頭上迎靈親友已到有許世英夫婦、李石曾夫婦及洪蘭友、陶百川、吳開先、程滄波、陸京士、蕭同茲等三百餘人。八時三十分，靈櫬在哀樂聲中自該輪以起重機徐徐移吊登岸。其時基隆當地人士，紛紛聞訊，空巷來觀，相與咨嗟歎息。八時五十分，首由許世英、李石曾、洪蘭友等致祭，旋由基隆市輪船公司致祭。迄至九時，乃由四周滿綴素花的大卡車載運靈櫬直駛臺北，寄厝極樂殯儀館。

三、寶島長眠英名存任俠

民國四十二年六月二十八日，為其靈櫬在臺灣安葬吉期。事先由于右任、王寵惠、許世英、陳誠、張群等三十五人組織安厝委員會，並推定陸京士為總幹事。其勘察墓地工作則委託祁大鵬先生負責辦理。祁為陝西人，擅青烏術，亦為月笙生前好友。經半年以上的探測，始卜定墓址於臺北縣汐止鎮大尖山麓，背東南而向西北，其西側為靜修禪院，蒼松如海，梵音欲流，景幽氣爽，合是長眠之地。

上午八時起，弔客絡繹而來。素燭清香，煙雲繚繞，先後奠者千餘人。其參加公祭之團體，計有國大代表江蘇聯誼會、全國工業總會、全國商聯、船聯兩會、上海市新聞界同仁、上海法政學校校友會、司法院、交通銀行暨恆社等各單位。最後為安厝委員會致祭，主祭于院長右任，陪祭為許世英、王寵惠、吳三連等三十餘人。十一時移靈發引，由警察局摩托警車前導，繼為喪旗、素坊、樂隊、遺像、靈輀，而殿以執紼者所乘之汽車百餘輛。十一時三刻抵達汐止，於當地鎮長李勝德獻祭後，靈櫬改由扛夫十六名抬往大尖山麓墓地。十二時正舉行安厝典禮。午後零時三十分，靈櫬進厝，殯事至此，乃告完成。月笙的一生大事，亦即於此終局。

筆者孤陋寡聞，斯篇之作，實不止於掛一漏萬。以後雖有若干軼事，作為附錄。但就外傳言，這是最後一章了。

綜觀月笙生平，崛起滬壖，長埋寶島。中經百變，無忝厥生。履綴明珠，遺緒獨承黃歇。香傳俠骨，餘風遠紹朱家。縱乖繩墨之常，何礙聲名之盛。即今三十載煙雲，都成過眼，此後千秋月旦，且待明公。謹錄于院長輓聯及張一渠先生輓詩，以為斯篇之殿。

于院長聯：

艱危知勁節；
然諾重平生。

張一渠先生詩：

繼日無光失斗庚，秋風秋雨夢魂驚！
人間豪氣今安在？世上囂途那得平？

避地多艱嘶後死，激天有淚哭先生。
亦知修短關時會，邦國長存任俠名。

附錄

關於月笙的逸事軼聞及其有關事項，茲特比綴作為附錄。雞零狗屑，原為傳外文章。酒後茶餘，聊備清談資料。

馬援誡兄子嚴敦書云：「杜季良，豪俠好義，憂人之憂，樂人之樂，清濁無所失。父喪致客，數郡畢至。吾愛之重之，不願汝曹效也。……效季良不得，陷為天下輕薄子。所謂畫虎不成，反類狗者也。」就門閥言，季良於光武時為越騎校尉，自非月笙之出身低微所可並論。但就作風、行徑而言，在某些角度上，月笙卻不失為克繩祖武。後來季良因仇人上書訟其行浮薄，亂惑群眾，免官。則月笙既未貽類狗之誚，而結局似反較其先世為勝。至於馬援之所論列，悠悠千載，仍為顛撲不破之談。

一、自鑄典型

月笙既自鼓鑄為另一種典型人物後，其姓名即被人用為勾劃其同型人物的代表名詞，而冠以其人所在地區以資識別。如潘子欣之為「天津杜月笙」，劉秉炎之為「漢口杜月笙」，即為較顯著之事例。他如范麗水之為「北京杜月笙」，劉正康之為「蘇州杜月笙」，林滾之為「廈門杜月笙」，張阿堯之為「香港杜月笙」。一時名城大邑之中，幾皆存在著這樣的影子。

就中的潘子欣，人稱「潘七爺」，在津、沽一帶，手面闊極。他是蘇州人，祖籍徽州。潘姓在蘇州為盛族。但子欣的世系出於衛道觀前潘家，而非出於潘文勤公（祖蔭）的海洪坊潘家。子欣少年挑達，意氣甚豪。因在閶門內滄橋濱私娼窩裡，與奚萼銜族人爭風吃醋，釀成毆傷人事件，為當時蘇州臬臺朱瞎子廉悉，嚴令吳縣縣令拘案究辦。子欣於是逃往日本，學習蠶絲紡織。其後回國，寄跡京、津，人多誤為潘文勤公的子孫，相國後昆，刮目相視，因得與縉紳名流及蒙古王爺周旋晉接，徵逐交驩。由於他的器度恢宏，手腕靈活，又加上一班蘇小鄉親如盧少棠、潘筱九、諶則高等的擁簇標榜，成為連雞之勢，於是他以蘇人而在天津闖開市面。他與月笙南北並雄，沆瀣一氣。抗戰時期，他和軍統亦曾發生聯繫。月笙在華北方面的活動，有時借助於子欣者頗多。勝利以後，此公以望七高齡，猶自徵歌選色，婆娑起舞，真所謂老子興復不淺。比之月笙的痼疾纏身，自是得天獨厚。

劉秉炎原為漢皋本土著，因地乘時，氣派不弱。他與月笙向有交往。加以漢口太平洋飯店創辦人陸子樵，是屬月笙舊友，居間聯繫，自更親密。

至於北京的范麗水，為鎮海人，在京開設長安飯店。據說他曾投拜北洋政府財政總長張英華門下，張為青幫中「大」字輩，故范的輩份亦不甚低。在這首善之區，應肆招徠，長袖善舞。他和月笙原不相識，某年來滬，特地登門拜訪。兩「雄」相遇，自是惺惺相惜。范的出手亦極豪爽，一口氣賞給杜宅的隨從、侍役等大洋一千元。而於月笙贄見之禮，卻不甚厚，但具匠心。所送的是北京某一名畫家的《朝陽鳴鳳圖》一大軸，其時此一名畫家已早下世，而上款則居然是如假包換的「月笙」兩字。原來張英華又號「月笙」，范既存心與杜結納，故特從張處乞得此畫，持以南來，轉贈月笙，自妙不可偕。想來范某其人，比之傖夫市儈，還多喝些兒墨水吧！

按之他們所擁有的潛力，就個別地區言，與月笙地醜德齊，殆相伯仲。但以全局論，上海為華洋總匯，月笙人緣特好，地靈人傑，實至名歸，故能在此一流品中獨具「江漢朝宗」之概。現雖進入原子時代，世路翻新，可是這類舊典型卻還存在。據筆者所知，目前日本華僑中既有「東京杜月笙」其人，即遠在美國，還有一位「舊金山杜月笙」呢！

二、生活瑣細

月笙的身邊瑣屑，茲先從吃、著、嫖、賭說起。上海人打話：「吃是明功，著是威風，嫖是落空，賭是對沖。」這些話詞明義顯，無待解釋。月笙於明功並不講究，於威風亦不貪圖。獨於對沖則興致頗高，於落空則顯其本色。話說回來，他卻不是一擲百萬的劉盤龍，也不是三百兩紋銀吃杯香茶的王公子，在這樗蒲女色之間，他的揮金如土還寓有其交際聯絡的作用。

（一）吃

二十七年冬，他和錢新之、王正廷等經安南一路由香港前往重慶，在抵達昆明後，雲南省主席龍雲予以盛大招待，席上供設象鼻、鹿筋、熊掌等名貴菜式。月笙礙著主人面子，異味當前，不便停箸。但於這類山野奇珍，他實在不敢領教。只得循著份兒，呷上幾匙湯汁，敷衍了事。唯王正廷酒量既豪，胃納甚健，隨意飲啖，大快朵頤。月笙回寓後，趕囑隨從，炒上一碗蛋炒飯，饑腸乃解，捫腹稱快。大概這一獨味兒最適合他的胃口，遇到事忙時晏，不能及時進餐，只消如此這般，佐以雪裡紅一小碟，已夠他吃得津津有味，齒頰生香。他在接洽「高陶反正」這一事件時，往返奔跑，往往深夜猶未進食。他的保鏢陳繼藩日夕隨侍，行動不離，為防飢餓難熬，預製山東饅頭，隨身自備。月笙有時亦即從他手中，取去半握，用口液送下，隨行隨嚥，並不嫌其粗糲。他於西餐頗無好感。在重慶時，遇到國慶與元旦，國府舉行慶祝宴會時，備的全是西餐。有次，他在參加後向著人說：

「我和新之先生都不感味，枯坐終席，整整的兩份西餐全送給鄰座的劉文島包辦了。虧他量大幅大，照單全收，居然嚥納得下。」

就這些事故看來，月笙在吃的方面，確是馬虎，絕不貪食。莫說比不上老饕饞獠，即以其手下的祕書左青而言，單吃一頓西餐，總得跑上二三家菜館。某處湯濃、某處肉嫩、某處布丁可口，他都舌本曾經，胸中了了，甲處吃完，趕往乙處。甚至一盞黑咖啡，亦須擇其愜心處所。月笙視之，應愧老闆還趕不上夥計吧！

（二）著

談到穿著，他自脫下鴨舌帽，卸下短褂褲，改穿上長袍馬褂後，配著他的尊範，也自顧影翩翩，絕不像顧嘉棠那一流的挺胸突肚，依舊是強盜扮書生的模樣。可是當時所說的那份「流氣」還隱約可尋，敞著頷下的鈕扣兒，套上熠熠生光的鑽戒，多少還使人發生異感。在經過一段時期後，領下的鈕兒扣上了，指上的鑽戒褪去了，嘴頭上的「三字經」也盡量地節制著了，一位陌生人絕不易識透他是從那一個環境出身的人物。獨有一個烙印是他終身所未能磨滅的，那就是他在左手膀上刺著的藍色小雀子。後來，他在私宅裡，三伏炎天，照常穿上汗衫短褂，衣襟楚楚。有人勸他不必如此拘束，盡可寬襟解帶，迎風招涼。甚至穿件汗馬甲兒，在這燕居之暇，亦自無妨於事。

他總笑著對人說道：「你知其一，不知其二。我手下這些傭人，多是紅眉毛、綠眼睛的。如果我僅穿件汗衫，他們必進一步裸著上體。如果我穿上汗馬甲，他們必更進一步渾身只剩下一條短褲。我這裡當然算不上名門大宅，但我的傭人多，往來的朋友上、中、下三等都有。如果全屋子來來往往的都是些穿短褲的漢子，我這杜公館豈不變成大混堂？因此，我只好熬著熱，冒著汗，受著這點不大不小的罪。」

在上海時，他曾穿過軍裝，揹過皮帶。在香港時，他曾西其裝而革其履。在由貴陽飛越芷江時，他也曾穿上黃色卡嘰布的中山服。他是個高高的身材，相當的瘦，腰部總有些兒彎縮地不甚挺直。所以他穿上這類服裝後，為保持著筆挺的姿態，深苦渾身不是勁兒；而在他人看來，也有「望之不似人君」之感。尤其是那條硬領和那雙皮靴，緊緊地箍著頸兒、腳兒，使他好生難受。往常他所穿的緞面鞋子，多由萬墨林代穿到軟熟時他才上腳，這皮鞋卻不是一時穿得軟的，而那硬領兒更無人可以代庖的，所以他非在必要關頭，對於這類服裝總是敬謝不敏。他最覺得暢心適意的，是在穿著半新不舊的短褂，躺在榻上，讓人給他捏著腳趾，搥著小腿。那時他的雙眼瞇睎起來，成條縫兒，似睡非睡，入於遊仙之境。

可是，後來他於浴身卻大不感興趣。他原雇有專人，擔任這項差役。據說必待再三勸導後，他才肯入浴。有時僅洗半身，便匆匆地擦乾離去。筆者在重慶和他相處四年，山城燠熱，汗流如瀋，巴不得終日浸在浴缸，藉滌煩暑。他卻只在不得已時，揩沐一過，從未聞其通體洗濯。

（三）嫖

嫖和賭是有其連帶性的。上海最下層的賭窟為三瓦兩舍間的臨時賭棚，等而上之，有中型總會和高級俱樂部。上海最下層的人肉市場為花煙間，等而上之，有么二堂子和長三堂子。但這只就一般而言，其他旁門左道，五光十色，不一而足。除卻賭棚以外，嫖、賭總是揉合著。呼盧喝雉之間，陪侍的盡是鶯鶯燕燕。月笙隨著他經濟能力的發展，各樣風光，諸般旖旎，不僅身歷其境，並軼出於一般範圍。

先言嫖。長三書寓，平時做個「花頭」，照例只是十二元。客人買票，三元一份。那時王曉籟擔任公和祥總賬房。應酬買票，出手二十元，已屬極「闊」。可是月笙「闊」上加「闊」，一擲便是五十元。書寓中又有固定花頭，如新年開張要做花頭，待仙（齋仙老爺）要做花頭，宣卷（本家或姑娘生日）要做花頭，張羅設網，無非要諗客及時報效。月笙於其屬意的人，每次所費，總在六千元至一萬元之譜。有時北地名花，移幟南來；漢皋神女，順流東下。「綠章夜奏通明殿，為乞春陰護海棠。」潘子欣、劉秉炎等已先馳函相抵，請加關護。月笙受人之託，推愛及烏。見色迷心，捧場唯力。於是呼朋嘯侶，排定日期，分做花頭，十天半月中，盡可連綿不斷。此中嬰宛，雖以賣嘴不賣身為標榜，其實掛的羊頭，賣的狗肉。除向京劇名伶，獵取對象，解佩投懷，羅為面首外，其於俠林豪客，亦樂於推襟送抱，通夢交魂。月笙在此眾香國裡、迷魂陣中，宛如穿花蝴蝶，大受歡迎。

當時有所謂唱「小熱昏」的，專就時事編成歌謠，類似東鄉調，不用樂器，僅以〈折枝〉做節奏。黃昏前後，沿街賣唱。便把月笙的豪情勝概，作為此中資料。嬉笑怒罵，皆成文章。月笙聽來，不以為忤，反賞給五十大元。夢裡見太陽，樂得這班小熱昏合不攏口。蘇州唱文書的王寶慶，又把這些情節製成「開篇」更得月笙賞識，先後贈金，不下千數。

後來，他們又倡行所謂「打發叫化子」的活劇。原來煙花之地，在叫化子看來，等於佛門勝蹟。來到的人，都是廣結歡喜之緣，施捨幾文，並不計較。因此華燈初上，此輩便已鵠候其間，伸手討錢，惹人憎厭。月笙等仿著「齋僧」辦法，吩咐從人，照著人頭分給，免得嚕囌。這消息傳揚出去，以後只要月笙等座車駛到，叫化子已密麻麻地站上一群。這項開銷，每次總在百元以上。

（四）賭

次言賭。在前一期有雅歌集、久記等票房、申商俱樂部、寧商總會；在後一期有律和票房、蘭社票房、中華公記票房、泰昌公司、海關俱樂部、航運俱樂部等。名義上是公餘休憩之所，絲竹管弦，中西菜點，設備甚周，供應自便；實際上則為銷金賭窟，變相陽臺。一面是「花燭底鬥牌博綵」，一面是「肉屏風翠繞珠圍」。胡帝胡天，卜晝卜夜。這裡面的寧商總會、中華公記、泰昌公司就是月笙經常光顧之所。就賭局論，武場大過文場。一場「牌九」、「搖攤」的輸贏遠非「麻雀」、「挖花」所能比擬。這「牌九」、「搖攤」的大場面，杜公館是經常設局。每場輸贏，總在二十萬至五十萬左右。參加者為盛澤丞、朱如山、鍾可成、周文瑞、盧少棠、尤菊蓀、唐生智、唐生明、張嘯林等一流豪客。

有次，張嘯林輸給盛澤丞三十萬元，當場開支票一紙。不料隔日嘯林登報聲明，該票遺失，盛老四分文無著。這是上海人所說的「鴨屎臭」，月笙在那一時期亦深感臉面無光。此外，極司非而路的胡家，偶有牌局，大率為宋氏兄弟、胡家（筠莊）昆仲以及葉琢堂等，月笙自為其中之一，而俞大維亦偶為入幕之賓。

抗戰以後，月笙離滬去港。無邊風月，化為彈雨硝煙。此後襟懷，轉怯樓高花近。固不僅因其已越中年，而後始趨平淡。當他到港之後，其膩友不久亦自追蹤南下。月笙已先得報，密託龐京周醫生於她抵埠之際，登輪相訪，著其仍乘原輪，回到上海，始終阻截著，不讓登岸。這不是他的絕情，只覺得那個年頭，已不容他舊歡可拾了。

勝利以後，為了蘇北賑災，上海曾有「選美」一幕，以售賣選舉票的款項，轉賑災民。結果王韻梅膺選上海小姐，謝家驊為亞軍，劉明德為殿軍。又選出言慧珠為平劇皇后，韓菁清為歌后，管敏莉為舞后。韻梅原名國華，為一小家碧玉。曾操摟抱生涯，軟步輕腰，蜚聲舞榭。後以交際花姿態，周旋於几席之間。其人雖非絕代風華，而婉娩柔媚，風格頗高。范紹增於狄太太處一見傾心，引為密友。這時選美事起，韻梅參加競選，紹增報效，自屬義無返顧。可是群雌角逐，爭欲奪此榮銜。因而選票行市，此起彼落，隨時加碼，所費不貲。紹增貌似慷慨，人實精明，覺得使的全是灰錢，而又勢成騎虎。於是由月笙幕後撐腰，邀集川幫巨子，上海富豪，大賭連宵，抽頭極鉅，即以抽頭所得，轉為買票之資。於是此一空前嘉號（以前上海只有選舉花國大總統），得由王韻梅手到拿來。月笙體羸病發，卻仍虎老心雄，雖大帝之寶刀已鈍，難事征誅，而祿山之指爪猶全，盡堪摩撫。他之願充硬裡子，也許不僅為解紹增之圍吧！

（五）舞

上海華人所設之舞場，以任矜蘋的「黑貓舞廳」為其嚆矢。當時國人諳練舞者為數不多，「黑貓」營業因是不符理想，旋告停業。及至風氣日開，習舞者眾，舞業才由逐漸推展而臻於鼎盛之況。月笙於跳舞原屬外行，勉強下池，只知朝前推進，其於步伐、音樂，均非所諳，比之王曉籟之踱方步式猶遜一籌。但醉翁之意，不在於酒。群雌粥粥中，圓臀聳月，俏眼生波，合掌搦腰，香溫玉軟。比之長三書寓，另有一番情調。因此各大舞廳，盡有他的蹤跡。後來高鑫寶在麥特赫斯脫路開設「麗都舞廳」，其原址為上海「地產大王」後輩程貽澤住宅，占地甚廣，點綴園林、花木之勝。鑫寶稍加修葺後，闢有大舞池、小舞池及游泳池。並就餘屋另闢精舍，陳設煙榻，專備知己朋友歇腳過癮。酒菜茶點，應有盡有，更自不必說了。月笙來時，多在精舍盤桓。臨時徵選舞海名雌，依依襟袖之間，左挹浮丘，右拍洪崖，放浪形骸，百無禁忌。不必真個銷魂，已苦歡娛夜短。這於月笙賞樂，確是方便不少。

當時和月笙共逛舞場的多為王曉籟、張嘯林等。此外，前呼後擁，附以一批所謂「跟屁頭」的朋友。月笙等在這稠人廣座之中，只是呼召舞孃，陪座談笑，多份帶點矜持態度。逢場作戲，適可而止。可是那班「跟屁頭」朋友，仗著渾身蠻勁，摟住舞孃，如老鷹抓上小雞般，在池內東旋西轉，盡是無休無歇。有時碰到「觸眼」舞客，使藉起舞機會，撞人肩胛，踢人腳脛，必使其人「棄甲曳兵」，才感滿懷暢快。如果他們屬意的舞孃，隨客坐檯，略呈媚態，落在他們眼裡，那就等於在太歲頭上動土，不難醋海興波，大打出手。因此一般舞場主人，自問「道行」不夠的，看到這批神聖，總是奉承巴結，委曲求全。否則在他們陰損之下，保證霉頭觸足。

猶憶「八・一三」抗戰後，「維也納舞廳」正在昏燈蝕魄，靡樂迴腸，男偎女抱，意密情濃之際，忽見蠟板之上，有物曲折迴旋，蠕蠕而動，諦視一過，原來盡是水蛇。嚇得舞孃們花容失色，尖聲怪叫。舞客們腳底搽油，奪門而走。一座金迷紙醉之場，霎時間搞得捲堂大散——這便是他們的傑作。但一面還以國難期間不應跳舞的大題目，裝門點面，而實際只是向舞廳老闆報怨鬥氣而已。

（六）皮黃

遊藝之中，月笙最感興趣的為皮黃一道。所有海派名伶、京朝大角，他都樂意周旋，勝緣廣結。至於一般角兒，無論為雌為雄。外路來的，或本地紮起的，露演以前，循例得到杜府拜訪。男的請安，女的萬福，給他還出規矩。投桃報李，他自會捧場如儀。如果是他認真賞識的，遮莫來時是土包子的模樣，一經品題，包管有聲有色。因此京劇角兒中，投拜他門下的大有其人，認做乾爹的亦自不少。

月笙本身所學到的京戲，卻大大不敢恭維。據說，他的戲是由京劇名花臉金少山哥哥金文中所教的。學來學去，恐只學過《連環套》裡黃天霸一個角色。月笙是浦東人，浦東鄉音在吳語系的區域中最為重濁，若叫他彎著舌尖兒打京片、咬字音，行腔使調，壓根兒不易討好。他是高個子，登上粉底靴，戴上英雄帽，更嫌高度過人，功架不足。加之臉上無戲，舉手投足平板生硬，全不夠味。而和他配搭這齣《連環套》的，老是張嘯林的竇爾墩。無獨有偶，他倆往往在臺上忘了「轍」兒。但嘯林仍自有其取巧法門，借仗著竇爾墩手中的大摺扇，遮蓋不少。原來他預將大段劇詞謄寫在扇面上，遇有必要，將扇灑開，隨看隨唸，猶可敷衍了事。可憐黃天霸在戲臺上卻是白手不許持寸鐵的。所以月笙一到忘了「轍」兒，只見兩眼翻騰，喉頭咽哽，透著滿臉尷尬。便在此時，臺下大大地起鬨了。鼓掌的鼓掌，喝彩的喝彩，一片喧嘩，早將全場鬧透。直待他把下節劇詞接上，才逐漸地平息下去。藉此過關，總算掩卻外人耳目。所以，他票戲一場，隨身帶去的人馬，著實不少，其作用亦等於嘯林的那柄大扇耳。

月笙第一次票戲是在無錫，為榮宗敬五十誕辰祝壽。他最後一次票戲是在漕河涇，為蔣先生五十誕辰祝壽，那時緊接「西安事變」之後，他自是格外起勁。中間為賑災義演，粉墨登場，亦有多次。和他同時票戲的，還有王曉籟唱的黑頭，實大聲宏，功力自非月笙所及。但曉籟某次演《空城計》中之司馬懿，居然揮軍殺進西城，嚇退諸葛，則為京劇中之創舉，月笙自更無此滑稽。勝利以後，馬連良等一流名角，因曾參加偽組織方面的演出，受嫌為黑名單中人物，大起恐慌。月笙為他們上下打點，曲意彌縫。其致當局的說情信，竟勞動章士釗的大手筆，可見其維護之殷。

月笙在最後一次來港，每逢週五晚間，宅中必有清唱。趙培鑫、吳必彰、錢培榮、朱文熊、杜維屏等多是屆期必到。月笙對景興懷，有時亦哼上幾句。在其將近病故以前，還曾錄音一番。

（七）電影

至於曩年在滬上新興的電影事業，如張石川、周劍雲等都是他的門徒。他於這一行雖無深厚興趣，但在電影界的糾紛上，他卻曾參與其間。他於中外影片，儘管其為王牌巨製，絕少寓目。他前後旅港八個年頭，僅到過「皇后戲院」一次，不及終場，便先退席。但於當時的女明星，他卻在倚翠偎紅之列。

（八）功夫雜耍

以前，杜公館的大門，不似他勝利後移居「十八層樓公寓」時那般嚴緊，總是敞著的。一些走江湖的朋友，竄過大門，便有見到他的機會。於是用舌頭蘸墨作畫的、用指頭寫字的、唱道情的、耍把戲的，都能在他面前呈身獻技，討個肥大的賞封。而拳師、力士，由友好介紹而來，更能得到他的招待。

某年，四川聞人范紹增推薦一位張姓的從四川來滬，據說擅踏梅花樁及壁虎功。月笙原有一位名叫高守武的高徒，練硬功、諳技擊，於上海「大世界」國術比賽時曾膺亞軍之選。張姓到了杜宅後，守武藉握手機會，蓄意試探他的份量，正在鼓足手勁要使他身隨手軟的當兒，張姓的手已從守武掌中滑出，躍去數尺地。據當時目擊的行家說：「守武硬功有餘，張姓輕功不弱。」當時高鑫寶、顧嘉棠等特地在海格路「丁香花園」布置梅花樁子，請張姓表演。他在離地丈餘的樁子上，控縱跳躍，雖覺身輕手穩，但演來並不驚人。倒是壁虎功確有幾分道地功夫。他能就平滑的粉牆上，以其胸部或背部緊密結合，由著手和腳的不斷提聳，把整個身軀緣牆攝上。他又昌言，可以潛蹤入屋，來去無蹤。約定某一夜間，他將潛入杜宅。屆時杜宅前門、後門，以及廳堂門窗，一律嚴扃緊閉。通宅燈火，全部熄滅。月笙等一行全站在院子內，翹首天空，張目以待。時移刻轉，卻始終消息全無。大家於敗興之餘，認為是大言欺騙，先後退回宅內，扭亮電燈。正將後廳廳門推開，前廳燈光射入之際，驀地發覺後廳靠背椅內，有一黑影緊貼其上。於是忙把後廳燈火扭亮，則此一張姓正以嬉皮笑臉的姿態呈露於他們的眼簾，真可謂神乎其技矣！

又當時孫祿堂大師和月笙亦時有過從，月笙屢夥其顯露身手，大師從不理會。後來有一天，他們都在新新旅館的長期房間內，擺著龍門陣。適有一老鼠在腳跟竄過，大師從梳化椅上偶一俯身，這頭老鼠已被他夾在兩指之間，吱吱而叫。其穩準快速，就在這一短幕裡向月笙交代明白了。

勝利後，震旦大學樂老師，以氣功為月笙治病。此公內勁之深，當不止於十年磨礪。在上海蒲石路鄭宅一次宴會中，樂老師率徒表演，月笙等一行做壁上觀。鄭宅飯廳與客廳相連，長度約近四丈。其徒自一端拔步進攻，樂老師只將右手伸入長袍前裾內，四面揮動，在相隔約二丈的距離間，其徒不僅掙扎難前，且東搖西擺，身不由主，傾仆於地。始終無法近身，更談不到「交手」兩字。而席上的杯盤碗盞，則在右手揮動後，若被大力震撼，已早左欹右側，相撞作聲。樂老師旋仰臥地板上，吩咐任何人盡以狠勁用手掌向其喉核砍去。當時客廳人眾在面面相覷下，大家都推顧嘉棠出馬。哪知嘉棠此時亦只有退後份兒，萬萬不敢莽撞。就中惱起了京滬甬兩路管理局警務處處長王兆槐來。初生之犢不畏虎，自負有幾斤膂力，竟挺身而出，運足掌勁，猛向樂老師喉核劈下。正在眾目睽睽之際，突見兆槐趕將手掌縮回，踉蹌倒退，一面雪雪呼痛。而樂老師則在呼痛聲中一躍而起，整理衣襟，神完氣足。

至於月笙貼身的幾位兄弟中，其手把子以葉焯山為最穩，槍法尤見高明。他可從百步以外以手槍擊中嵌在柱子內制錢的方孔。比之高鑫寶之高軀健骨、顧嘉棠的臂壯拳粗，著實高明不少。月笙比來，更不足道，只在嬰孩學步階段。

（九）識字、寫字

但月笙此時已瞭然此後立身持世，已不須在技擊上較短論長，而於閱讀能力，則孜孜地認為必須提高。他雖未曾受過教育，好在智慧並不後人。他從小書說部上識字學起以至逐漸理解大意，其間確實下過功夫。後來在應用上，他於閱讀普通書信及報章刊物，雖不免碰上「攔路虎」，但由頭到尾，已能心領神會。

他在參加社團活動後，又感到習字的需要尤在識字之上。因為字之識與不識是內在的，還有濫竽充數之可能。而集會時的簽名必須當場表露，無從閃躲。請人代筆，總覺不甚體面。於是他每天騰出片晌工夫，臨池摹寫，由徐慕邢加以指教。畢竟寫字比識字還難，行家們猶難免於塗鴉之誚，何況是他！所以，他於「月笙」兩字，久練之後，總算可以應付。而於那個「鏞」字，則因筆畫過多，方寸之間，往往寫成一圈黑餅。陳定山先生於其紀念文中，有云：「其作押，輒曰『鏞』字——桀，吾無奈何爾矣。」確為紀實之語。

其在晚年，因經歷已深，與一般文人浸漬漸久，文字之事，不無體悟。雖無法畫寫自如，而於信札中詞氣之輕重，語意之顯晦，似能加以辨認。有時指出，還不失為中肯。

三、熱心興學辦報

月笙於教育事業，相當重視。於上海北新涇創辦正始中學，聘陳群任校長。規模頗大，管教從嚴，在當時上海中等教育範圍內，頗得社會讚許。其於文化事業，則與新聞事業獨具淵源。他的參加合作，似以擔任張竹坪所辦的「申時通訊社」董事長為其開始。老實說，在當時上海社會所認為毒物之中，新聞記者卻居其一。以故他與報業發生聯繫，自有其著眼之點。而因其潛力的發展，一般報館在無形中固難免受其影響。因此有些社會新聞，在他控制之下，往往銷聲匿跡，報紙上不見隻字。上海的小型報紙自由「通紅老頭子」張丹斧的《晶報》獨闢蹊徑後，一時上海小報，幾如雨後春筍，應時而興。其中風花雪月，無所不談。而含沙射影，戚否人物，攻訐陰私，亦多信筆所之，無所忌憚。其中激於義憤而以吐鯁為快者固不乏人，但藉此伎倆實行敲詐者亦自不少。無問其出發點如何，惹是生非，總難避免。於是月笙成為此中布袋和尚，其居間聯繫，則由其高徒唐世昌獨馬當先。

勝利後，由於人事上的需要，他擔任了《申報》董事長，又兼任《新聞報》董事。章士釗於其時一度出任《申報》主筆，間寫社論，猶是《甲寅雜誌》時代作風。縱為經世文章，惜已不合時尚。有次其文稿被人竄改幾字，之怒之下，拂袖而去。此外，月笙又擔任上海《商報》董事長，駱清華為總經理。清華的思想相當新穎，在上海易手前，《商報》態度已被猜疑。但因白報紙的配給操於政府之手，此一猜疑必須設法消釋。月笙處此夾縫之中，大感吃力而不討好。至以新聞從業員的身分於他執弟子之禮的，則有汪松年、趙君豪、唐世昌、余哲文、李超凡、姚蘇鳳、嚴服周、毛子佩、朱庭筠、張志韓、莊存廬、郭永熙、葛家珍等凡數十人。

四、上海保鏢多

從民國十二年起，上海經過「齊盧之戰」、直魯軍南下、孫傳芳「秋操」、畢庶澄退出淞滬，以迄北伐軍奠定東南，戰事連綿六年之久。在每一次戰役後，散兵游勇，接踵街頭。槍枝、彈藥，散失民間者自亦不少。其間盜竊案件，時有發生，華洋當局雖有合作協議，維持地方治安，但因華界與租界，各有管轄權，如發生在租界的案件而罪犯遁入華界後，縱然探悉窩藏地點，卻無法直接追捕。必須另起爐灶，購線踋緝，於接近破案時，備具公文手續，關會有關方面，才能拘拿到案。因此，原為投足舉手間可以辦妥的案件，往往勞師動眾，煞費周章。今日看來，已成笑話，而當時事實確屬如此。綁票案件，亦即在此一階段連續發生。其間槍決的如陳長根（諢名「橡皮膠長根」）、帥玉亭（諢號「帥老四」）等，都是積犯。而公共租界的陸連奎、黃老闆（金榮）公館的王文奎，則為應付此類案件的好手。連講（數）帶破（案），確有他們的一功。

上海的富翁要出外接洽生意，富翁的家屬更要出外散心解悶，既難株守，自無法避免綁匪的覬覦。他們在接到恐嚇信後，雖說報捕房，裝警鈴，雇用武裝巡捕守護，緊急地布置應變設備，可是這些措施，僅限於家庭方面；如果出外，治安機關哪有如許警員隨同行動，跟蹤護衛？於是裝甲汽車與白俄保鏢，盛極一時。按理，山東壯漢或退役軍人，一樣懂得開槍護院，何必雇用白俄？殊不知道裡面又自有其文章。原來白俄碧眼黃鬚，道地番鬼。在他們想來，較黃面孔的同胞，似更足寒賊膽。外加白俄在上海，無親無故，人地生疏，絕不會串聯匪類，吃裡扒外。這倒是正確的見解。出於白俄有此長處，因此流落街頭的沙皇王朝貴族而在上海人口語中的羅宋癟三，很是吃香，人多樂用。如當時在滬的炒金大王、港澳聞人林炳揚（人稱大林），出門時一部奧奔大轎車裡，配備著三個羅宋保鏢，形影不離。上海江關監督唐海安亦由羅宋保鏢伴著出入租界。尤菊蓀日夜帶了四個羅宋保鏢，日間跑洋行，夜間跑堂子（按即妓院）。他們制服輝煌，身材結實，老一輩的上海人都曾親眼看到。

可笑的這班羅宋阿大往往比主人先喝醉，譬如尤菊蓀於深夜從堂子應酬回家的時候，主人還是眉目清醒，而這班阿大已自醉得東倒西歪。在一車之內，往往菊蓀背上靠一個，菊蓀腳下踏著一個，而在前座上又渴睡著一個。如果此時綁匪出動，十個尤菊蓀也就綁去。既為笑話，更屬奇觀。

五、排難解紛萬能救主

筆者追憶當年的大綁票案，除南潯富翁張石銘案、上海地產大王程麻皮的長孫貽澤案、通商銀行經理盧少棠案外，目前中共「副總理」鄧小平亦曾被擄而割落半隻耳朵（其父為淞滬護軍使何豐林的老參謀長）。其時月笙既要忙大公司（煙土）的事，忙調解工潮的事，忙當局委辦的事，還得分神忙著那批豪門巨室所出的禍事。因為那批出了事的豪富，一面怕被騙棍趁機搏亂，虛耗金錢；一面又怕所託之人，不能夠格，反多貽誤。異口同聲，都奉月笙為「萬能救主」，求他挑起擔子，全權處理。還有些富家深恐與月笙交淺未便言深，輾轉地求到大面子箍住他必須出力營救。月笙四十年縱橫海內，最大好處就是有求必應，一諾千金（非金），從不出爾反爾。因此，他便沒法不忙得團團轉了。

又那時的上海有所謂「五害」，不少集團視為三百六十行以外的行業，從事經營：一是包辦析產官司。比如，被繼承人早經屍骨成灰，突然族中來了一人要求分受繼承權益，由請律師起訴開場，直到白相人「講經頭」、「叫開」結束。二是名女人的「開條斧」，包括桃色糾紛和米飯官司。三是富家外室遺妾要求認回所生子女。這是由國民政府所頒「親屬」、「繼承」兩章新法律所引起的糾紛，與繼承官司同樣地風行一時。四是放麻衣債，這是富有之家的不肖兒孫，因為長輩管得嚴、沒錢花，等於粵人所謂「失匙夾萬」。於是借麻衣債；言明等待披上麻衣帶了孝，繼承遺產時還款。借到三萬，在筆據上往往寫上十萬，因而發生轇轕。這四害以外的一害，便是上文所說的「綁票」了。

在這五害之中，無論哪一「害」，月笙每以一身而當兩面之衝。在奸徒方面：他們估計好了，最後總是他出來圓場。他固主持公道，但在菜刀切豆腐之下，兩面沾光，他絕不會幫洋（指洋盤，即不在帶幫的空子）吃相（即相富，指在幫的），也就不會戲唱全齣，弄到兩敗俱傷。在富家方面：闖出禍來最好拖得過。如果這禍事是必須趁早「擺平」的，橫豎上海灘有個杜先生，只要他肯點頭，天塌下來他盡頂得住。因此，儘管月笙閉門家裡坐，而由於他的存在，更是「事」從天外來。一般有錢的家長們，亦即因此之故，囑咐兒孫投拜杜門，尊以師禮。因為在他們的眼裡，月笙等於「石敢當」，無論在他們生前死後，可以為其子孫嚇退野鬼，擋住遊神。一經拜門，以後便可百無禁忌了。

與此同時，又有上海金業交易所的風潮。蔣先生於民國二十年間，曾有一通振奮人心的電令，其內容要點在於戒誡公務人員「不得與民爭利」。手揮五弦，目送飛鴻，內中大有文章。首先是因宋子文與張公權（嘉璈）在金業交易所中鬥了幾個大回合，宋的中央銀行是屬新興勢力，當時還鬥不過根基穩固而由張公權掌握的中國銀行。可是後來由於宋的施展手腕，把張請入中央銀行擔任總裁，一面是釜底抽薪，一面卻是將鬥敗的後果套在張的頭上，使他不能不自動設法彌補。其最後勝利，雖說仍屬於宋，但如專就商場鬥法而言，官方尚非商人對手。後來，因由官僚資本合組的「七星公司」，在上海專營炒金和紗布抛空，又被商人翻進，巧施妙著，直擠得該公司無法結賬。所謂「小鬼跌金剛」，官方更是一敗塗地。雖然臨潼鬥寶，原與小民無干。而市面卻因此發生動盪，於是引起社會上的反感與輿論上的抨擊。極峰有鑑於此，乃不得不發出此一通電，以期緩和空氣。同時又電召月笙，赴京晉謁，以備諮詢。其時，適值財政部祕書唐腴廬在上海北站被刺，有個與月笙極具關係之人，受嫌主使，正在離滬避鋒頭期間。據說行刺對象原為宋子文，因唐與宋如楊貨之貌似孔子，以致誤中副車，案情極大。月笙接到電報後，初疑被召或與此案有關。及至晉謁時極峰卻是囑其於上海市面，多多盡力。並告以「幹大事的不怕鬧虧空，揹債算不了一回事」云云。溫言款款，暗地裡指官商鬥法的風潮而言。因此，以後月笙在交易所的市場內，隱然具有一份影響力。

在這官商鬥法的前後，上海紗市交易又湧起風潮。由於形勢的發展，富貴迫人來，月笙乃被推為紗布交易所理事長。先是一年間，蘇北農村經濟，亟須現款周轉，棉花收割，雜糧玉蜀黍、高粱之類尚在青黃不接，農民急於需錢購買五洋食米之用。為了適應此一需要，棉花價格因而大賤。蘇北東臺一帶集產的美種細絨棉、通海墾牧的本花，除當地所需外，全部湧到上海。花衣幫巨頭沈元來、徐雙成、陸蘭圃、顧康子及施某、倪某、沙某等，貨多就賤，急等鈔票回籠。在利薄生意大的情形下，也就一口氣和紗廠幫成交脫手了。可是當時紗價之高，出乎意外。花商在細算之下，發覺每件棉紗價格若和每件棉紗所需花衣的總價比較，其間相差極巨。由農民和棉花商辛苦地種植收購而來的花衣，等於向紗廠商奉獻金山銀礦，心中難免不平。而就做生意的眼光來說，紗廠商雖屬財雄力厚，但在棉紗紡成後，也須賣出，收轉資金回籠。原料既係由本幫以賤價售出棉花，則棉紗絕無長期維持高價的理由。在一定限度內，紗價回跌乃為必然趨勢。於是棉花商們一條邊地在紗交易所之拋下空頭（即賣出期貨）。豈知事實適得其反，當他們的空頭大量落注後，紗價反而續漲，花商們每日所付出的差金，越陷越深，經過幾個回合，花商已瀕於破產邊緣。蜂螫在手，壯夫斷臂。花商們只得趕緊補進現貨，交割了事。卻不料紗廠幫忽又耍出一套殺手鐧，在出廠紗包上印上一個大嘜頭，註明「此紗不解交易所」等字樣，直使這批做空頭的花商軋得無從補現。

當時商人以信用名譽為重，在有計畫的扼殺下，棉花商已到了傾家蕩產還不夠賠的地步，只有走上絕路，一死百了。因此上海當時的《申報》、《新聞報》本埠新聞中，不斷地揭載一部分棉花商跳黃浦江自殺的消息。做生意的下場慘到如此，全體通海花衣幫自大激動，因就商於同鄉人沈杏山，以期報仇洩憤。沈杏山原為大公司（煙土）的功臣，他碰到黃金榮雖耍矮了半截，但於嘯林、月笙等卻占三分便宜。此事經沈某一番策畫後，瞞住月笙，單與嘯林合作；由張、沈派人跟同通海幫花商闖進上記愛多亞路紗布交易所，藉著交易方式，在所內滋生事端，紛呶攘擾，叫囂隳突，直把紗布交易鬧得登時停拍。所方眼光何等犀利，一瞥之下，早已胸中了了，知道排難解紛，非請月笙出面不可。

可是杜一到場後，打聽得張大帥（嘯林）從中主使，也就不便遽做主張：乃以和事佬的口吻打著官腔說道：「我和嘯林哥不帶師姑（指帶髮修行的），也不帶尼姑。各位都是體面商家，既有糾紛，還是由法律解決的好。今天大家畀我面子，不要再吵了吧。」

雙方一聽，起一聲鬨後各自散去。可是糾紛依舊存在，並不能由他輕描淡寫的幾句話，便把事情揭過。好在他的態度已經表明，不做左右袒。於是花衣幫便從鬥法開場而轉入法律解決的途徑。花商方面（即原告方面）當時委託蔡倪培、張一鵬、秦聯奎、陳則民、陸家鼐等律師在上海第一特區法院以刑事起訴，控告紗廠幫。就中蔡倪培律師，為法學界老前輩，又是通屬各縣留滬的龍頭，對於同鄉案件，自然熱心。尤其他一向是棉紗大王榮宗敏的剋星，這件案子和榮氏大有關聯，因此格外起勁。

原來遠在民國五、六年歐戰期間，榮宗敬積欠紹興幫錢業領抽蕭邦懷的莊上規元十二萬數千兩，久不歸還。因榮的紗廠，設在上海華界，邦懷乃委託蔡律師代表，在上海南市地方審判廳向榮起訴追討。纏訟八個月，榮始終不會到庭。後經審判廳缺席判決，照數還錢。卻因榮的住址是在租界，有時又去了原籍無錫，搪塞規避，竟致無法執行。蔡律師惱恨到金星亂冒，某次於探悉榮宗敬將自無錫回到上海之際，扣準時間，特雇一艘小火輪，帶同法警，駛往北站外的河濱裡，專誠候駕。乃得把榮氏截住，帶上小火輪，繞道開回南黃浦，送往法庭，在看守所拘留兩晝夜後，這借款才得收回結案。這次他們又碰上了，當然又有一場熱鬧官司。

至於紗布交易所方面（即被告方面），當時亦延聘伍守恭、江一平、馮炳南、吳麟坤、王黼裳等八位律師辯訴。其當事人則包括所方常務理事長榮宗敬（申新紗廠）、徐慶雲（大連紗廠）、董仲笙（普益紗廠）、聶潞生（恆豐紗廠）及吳麟書（經紀人公會理事長）、褚慶成、楊習賢、陸子乾（均經紀人）等多人。雙方陣容，勢均力敵。開庭之後，各顯神通。案情由原告要求扣押被告免被毀滅證據起，至每名交繳十萬元現金擔保止。承審推事由陳恩普開場起，到葛之潭收科止，先後換了八人。在拉鋸戰之下，被告萬不能輸，原告也一時難贏；法官也就無法宣布辯論終結。一拖一年，直是無休無止。由於法律上既已無法解決，而案件又不容久拖，於是另闢蹊徑，在人事上別做安排。乃由穆藕初再每月笙出面，勉為其難，出任紗布交易所理事長。如此一來，原告方面既嚥得下那口氣，被告方面也還不失面子，彼此扯直，事態不難平息。

月笙在被迫之下，無法推辭，只得應允；一面對著原告人說道：「要吃官司，只好我姓杜的來吃；要賠損失，只好我姓杜的來賠。這千斤擔子，只好由我姓杜的夯上了。」

其實，誰好意思和他作鬥，要他受罰、賠錢呢？這樁案件，便由此陰乾大吉。月笙開始接受此項財團法人公職後，逐漸發生關係越多，風光越盛，而個中苦惱也就越發的深了。

六、「面子」理論急人之急

月笙於處世哲學有其別出心裁的見解，他常掛在嘴邊，認為人有三碗難吃的麵：一是情面，碰上朋友尷尬時際，天大事也得代頂下來，頂不住那是後文，這當前的情卻不能不講。所以這碗麵很難吃，但不能不吃，且須準定地吃。二是體面，還是自己的事，縱然穿不上長衫，冒充不得斯文，但在口頭上、行為上，總應顯得光明磊落，切忌做「小吊碼子」。這碗麵不易吃，卻必須吃。三是場面，有了天井想花園，有了老婆想妾侍，這是沒法填滿的無底洞，如果在這上面考究，場面越拉越大，做人的道理也就越拉越遠。始而自己已走了樣，繼而得罪了朋友，最後非栽筋斗不可。所以這碗麵最好不吃，如果要吃，須得細心地吃。此外，還須認識到面子是人人都要的，有時應自我委屈一下，以顧全他人的面子。至少，也得顧到不傷害到他人的面子。「面」與「麵」諧音，他就這樣半莊半諧地借題「吃麵」以發揮其「面子」理論。

月笙又常批判人才，分為四等：有本領無脾氣的是上等；有本領有脾氣的是中等；無本領無脾氣的是下等；至於本領毫無而脾氣極壞的那是蠢材，屬於劣等。可是在他眼光中的本領，並非著重於「才高八斗，詩成七步」的碩學通才。他所欣賞的是在其人能以敏捷頭腦、活躍手段，從艱苦的環境裡闖出新天地。這新天地倒不專指風和日麗充滿光明的境界，如果其人能夠驅神遣鬼而造成一個陰森可怖的局面，亦自在可喜之列。又在他眼光中的脾氣，並非偏愛於規行矩步、一躬到底的謹愿君子。他所讚美的是禁得起考驗、受得打擊、於形勢不如人之下而能嚐膽嚐糞的忍漢。這類忍漢子倒不專指擔當大事的人物；如果其人屬於鼠竊狗偷一流，而在事發以後，熬盡苦頭，依舊口風極緊，亦屬孺子可教。老實說，在他一生顯示中，他就屬於這類格局的人。而在他左右的朋友，站得穩、說得響的，也多屬於這類典型的角色。

民國二十三年，張學良宣告下野，離平來滬，準備出國，由月笙招待他，住於福煦路一八一號。一天晚上，發生扔炸彈事件。這於月笙面子不大好看，而於學良安全更成問題。同時熱河方面，日軍正在進攻，軍事吃緊。上海市長吳鐵城藉此題目，準備發動市民大會，向學良提出要求，捐款八千萬以充軍費。風潮激盪，將使他越發難堪。其時劉震寰從張家口追蹤南來，對於學良前途，極表關切。在聽到這些風聲後，走訪月笙，叩詢究竟。

月笙告訴他道：「這是我自找麻煩，可是我又願意惹這些麻煩。自從有人扔炸彈後，我已三晝夜未曾合眼。現在總算查明，這與局外人全不相干，更與上海人無涉。我已警告這批人：這次我已下了決心，《黃鶴樓》上的趙子龍，我是準定唱到圓場的了。他（按張學良）在上海一天，我準保護他一天。他離開上海的一天，才是我卸責的一天。但我還得親眼看他上了郵船才肯釋手。你們如再有所行動，那不是對付張學良，而是和我杜月笙過不去。為了朋友，莫怪我翻臉。」

劉震寰聽到此處，趕緊離座起立，並和月笙熱烈握手。

月笙又繼續說道：「我曾向吳市長說過，熱河緊急，軍事需款，可由我杜月笙出面募捐。偌大數額，怎好向一個行將出國的人開口。我和張學良固屬朋友，但在他當權的時候，我沒有沾他一分光。今天他在勢窮力蹙之際，在我看來，這位少帥，仍值得使人尊重。我們不必問他抵抗與不抵抗，他手下擁有幾十萬大軍總是事實。憑著政府一紙命令，他便乖乖下野，這是自民國以來恐怕還是絕無僅有的一件事吧！如果帶兵的個個像他，這麼多年的內戰也就打不起了。所以我們無論論公話、說私情，對他應得另眼相看。何況天下事，得饒人處且饒人。又何必節外生枝，故為已甚。吳市長聽了我這番話，捐款之議，也就從而打消了。」

說到此處，震寰又趕忙離座趨前，再度和月笙握手。震寰一向不知月笙為人，這是初見面。晤對之餘，深感其人不唯急人之急，且能言人所不能言，大大佩服，從此成為莫逆之交。

民國二十七年秋，胡筆江、徐新六等一行由香港乘飛機去重慶，在廣東邊境，飛機被日軍擊落，墜入海中。除樓望瓚一人生還外，餘皆遇難。筆江為交通銀行董事長，遇難之後，該行發生繼任人選問題。總經理唐壽民與月笙晤商，希望他出面接任。衡以當時情勢，月笙如果有意，重慶絕不致不予通過。但他於考慮後，認為任何銀行的董事長都可承之，獨有交通銀行的董事長不便繼承。因為錢新之和交通銀行向有淵源，那時亦在香港，與其由他接任，不如由新之接任之為順理成章。至低限度，亦須先徵新之意見，以為準繩；如果新之峻拒，他才能著手進行。否則好友之間，情面上說不過去。於是反轉頭來，轉邀壽民和葉琢堂先生向新之勸駕。新之唯唯否否，既不拒絕，亦未承諾。琢堂與月笙窺其似非無意，因即聯名去電孔祥熙部長保舉。旋被接納，並予發表。月笙聞訊後，即偕壽民前往道賀。詎新之貿然說道：

「你們是想謀殺我麼？」

驟聽之下，大為刺耳。月笙原屬局外人，倒也沒有什麼。可是壽民立場不同，大感難受，也就惡聲相報說：

「難道你要我跪下來不成？」

原來新之耍慣「太極拳」，這一把交椅，他原有意坐上。但在水到成渠之後，他又扭扭捏捏，故意作態。他嘴吧裡吐出的「謀殺」兩字，等於孫權遣使乞降，上表稱臣，陳說天命。魏武帝曰：「此兒欲踞吾著爐炭上耶」之意。無奈他的才情有限，這話說得太不蘊藉。壽民原是勸駕之人，今後且為同事，在情亟發急之際，自難免於反唇相譏。從此以後，董事長與總經理互相齮齕，積不能相。而又同以月笙為其兩人各訴苦水之處。月笙不便左右袒，在縫夾中，東賣交情，西賣面子，為他倆彌縫罅隙。其時有位楊先生自上海來，壽民和他談起此事，大為憤懣。楊先生朗誦一首古人絕詩作為答覆。詩云：

一船西去一船東，願逆悲歡各不同。寄語順風船上客，明朝未必滿帆風。

壽民聽罷，別有會心，太息地說道：「這時除了杜老兄的情面外，只好做如是觀了。」

民國三十年，月笙寄寓重慶，和陳布雷先生往還甚少，但卻具有相當默契。布雷為國民黨清流，身任文學侍從之臣，要動筆墨，要費腦筋，而啟發文思的香煙，在當時的物價下，他只夠買土製劣貨。月笙瞭解他的情況和需要，不時送贈「三五」牌香煙數十罐。而在致送的手法上又特盡其審慎之能事。他把香煙包紮以後，上面不著一字，亦不附名片，僅備一短箋，套在粗糙的信封內。信封上除收信人姓名外，下款僅寫「內詳」兩字，使人看不出這信和香煙有何關聯。他還囑咐送禮的人，送到以後，立刻回轉，不得停留，不須討取回片。月笙所以弄此玄虛，並無他意，完全為對方著想。因為布雷是不大與外界接觸的，何況接受禮物，更何況當時屬於名貴的禮物。而香煙卻是他所必需的，名煙更是他所深嗜的。為使受者心安，月笙自不能不於送禮以外，考慮其他；否則因送禮而有傷其清名雅操，那就大違本意了。

上面所談，即由他「面子」理論中引申而來的事例。

七、一生輒遇貴人相助

（一）強盜金秀

話說回來，月笙自初出茅廬以迄修成正果，其從朋友方面領到的情面亦自不少。除如前文所敘述外，先說女界。桂生姐於他成就之具有一定作用，已是如所周知，事見前文。而強盜金秀於他的節節幫忙，亦屬不可多得。這位女大亨，身軀健碩，性情暴躁，就靠這兩項條件，打開局面。其最轟動的傑作，即為使用苦肉計爭取到賭檯上長生俸祿的一幕。事因有人噱她，說是：

「像她這樣的人，怎的賭檯上俸祿，竟然挨她不到！」

她受此一激後，悍然於傍晚賭客將次上市之際，趕到頭壩浪（上海中虹橋附近）一家平時去慣的搖寶賭檯，似瘋似癲地在寶檯上躺下，口裡道：

「你娘要用兩鈿，你們弗服貼，今朝你娘寧願挨你一頓。」

保檯腳的打手，見她是熟人熟面，冷不防出此冷門。要不打她，老闆面上無法交代，於是把她拖下，由四五個壯漢圍毆至半句鐘之久。就中張蘭生正想「冒出道」來，下手不講分寸，臨了還在她眾妙之門下踢幾腳。說也奇怪，這位女英雄除哼唧幾聲外，絕不叫痛，更不叫饒，一味熬苦受難，直到打手們認為應當罷手，她才翻身而起。依照賭檯慣例，禁得起這番考驗的才夠資格在賭檯上吃其俸祿。有志竟成，從此她便在這賭檯上逐月有錢可拿，也就有印子錢好放；而她的諢號也就另加上「鐵×金秀」。

那時月笙賭博，往往輸到豁邊。在賠債滿身之際，金秀便是他的後臺老闆。她潑辣到毫無忌憚，闖進男浴室找債戶討欠債並不算一回事，阿富郎范值德就曾嚐到這記辣手而大坍其臺。可是她對於當時尚未竄起的月笙，不僅有求必應，即使逾期爽約，亦從不擺足狠勁，強討逼索。月笙一生感激與欽佩的女人中，她縱不居首席，與桂生姐亦在伯仲之間。後來她經營珠寶，自備汽車，跑的都是豪門巨室。月笙那時創辦大公司（煙土），有時短了面子上的頭襯，這位女大亨仍舊是他的大有庫。

（二）張嘉蕊女士

勝利以後，前文提到的張嘉蕊女士也是於月笙多所幫助的人。嘉蕊與雨農具有深厚友誼。雨農到滬，公私栗碌，往往蹤跡靡定。但如找到嘉蕊，也就可以找到雨農。戴、杜之間，雖能無話不談，但於私人請託事件，究竟不便開門見山，和盤托出。這中間的橋樑，則多唯嘉蕊是賴。在她探明雨農意向後，月笙才好當面直說。當時有人以為走雨農門路，可先通過月笙，實際並不盡然，嘉蕊從中所起的面子作用，關係更大。迄至雨農死後，噩耗傳來，嘉蕊、月笙，同失所恃，毋怪其為「流淚眼看流淚眼，斷腸人對斷腸人」了。

（三）宋子文

又前文所提的航空獎券委由月笙承辦，其中經過，亦因情面而起作用。

當時財政部長宋子文，因進行棉、麥借款，已去美國。一天，子文的摯友楊先生突接其來電，以該項獎券決交郵政儲金匯業局經銷發行，囑楊轉與該局局長沈叔玉接洽。按理，這類公事電報，應當直接，不須假手私人。但因宋氏關防特密，一向密電往來，往往剪成幾段，分由幾個祕書代譯。其用意在使經辦人縱有所知，而全豹未窺，猶得相當保密。此時他在國外，遂又採用私人承轉方式。當天楊先生在未與叔玉接洽前，先應史量才之邀，晚間便飯，席間提到宋電。量才靈機一動，想到月笙自從煙、賭歇業，進益日短；如以此事委他承辦，不失為一宗挹注。當即提出此項意見。楊先生原屬月笙老友，聆聽之下，不唯惟贊同，且認為極佳人選。於是決定電稿由量才起草，署名由楊某出面。這電去後，不到五天，宋已覆電接受，此時月笙才知有此天外飛來的喜訊，乃轉委金廷蓀出面經理。

談到宋、杜之間，當初亦限於稠人廣座中，周旋晉接，談不上私情交誼。但此一政海巨頭，月笙必須結納。因浼楊居間作介，約期專往宋邸拜訪，子文自表歡迎。在拜訪的那一天，月笙於宋邸傭人，逐名犒賞，自園丁以至侍役，自男傭以至女傭，每名五十大元。陰曆年間，月笙又送給子文大轎車一輛。由於月笙的交際手腕，及彼此間的互相需要，以後交情因此日趨洽密。宋於棉、麥借款成功後，由美回國。在上海登岸之際，市民予以盛大歡迎。上海市商會開會歡迎時，有人指點月笙，這番必得登臺講演，露臉一次。月笙於他事都可濫竽充數，獨於當眾發表言論，則絕無此勇氣。可是為了拉交情、充面子，卻又不由他不老起臉皮，硬幹一下。單就這場講演，他就足足準備了好幾天，才得在市商會內草草完場。「人」需要「做」，做人確難。這便是月笙在做人的大前提下當眾講演的破題兒第一遭。

（四）楊先生

前文所提月笙創辦的正始中學原在善鐘路賃一民房作為校舍。「一．二八」以後，月笙經濟能力已難支持，因就商於楊先生，擬予停辦。

楊大表反對，認為：「其他事業都可半途中輟，唯有這中學千萬停不得。兜底說來，如果有人要為你（指月笙）建銅像，也許沒有適當地方，獨有這中學內，仿照楊斯盛創辦浦東中學的成例，盡可讓你鑄金範像。因此不僅不能停辦，且須設法擴充。」

月笙聽罷，大不謂然，以為存心開他玩笑。

楊乃繼續說道：「沒有把握，我不會做此大言。我是上海郊區出生的人，我知道法華區有座觀音廟，廟宇不大，而占地有三十畝之廣。以之辦一中學，校舍、操場，都夠支配，只須和該處鄉董及廟內住持商量，由校方租賃地皮，而將現有之觀音廟拔卸，就原地偏僻處另建一廟。這在鄉人看來，新廟與舊廟無殊，而在住持看來，香火依然繼續。憑著老兄面子，事關教育，必無反對之理。這麼一來，校址問題便可解決了。關於建校經費，約需二十萬，你可委託徐寄廎出面，約集銀行同業，或捐或借，只須得到四十個人響應，每人負擔不過五千元，區區之數，何難咄嗟立辦。你至多經持半年，等待校舍完成，學額增廣，盡可以校養校，不須你再有負擔。你又何必半途而廢，為德不卒？」

這番話直如醍醐灌頂，說得月笙豁然大悟。離座起身，拊著楊背說道：「高見！高見！人稱你是宋子文的土肥原，確是當之無愧。一切一切，我算是當面奉託了。」

這一事例，即所以說明上文月笙眼光中的所謂人才。

八、幾樁靈異事

走筆至此，筆者將以幾樁瑣事作為附錄之結束：

月笙的父母遺柩，於出殯後即停置於杜嗣原址附近田地上，僅用稻草覆蓋，迄未落葬。當初月笙孤寒，無力及此，荒丘暴露。後來月笙發跡，亦復如此，並不置理，則因迷信風水之故。據堪輿家說，停柩之處，錯打錯著，實為一寅葬卯發的血地。但只能浮厝，萬不能入土。如果落葬，這風水便破壞了。因此儘管月笙重建家祠，光前裕後，而此一雙遺柩，仍任其雨打風吹。直到上海第二度易手，迫於法令，必須入土，乃另遷墓園，經營窀穸，事在民國三十九年月笙來港之後。而寒暑乍更，月笙也就於翌年病故了。

又其華格臬路公館大廳後，供有大仙神龜一座，雇一老寧波其人，專司供奉灑掃之役。每天供奉清茶、鮮果。每月初二、十六，供奉白酒、黃雞，月笙親自上香叩拜。老寧波如有剋扣茶酒費用以劣品充數情事，不待月笙發覺，大仙已先附身。此時老寧波似醒似睏地發出異樣聲口，自責好的茶葉，不應留作自用；白酒不應留半自飲，而以白水摻入。有時甚至自摑頭面，自我責罰。

據說抗戰期間，月笙於上海中匯銀行國際飯店及香港告羅士打酒店門前，屢遇奸徒，企圖刺殺，但皆履險如夷。於是其左右隨從，均認為大仙暗中呵護。這些不經之談，誠不足信。

上海二度易手後，華格臬路杜公館不僅夜間人少，即白晝亦極蕭條。但在三十九年夏季深夜，其後街鄰居，因在門外納涼，忽聽到杜府廚房內不斷地發出炒菜聲、碗碟聲、沉重腳步聲、自來水淙淙聲。一時爭相錯愕，以為主人早已離滬，何以深夜大請其客。迨至翌晨問訊，則留宿杜府者僅有幾個傭人，灶冷廚空，何來此事。可是眾口一詞，說得汗毛凜凜，不由黃姓賬房，不得不請僧道從事禳解。這卻是當時轟動幾條街坊的一樁事實。

世俗相傳，一個家庭中將遭大故，怪異是所難免的。其實月笙再度南來，就體力言，已到油枯燈燼之時；就環境言，亦近水盡山窮之際。世事無常，何能十全十美。人誰不死，最難其地其時。他的如此結局，比之那些混世界的生不如死，還是看著實有福的呢！

第二部

側寫杜月笙

1

杜先生傳

錢永銘

先生諱鏞，字月笙，世居上海浦東之高橋鎮，上海更市制，遂為上海市人。祖某，父某，俱有潛德。　先生少而卓異，長身玉立，恢而有容，稱於儕輩。丁家不造，傭商自給，然其智能天縱，仁心夙具，任俠施義，其性然也。時上海租界未撤，政令弗及，凡里鄉之大繇役，與夫羣情所喁望者，惟　先生是屬，奉之如縉紳大老，以與主事者相周旋。滬自闢租界，夷夏雜處，魚龍曼衍，昔之負嵎而稱霸者，咸罔恤民隱，而私便其身圖，獨　先生樹立風節，潔身砥礪，功見言信，羣情翕然，以為雖原嘗春陵不是過也。　先生於鄉里，既被稱頌，贊勷革命，亦不後人，辛亥以還，時與黨人通聲氣，且陰佽以餉糈焉。民國十二年，江浙構釁，上海富甲全國，必爭之地，四郊鏖戰，流徙麕至，倡會救濟，全活無算。洎十六年，北伐軍興，孫傳芳敗走贛浙，國民革命軍東路軍，奠定全浙，揮師指滬，先是，共黨嗾滬產業工人，組武裝工人糾察隊，數綦眾，將何隙攫滬，勢張甚。　先生洞燭其謀，迺率同志，密令死士，盡解其甲，國民軍不血刃而定滬，　先生之力居多，平居初不自炫也。無何九一八、一二八之變迭起，　先生以上海全國經濟重鎮，交通總樞，國家存亡所繫，發起組織上海市民地方維持會，接應軍需，安定金融，扶傷濟難，募款徵物，無不悉如所期，飛輓無缺。戰既止，改維持會為地方協會，推任會長，設閘北平民教養院，以卹養流亡無歸者，使各有所恃以為生。復設航空救國會，首創募款，先後得月輝號月文號兩飛機以獻，政府嘉之。二十六年，日本來寇，復導設上海市抗敵後援會，集民力以禦外侮，事繁責重，攘臂一呼，所需咸集，貲用億萬，微　先生固不能致也。國軍既撤，敵屢以甘言抵　先生及余，冀竝得以甘心，遂相約微行出走，乘法國海輪之香港，雖妻孥亦之不顧，敵既不逞，益恚。惟時太平洋之戰未起，上海英法租界藩離未撤，　先生運籌握策，令志士來往港滬，詗敵情偽，復汲引忠貞之士，間道南來，赴兩廣滇黔川陝，各以其能報國。先是，汪精衛置偽府於金陵，與日本密約，將不利於我，　先生詗知其謀，並得其原文，飛緘國府，及時露布，奸謀盡洩，舉世震動，實出先生所為。三十年十一月，　先生與余，同赴重慶，越月八日，太平洋變作，遂留渝。樞府以　先生為東南支柱，禮遇備至。惜渝州山巒重疊，瘴霧瀰天，夏尤燠暑，遂病，喘息時作，而其神明強固，於國事無稍怠。且奮餘力，就渝滇陝各省，遍設紡織製粉造紙毛紡諸工業，其他投資協助者，尚不與焉。工業金融，相輔而行，遂復擇衝要輻湊之地，設通商銀行，以事調節。又以西南北各省，工業草創，供弗應求，生聚為難，迺設通濟公司，中華實業信託公司，自滇緬路迄戰區交界，蒐集物資，資中樞平準之需，厥功至偉。三十三年盟邦駢肩作戰，敵勢寖衰，將事登陸，樞府以　先生歷年指揮留滬志士，屢建殊績，乃面諭馳赴東南，與主事者會，駐浙之淳安，遙相策應。天佑中國，頑寇輸降，　先生以上海初復，人心未定，慮有他變，乃迅返安撫，讙呼夾道，如家人之於父老也。樞府臨滬諸君，亦時就諮詢，　先生力主寬大和平，哀矜勿喜，人咸德之。滬陷八年，一日光復，百廢待舉，萬緒千端，皆潛心搘柱，率復舊觀。上海初創市參議會，議長一職，羣倫屬望，以病堅辭，襟懷洒朗，志節澹泊，謙讓之風，為一時所稱誦。三十八年春，京畿復告警，樞府南遷，滬亦患旦夕有事，密令趣行。時　先生夙疾益厲，扶掖登舟，南來療治，杜門謝客，偃蹇衽席。雖無日不在呻吟疾苦之中，仍憂心國是，五中如焚，體益不支，竟以民國四十年八月十五日終於香港堅尼地臺寓次正寢，壽六十有四。有遺言詔其子弟及門諸君，隨分報國，且諄諄以不見中華民國之復興為憾。初病亟，今　總統蔣公派洪君蘭友來視疾，猶張目應之曰：大家有希望。歿之日，復頒義節聿昭四字，用示矜式。　先生未嘗學問，世所共譏，而其立身處世，恂恂如儒者，有容無欲，至大至剛，虛已待人，敬賢若渴，一時勝流名士，咸爭就之。平生於教育金融交通文化漁產，及諸工業，敷設至多，有條不紊，均著成效。殮之日識與不識，咸唏嘘慨嘆，靈輀所經，道傍佇觀者數萬人，嗚呼偉矣。余交　先生浹三十年，抗戰以還，尤出入相俱，交既久而知益深，益佩　先生之有大過人者。　先生之逝朞年，門下士議有以追頌　先生者，莫若文字，以函相抵，余不文，惟擇　先生生平功德在國家社會者，詮次為傳，備他年國史捃拾焉。　先生配沈氏，先卒。陳氏、孫氏、姚氏、孟氏。

男子子八，維藩、沈出。維垣，維翰、維寧、陳出。維屏、維新、孫出。維善、維嵩、姚出。女子子三，美如、美霞，（適金）姚出。美娟、孟出。孫九人，孫女四人。

錢永銘曰，洪範五福，厥難考令終， 先生自稱出身寒微，樸質無文，迺其樹立之偉，涵照之廣，徵諸近世，無與抗衡，即戰國四君，朱家郭解，亦難並擬。 先生起布衣，無尺寸之藉，而其功績，炳若日星，敝屣名爵，孜孜為善，惟恐弗及。被其澤者，不知凡幾。舉國上下，咸尊曰 杜先生而不名。於戲，可尚也已。 先生有淑配令子，門下士又皆謹飭，得其遺風，必能繼先生之志而光大之。雖天爵未盡，然易簀時神明朗澈。心繫邦國，一言而垂不朽，視曩與 先生同時諸君，螢火熠光，草木同腐，似 先生之令終無滅，揚譽百世，豈可同日而語哉。

2

我的父親杜月笙

杜維藩

先父杜月笙先生，崛起闤闠，交及公卿，一生行誼，幽微與顯達兼賅。先父對國家社會是否有何貢獻，自有史家評定，不敢妄議；惟世以傳奇人物目先父，記述傳聞，容或有誇大失實之處。茲值先父百齡冥誕，敬述先父立身處事瑣屑，為世所未知或曾誤傳者數端，藉寄孺慕。

先父在民國三十年十二月初，由香港飛重慶；數日以後，太平洋戰爭爆發，自此在川定居。經四川省財政廳廳長劉航琛先生的介紹，與康氏三兄弟相識，公餘盤桓，常常同桌「消遣」，曾有傳說，康氏昆仲曾以所經營的銀行作孤注一擲，先父在贏得鉅額支票後，將支票撕去，復又退還康氏兄弟，世人譽之為豪氣凌雲。

此一傳說，與事實有相當距離。首先要指出的是，康氏昆仲經營美豐、川康、川鹽等銀行，是四川有名的金融家，不可能作出以其事業在賭局上作背城借一的荒唐行為。撕去數目不小的支票，事誠有之；但先父的想法是，他入川時兩手空空，你今天贏人家的；明天輸給人家數目更大，而無力償付，如何了局。因此，當時表示：「餘興消遣，何必認真？」將賭局定位在「餘興消遣」上，即不致有誤正事。同時這也顯示了先父的個性，凡是深謀遠慮，總是先想到最壞的結果，而未雨綢繆，預留退步。

由賭，我又想到先父在上海的兩位賭友，一位是朱如山先生；他家是青浦的大地主，有名的「叉袋角朱家」，他們弟兄很多，長兄朱斗文，朱縉候行八，朱如山行十，以豪賭及賭得精明見稱。據說朱家的長兄朱斗文看兩個幼弟偏好此道，特意重金禮聘「郎中」來教導他們各種賭博的技術；目的不是要他們做「郎中」，而是讓他們一遇見「郎中」，便能識破其伎倆，以免遭受暗算而傾家蕩產。

一位是人稱「盛老四」的盛澤承先生，他是盛宣懷第四個兒子，電邀必至。先父這兩位賭友，好賭雖一，個性不同；先父創辦事業多邀友好合作，朱如山先生遇邀，會欣然參加，而盛四先生則從不加入。先父不解其故，後來有人跟先父說：「盛宮保的遺產太多了，盛老四只想玩，不想賺錢，你挑他發財，他也不見得會來。」先父曾舉此告誡，打打牌不過是聯絡感情的一種方式；如果專為賭博而賭博，這種朋友不交也罷。

另有件事，是我必須為先父澄清的。前幾年袁世凱的表姪、北方的名票張伯駒寫了一篇文章，說杜祠落成，大辦堂會，唯獨余叔岩不願南下，先父認為大失面子，揚言要余叔岩從此不准來到上海唱戲，否則將利用幫會勢力予以不利。這絕對是誤傳。先父少年寒素，曾參加原為中國最大幫會組制的「漕幫」，亦即所謂「清幫」，為無容諱言的事實；但自接近中年以後，與清幫的關係，自然而然地愈拉愈遠，先父從無害人之心，更不用說利用幫會勢力欺人。寒家祠堂落成，廣邀名伶，演劇祭祖，兼以娛賓，當時名伶如龔雲甫、楊小樓、李吉瑞，四大名旦，俱都粉墨登場；而余叔岩辭謝邀約，事後即有此傳言，苦於無從辨解，也無法請余叔岩出面闢謠，多年以來，我對這件事，不無耿耿。自張文發表於香港大成雜誌後，我與我的襟兄黃啟予談及此事，他跟我談了一個小小的內幕，或者可以說明當時的真相。

黃啟予的令祖即是黃金榮老先生；余叔岩最後南下在上海演出的一次，即曾應黃金榮之邀請在上海共舞臺演出，余叔岩譚派正宗，當時上海人欣賞平劇的水準不很高，曲高和寡，賣座不甚理想；余叔岩自以為「栽了跟斗」，不俟期滿，便欲輟唱北返。但包銀已全數預付：所以黃金榮向余叔岩說：「余老闆，照理應退包銀，但我不願這麼做。不過有句話我要預先聲明；將來你到上海來唱，不管是誰邀約，你唱完了要到我這裡來唱，補足所欠的日子。」余叔岩自然同意而別。

余叔岩北返後，一次到瀋陽唱堂會；梨園慣例，角兒上場以前，先要小便，余叔岩那天忽略了這件「方便」大事，唱的又是重頭戲「珠簾寨」，內急強忍，由此得了腎臟毛病，身體虛弱，憚於遠行。他可能想到，應邀到杜祠來唱堂會，便須踐黃金榮的宿諾，卻為其健康狀況所不許，就只好辭謝了。

先父喜歡票戲，愛結交梨園行的朋友，是大家都知道的事。但先父對梨園朋友的愛護，我只舉一例，便可想見；周信芳辦戲院虧了本，向先父告貸；先父對他說：「信芳，你要的數目，我如數借給你。利息不必談，什麼時候還，怎麼還法，也都由你自己決定，說怎樣，便怎樣。不過我要奉勸你，你做你的『角兒』好了；不要去開戲院、做老闆。開戲院另外有一種學問，不像你所想像的那麼簡單；你要把你開戲館的精力，全部『撲』在戲上，保你將來還有將來。」據周信芳的兒子周丕承兄（已故）前兩年告訴我，他父親終身服膺先父的忠告。

先父少年失學，讀書不多，但深知「世事洞明皆學問，人情練達即文章」，善體人情，凡是總先為人著想，有時片言解糾，能使人心悅誠服；有一回出身黃埔的某省主席在上海宴客，先父也為座客之一，末座即主人身旁的一位，是先父的老友王柏齡將軍。第二天王將軍來看先父，頗有牢騷，認為某主席不應輕視他，他說：「他神氣甚麼，我當年得意的時候，他還不知道在那裡當排長還是連長？」

先父當即正言相告：「茂如兄（王將軍字茂如），你弄錯了！某主席是把你當自己人才請你坐在他旁邊，這哪裡是看不起？如果他要我坐在他旁邊，我杜某人在上海灘還要吃得開呢。」就這幾句話，消除了王將軍對某主席的芥蒂。先父一生，類此為人在無形中消除誤會隔閡、拉攏關係的事，指不勝屈。

還有件事，也可一談，先父有位姓顧的朋友，也是中匯銀行的同事；有一天跟先父說，他有個同鄉想來拜訪。先父欣然相許；第二天，顧先生帶了他的朋友到中匯銀行來拜訪，談得非常投機，告辭時，先父親自送到電梯旁邊，看那位初次會面的客人進了電梯，方回辦公室。那位顧先生大為詫異，他說：「杜先生，平時我們來看你，到走的時候，你擺一擺手就算數；何以對我的朋友那樣的客氣？」先父答覆他說：「我對他客氣，是因為他是你的朋友；頭一次見面，我應當盡我做主人的道理。至於對你擺一擺手就算數，那是因為我們是熟人啊！這叫做熟不拘禮呀？」這樣一解釋，那位顧先生對先父自然更加親近了。

作為先父之子，我感覺到最驕傲的是，先父力爭上游，至死不懈。在追憶中印象最深刻的一事是，抗戰初期，政府發行國公債五億元，那時的公債，不是現在政府外匯存底達美金六百億元的公債；當時每發公債，必須召集各銀行與社會各界有力人士，開會認購勸募。救國公債，數字空前龐大，而軍需支應又異常迫切；所以孔祥熙、宋子文二位連袂蒞滬，召集各位領袖開會，先父亦應邀出席；會完歸來，他將手上所帶的一枚鑽戒取下來關照家人代他收起，並說：「今天開會，孔先生、宋先生手伸出來，光禿禿什麼都沒有。一個人沒有地位，要看他有沒有成就；鑽戒戴得大、衣服穿得漂亮，不但沒有用，反而顯得淺薄。」先父早年愛排場，好體面；晚年自奉甚儉，但待朋友則甚厚；國大代表王承彬先生，以先父百齡冥誕，特為撰寄「杜月笙先生款待上海抗日愛國青年一段經過」一文，王先生原為「三民主義青年團上海支團部」的地下工作人員，民國三十一年組織為敵偽摧毀，蒙難工作同志被營救出獄後，輾轉於三十二年年底，到達重慶，接受頒獎，並參加中訓團受訓，結業後將重返淪陷區工作，先父特囑其時擔任社會部組訓司司長的陸京士兄，邀約十位蒙難同志，在交通銀行會客室「吃年夜飯」，王先生這樣寫道：

杜先生似乎不嫻辭令，在席間除勸大家多吃菜以外，很少講話，僅記得一開頭講了幾句話：「日本人窮凶極惡，你們吃足苦頭，脫險回來，真是大難不死，必有後福。」倒是陸先生談笑風生，妙語如珠。

當酒醉飯飽散席之際，杜先生即招呼陸先生進入辦公室；一會兒，陸先生手持一疊支票，笑嘻嘻地向大家說：「杜先生有鑑於各位千辛萬苦來到大後方，為了表示他一些心意，特為致贈每位一些治裝費。希望大家笑納，萬勿推辭。」頓時大家都面面相覷，不知如何是好？陸先生一看大家臉色，就笑嘻嘻地說：「杜先生一生認為銅鈿銀子吃得光、用得光，所以他的錢總是東手來、西手去，請大家不必介意。」於是大家只有在卻之不恭、受之有愧的心情下接受了。吃了年夜飯，還有壓歲錢，這個大紅包的法幣數目，時隔四十多年，已經記不起來了。日前途遇何教授九淵兄，談起此事，據他記憶估計，至少相當於那時重慶中級公務人員三個月的薪水，足見杜先生手面的闊綽。

陸京士兄為先父最得意的弟子；也是先父為國家社會盡其棉薄時最得力的助手，我及舍弟、舍妹皆以長兄之禮事之，京士兄不幸在前年下世，今紀念先父百齡冥誕，念及京士兄，倍增哀痛；料想京士兄與先父九泉重聚，必以我弟兄謹飭自守，勉為社會有用之人陳告，我弟兄亦唯有以此自勵，藉慰先父與京士兄在天之靈。

3

過庭錄

杜維藩

先父一生待人以寬，約己以嚴，慈善為懷，急人之急，受恩必報，嫌憾不記，嘗送雪中之炭，勿事錦上添花。氣度恢宏，得之於天，凡事從大處著手，小處著眼，而立身處世，自有根本，不為人囿。

先父出身貧困，幼失於學，就業後，立志自修，得之於書報者尤多，每日晨興，第一件事即是讀報，大至世界時事，小至本埠廣告新聞，瑣屑無遺，數十年如一日，未嘗或間。

抗戰期間寓重慶時，一日清晨，恆社社員某君來訪，先父以無外客坐談良久，諸如世界時事，巨細靡遺，某君讀報素以精細稱，及先父詢問報載本日某家喜事（亦恆社社員），不發請柬，禮已飭送，囑於道賀時，代為致意，因氣喘病發，不良於行，某君不覺瞠目，退而語人曰：不及先生之一字不遺也。

先父對任何事業，不孳孳於利，凡利於人事者，均樂為之，故交友也廣，父執某君素交厚贈聯曰「春申門下三千客」「小杜城內尺五天」蓋誌實也。

先父幼貧困嘗曰「他日杜某有錢，凡遇窮人，吾都希望接濟」，及後少有成就，即冬施棉衣，夏發痧藥，歲歲不輟。

民二十創辦正始中學，貧苦學生，免收學費。

舉凡有關水災旱災，救濟工作不分地區，無不竭其所能為，除解囊以濟且為舉辦平劇義演，親自粉墨登場為災民請命。

卅一年冬為配合長期抗戰，不惜以在野抱病之身，追隨朝野人士，聯袂前去西北考察，以期開闢蘊藏有裨國用，一路均受歡迎，車抵秦地，迎者塞途，其中且多鬚髮全白之百歲老者，策杖而至，蓋以廿五年陝西大旱災，先父嘗發起募集巨金，從事濟助，故均以得睹先父為快，當時攝留念，數百人白髮濟濟一堂，先父曰：雖值得紀念，但非余有恩德於人也，乃戴雨農將軍有所安排督使，余此後更樂於為善也。

先父五十五歲以前，體力及記憶力均強，無論開會從未中途退席，他人發言，必悉心聆聽，所言必中肯綮。

某年歲闌先父需款孔殷，走商中國銀行最高負責人，願以全部動產不動產押借十分之一，主事者以年關逼近。婉拒所請，其時外間即有杜某，今年難過之謠傳，事為交行主事者所聞，以杜某對滬上公益及社會有極大之貢獻，今因需款，理宜為助，乃親訪先父，願予維持，並請以信用貸款由交行照所數目貸與，先父堅請以押放為之，由交行選擇房地產及股票作為押品，中行聞訊，又欲參加，先父當以交行手續已成，貸款且已足敷應付，婉辭之，因此與交行主事者相交數十年從無間言，感恩知己，常稱之曰先生以示不忘，每遇大事商請而行。

廿五年中行負責人，轉任鐵道部長，忽來訪先父，對前次借款之事，極表抱歉，繼請對鐵道交通予以相助，先父以借款事，早成過去，殊不值得介意。鐵道事業，凡力之所及，願盡棉薄。蓋當時京滬、滬杭甬兩線均以上海為中心，先父在滬排難解紛，每多迎刃而解，因此轉成莫逆之交。

先父凡為幫助友人創辦事業投巨資，無吝色，如自己創業必審慎再三，人以杜先生個性豪爽，何以如此為問，則曰余幼而失學，業無專長，賴諸友好之信任，差能自立，一經負責，祇許成功，不許失敗，深恐失敗，被他人笑為不學無文，非為他人學有根底者比也。其謹慎多如此。

某年傅筱庵君以所主持之中國通商銀行經營為難，商請協助，時先父手創之中匯銀行業務已見蒸蒸日上，於愛多亞路自建有九層大廈，先父答以自身非銀行專家，但因交非泛泛，況通商歷史悠久，只要注重人事，便可維持信用，願為籌劃，再行報命。遂詳查內部，發現虧損甚大，人事亦不協調，欲求發展，非從調整人事，不足改變局面，一面商請財政部出資，以公債加入為官商合辦，躋於小四銀行之一，復請胡梅庵君擔任總經理，從新改組董事會，事成仍請傅君繼續任董事長，傅君以非先父奔走無以有今日，董事長一席非先父莫屬，再三勸就，傅君自願退就董事。抗戰之後，在重慶成都桂林衡陽與西安西北遍設分行，業務上不但在當時有所成就，且深植勝利後之廣大基礎。

抗戰時政府既撤退於西南，於東南地下工作，策反工作，多有決策，先父乃協助派駐東南工作者蔣伯誠、吳開先諸老伯進行一切，如物資之內運，忠貞人士之內從，無不盡心盡力，旋奉密諭遄赴浙江與戴雨農將軍等作反攻東南軍事之先驅，是時，先父雖病甚，然未嘗稍緩其行。

勝利返滬，先父已感體力衰減。終以為方推許勉任全國輪船業同業公會理事長，地方協助會會長，紡織業同業公會理事長，至市參議會初次民選議長一席，雖眾望攸歸，以壓倒多數票當選。先父深恐責任綦重，力不從心，堅請改選潘公展先生擔任，又全國銀行公會理事長一席，亦蒙眾同業推許至殷，惟先父以李馥蓀先生服務金融界歷史悠久，貢獻者大，率倡議選李君擔任之，嗣以工商紛爭，紛至沓來，悉心排解，不遺餘力，以致氣喘宿疾日益加重，不勝繁劇，但遇會議之重要者猶勉力出席，普通例會，命余代表，每一會畢，亦必要垂詢周詳，以求明白真相。

三十八年共匪作亂，平津告陷，先父以十六年間，曾協助清黨工作，雖共匪誘脅不為所動，復協助陳市長、湯恩伯將軍等作保衛大上海之圖，冀守住京滬地帶。及南京既陷，直逼上海，先父見情勢危急，乃告家人曰：此次共匪擾國與日人侵略不同，抗戰之初余僅隻身走港，以上海當屬租界，爾等留滬不至危險，此次共黨席捲勢成，雖同為中國人，但主義不同，勢不能併立，須及早準備，安排交通，略事布置放棄一切事業，於四月底同搭輪赴港，時氣喘病劇，呼吸須賴氧氣幫助，即在香港養病，時愈時發，大陸消息，日壞一日，未及年底，全告陷匪，時共匪對留港之滬地工商領袖，勸返大陸，威脅利誘無所不用其極，當時如王曉籟劉鴻生吳蘊初諸君之被騙返滬，彰彰在人耳目，先父認清共黨面目不為所動，此後消息頻傳，留滬親友生活痛苦，鬥爭清算，手段毒辣，被害日眾，愛莫能助，心如刀割，病狀愈形加深，竟至氧氣管片刻不能隔離，延至卅九年六月病態益重，闔家惶急，幸醫治得宜，漸見起色，及四十年七月突感不適，兩腿痲痺，不能移動，先父自知病重，囑電陸京士兄飛港，親友錢新之、金廷蓀、吳開先、徐采丞、顧嘉棠諸老伯等每日均來視疾，共商處理身後事宜，洪蘭友老伯復由臺來，代表　總統慰問，時最後一言謂「大家有希望」，即告昏迷，醫藥罔效，不幸於八月十四日棄世，闔家哀慟，余忝為長子隨侍晨昏，三十六年來，雖抗戰時期，勝利復員以至避港養病，未嘗少離，受訓最多，深知先父以年來，國事日非，內心痛苦，余之悲傷欲絕，實非筆墨語言所能表達萬一也，茲值先父逝世，倏將二周年，哀念先父一生事績，無非為國家，為社會，只求事有補益，罔不公而忘私，涌淚謹記，悲愴無已。

4 杜月笙先生六十年江湖傳奇

金風

杜月笙先生，與其說他是一個代表地方的「聞人」，不如說他是代表時代的「英雄」；他是二十世紀五十年代上海社會歷史上的中心人物，他的操守是舊道德的準繩，而他的一生卻是大時代大洪爐中的火煉。他的死，使人彷彿置身上海黃浦灘頭聽見這半世紀結束的鐘聲！

在中國近代史上，以「出身寒微，樸質無文」的資質，而能廣交天下智勇任俠之士，抗顏當世王侯將相，卓然樹立，有為有守的人物；除了上海杜月笙先生外，恐怕再也找不到第二個人了。

民國四十年八月十七日，這位名震中外的中國實業界巨子，在本港悄然長逝的消息傳出，無論識與不識，莫不深為感慨。近四十年來，杜月笙先生留給國人的印象，正是所謂「毀譽參半」，這個帶有充份傳奇性的人物終於倒下去了，「蓋棺論定」是歷史上評定人物的準繩；他一生的事蹟是動人的，如果能替他寫下翔實生動的傳記，必將是近代史上一部可貴的報告文學；然而，能替他寫「行狀」，寫「墓誌銘」的人也許有，能寫「杜氏傳記」的人，恐怕還未必找得到；這裡，筆者僅就向留港之杜氏生前友好，探訪杜氏若干生平事蹟，作一系統性的報導，雖然難免掛一漏萬，但或能有助於讀者對這位蔚為時代英雄的人物增加一分瞭解。

出身魚市場的苦力

杜氏名鏞字月笙，一八八八年生於與上海市區一江之隔的浦東，是一個貧農的子弟，幼年時沒有受過良好的教育，在中國舊社會的傳統下，像他那樣一個窮苦家庭的孩子，坎坷的命運，彷彿是注定的；然而，他卻天生一副倔強的個性，不甘庸碌，當滿十歲的時候，他便赤手空拳地渡過了滾滾的黃浦江，潛身於上海魚市場，出賣氣力換人家的白飯，聊維一日三餐。

這時候的杜月笙，已經是一個充滿著活動、機智與判斷力過人的小伙子，在魚市場工作期間，成天混在一群和他年齡不相上下的孩子中，每當發生一些激憤不平，頑皮吵鬧或爭權奪利的小糾紛，他總是冷靜地用理智去判斷，多少孩子們吵得面紅耳赤，握緊拳頭準備打架的時候，他又總是心平氣和地勸告人家：「君子動口不動手。」因此他那老成持重，講求道理的風度，漸漸在伙伴中樹立起威信，以後每當孩子們有了糾紛，幾乎打得頭破血流，便立刻有人建議說：「別打了，請月笙哥來評評理看！」也正因為他那不偏不阿的態度，毫無意氣用事，終於大家都很願意接受他的調解，化干戈為玉帛，變仇敵為友好。

法租界恐怖時代成名記

就這樣一天天過去，春盡秋來，歲月如流，當杜月笙先生二十幾歲的時候，他已在上海灘奠定了江湖領袖的最初基礎。

之後杜的創業成名，固然他個人的道義遊俠，有朋友、有地位、有群眾、有能力是最重要的因素，但若沒有「上海租界」，也許仍不能做到今日這膾炙人口，譽滿全國的地步。

租界是帝國主義者畸形的殖民地，生計複雜，精神靡爛，更因為它擁有領事裁判權的關係，不斷招徠流亡，藏垢納污，自辛亥革命以來，我國內亂頻仍，全國財富多集中於上海，軍閥政客以及游手好閒，鋌而走險之輩，幾乎全以上海為「尾閭」，而租界更為煙賭娼寮所充斥，市面畸形繁榮，不勞而食的人真是滿坑滿谷！偏巧就在這樣一個罪惡無窮的地方，為中國煦育成杜氏一流人物，而對國家社會有所裨助，正可以說是相剋相成。

登高一呼，風平浪靜

大概是民國十六年的事，當時法國政府，也許是為了適應時勢，特派了一位青年領事到上海，下車伊始，即著手整飭租界庶政，嚴禁煙賭娼寮，雷厲風行，不肯稍予放鬆，而其他英、日及公共租界卻放任如故。於是杜月笙先生和當時日租界聞人張驥先獲訊後，立即向法領事進言，勸他為了保持社會安寧，不宜操之過激，不料這一位青年領事，以極倔強的態度答說：「我為租界肅清煙賭，福利人群，還有什麼不可以？」拒不接受，且一面飭屬大力執行，因此，法租界內平日藉煙賭直接間接營生的萬千群眾，頓時瀕臨飢餓的邊緣，且又不能進入其他租界求生，因為各有地盤，依例不容侵犯。就在這求生不得，求死不能的氣氛下，數夜之間，風聲鶴唳，亂者四起，殺人、越貨、放火、途劫遍見於整個法租界，刀槍聲和哀號求救的悲慘之聲旦夕相聞，電燈杆上時刻出現掛上死人頭，或綑住死人的手腳；巡捕房的門前，也時有手榴彈飛炸之聲，其恐怖的景象，實在是當時上海空前所未見的。法領事大為震怒，初派警探彈壓，繼遣衛戍軍安南兵出來制止，但均眾寡不敵，驚懼敗退。這時，隔鄰的英租界以法領事無端激變自擾，影響英界治安，立向法租界提出嚴重抗議，一方面消息傳達巴黎，法政府亦電斥其領事，說他少年好事，不能瞭解殖民政策的意旨。於是，這位少年輕妄的法領事，經不起上下左右環面夾擊，大為懊喪起來，不得已只好去問計張驤先，張說：「事態演變至此，我也無能為力，除非求助於杜月笙，別無他法！」因而由他陪同法領事前往拜訪杜氏；杜向領事重申前意，請一面暫時鬆馳禁令，並一面撥款救濟才有折衝餘地，否則民不畏死，恐連領事本身安全也難獲保障。領事至此百術皆窮，聽了杜言，連忙屈腰彎背低頭應諾。當晚；杜月笙先生登高一呼，第二天法租界果然恬靜如常，了無異狀。

從這一次事件以後，杜月笙先生不特身繫法租界安危，且隱然形成上海社會安定力的某種象徵！也從這時起，上海紅極一時的黃金榮，張嘯林之輩皆瞠乎遜色。

北伐東進底定上海全局

杜氏以一地方人士身分，直接參與國事創進運動，遠自辛亥大革命時便開始了。第一件值得在革命史上記述的，是贊助當時革命黨人陳其美攻佔上海製造局。之後，凡護國，護法以及民國十六年北伐諸役，莫不竭盡心智，為政府效命；諸如當時袁世凱用以鎮懾江南反對勢力的親信爪牙鄭汝成伏法於上海外白渡橋，及民國六年海軍肇和兵艦的起義護法，都算是杜氏的一手得意傑作。尤其是民國十六年使北伐軍不血刃而光復上海一役最為膾炙人口；蓋當時國共雖表面合作，而暗鬥激烈，上海是東亞唯一的工商業大都市，產業工人數十萬之多，共匪早就密加組織，作為革命後盾；當孫傳芳潰敗，革命軍尚激戰於贛浙境內時，共匪所組織的武裝工人糾察隊數萬人已控制全上海。等到何應欽將軍統率的北伐東路軍在平定浙江全省，準備進攻上海的前夕，杜氏突以迅雷不及掩耳之勢，起而領導在滬革命黨人楊虎等，不費一槍一彈，在旦夕之間，盡將數萬糾察隊繳械，歡迎東路軍前敵總指揮白崇禧將軍浩浩蕩蕩開進上海市，當時民間多不知糾察隊竟何以神龍見首不見尾呢！

自從國民革命北伐告成，一直到七七蘆溝橋事變，這十餘年間，杜氏悠悠然居處海上，悉心致力其個人工商企業，絕口不談政治，也不參加任何黨派，除了後來主持過上海「地方協會」之外，他從未擔負過任何有政治色彩的職務。抗戰勝利後，上海參議會的議長一席本來屬於他，但他終於也堅決辭讓了。

正因為杜氏並無政治興趣，所以他的一生行徑，除對國家民族始終懷抱忠誠不二的心情外，絕不涉及任何政治派系漩渦中，永遠堅持他超然的立場。記得在民國十七年春天，南京國府下令討伐當時盤據在武漢的「桂系」時，李××適在上海法租界醫病，南京方面曾密囑杜設法不讓李離開上海，杜氏終於謝辭了這份工作，表示不能為國內政爭而喪失了友道。還有，福建人陳群，自民國十六年擔任北伐東路軍政治部主任職務時，因在上海諸多失職，而受了政府撤換的懲戒，從此潦倒滬上幾瀕絕境，但杜氏非但不輕視他，甚至延聘他主持杜氏自己創辦的正始中學，一直到七七事變發生，陳群竟甘心附逆，背叛國家，杜才憤然與他斷絕了關係。

大革命時期的一個知己

杜氏在中年以後，因由於深感自身「樸質無文」的缺憾，故對文化教育事業特別重視，除了獨資創辦正始中小學前後達二十餘年外，在戰前及戰後上海若干報社書局，得到他的贊助或支持因而發展的甚多。凡是為了文教方面的事向他求助，無論識與不識，他莫不悉力應諾，再說社會事業，一般人似乎只知道他在浦東建造的杜家祠堂，如何壯麗堂皇；其實他在浦東高橋所倡設的醫院，利濟社會人群，卻遠在杜家祠堂之上。他專力於工商業，開始於民國十六年大革命之後，頗得金融界名人錢新之的鼓勵贊助，所以杜錢交誼彌篤，數十年如一日，最近杜氏在港臨死之前，還是囑託錢氏為他料理身後及一切公私未了事項的一位知己。

杜氏成名之後，處世接物，從無驕矜的態度，特別是對知識分子，尤能謙和有禮，寄予同情。抗戰時，前國會名議員湯漪（江西人），病死重慶，其遺屬貧困得連喪葬費也無從籌措，當時振濟委員會主持人許世英擬撥支一筆公款用作料理湯氏的喪事，後來被杜氏知道了，他連忙勸止許世英說：「國家如果明令為湯先生治喪，自然沒有不可以的地方，而現在單以私人的情誼，而使湯先生死後還承受非公開的待遇引人非議，實在不很恰當。湯先生身後一切所需，統由我一人負擔！」許世英曾大為他這一番話所感動，益增對杜氏的敬仰。從這裡可以看出，杜氏的交友重道，豈只限於活人而已！

「恆社」五百子弟之間

假如說杜氏生前在上海，曾領導過甚麼派系組織，在社會上潛存若干勢力的話，那恐怕就僅一名為「恆社」的團體，擁有所謂「杜氏門人」在五百人左右，完全是社會性的公開社團形式，標「互助互信」四字為社員守則，很少干預政事，組成分子初以工商界人士為主，抗戰時，漸漸擴及其他各階層，杜氏在「恆社」社員前，總是諄諄以道義相勗勉。

前年賣身投靠共匪的朱學範，過去因久從杜游，為「恆社」的中堅幹部。自重慶校場口事件以後，朱及其所領導的勞働會，反對政府激烈，朱本人且出任各黨派攻訐政府的總發言人。當時杜在上海聞訊，曾不斷函電儆戒，其中有長書一封，剴切闡述道義的重要，他說：「他人可反現政府，吾弟大不可，蓋吾弟素以道義為立身準則也。」意思說朱久受黨國培植，始有今日之成就，「道義」決不可負。不料朱竟不知懸崖勒馬，終於背棄了扶助他多年的師友！最後杜氏還不忍與他決絕，旅居香港時復輾轉寄信勸朱勿受其身旁某女秘書所蠱惑。

抗戰開始時，日軍在未攻陷上海之前，就曾百般設計向杜氏游說，極盡利誘威脅之能事，期能使他歸附，但終為他所嚴詞拒絕。滬城陷敵前夕，他毅然屏棄數十年心血的創業，南行抗敵。在珍珠港事變沒有發生以前，他居留香港。當時江南義民因得其力而免禍逃生的人非常多；至於叛逆唐紹儀的被刺於滬寓客廳，偽上海市長傅筱庵的送命於臥室，都是這一批在杜氏感召下的義民的愛國表現。

杜氏對抗戰貢獻出很大的力量，其中最利濟於亂世人民的，莫過於主持中國紅十字會，為募款救濟奔走了幾年。其一生在政治場中露過姓名的，唯有在重慶時代一度受任為國民參政員，但始終沒有聽見他發言或提案，更從不以此名義號稱於眾人之前，篤行實踐，埋首為國家竭盡其心力，正是他生平素志！

載．杜煮酒論英雄

他居留重慶時代，「恆社」也隨他遷入四川，所有各省市重要社員，大多集中在重慶，當時他為協助政府策劃沿海抗敵事項，「恆社」社員在他勉勵感召下，投身淪陷區參加地下工作的很不少，及至中美合作所成立，杜氏襄贊更多，因而與戴雨農先生交往甚密，終成至好。當時「恆社」幹部中，嶄然露頭角於黨政場中的，唯有朱學範、吳紹澍、陸京士等三數人，杜以其個人不問政治的素志，當然也不喜為他自己的「門人」介取政治地位，朱、吳、陸等人的出處，全任憑他們個人的自由發展。

據說有一天，戴雨農先生邀請杜氏在其渝市郊外私邸便飯，兩人暢論國事，偶而談及朱、吳、陸三人，杜問戴說：「你看他們這三人如何？」戴略加思索後答說：「朱學範太滑頭，吳紹澍有叛相，陸京士還可靠。」杜氏聽了之後，一笑了之，不以為意，回來後和自己親信閒聊的時候，還提起過戴雨農的這幾句話，作為笑樂資料。想不到當抗戰甫告結束時，戴雨農先生的先見之明果真顯露出來，吳紹澍果然背棄杜氏，甚至還要反噬，朱學範亦貌合神離，已呈現不相投的跡象。然而，杜氏對這些都無所介懷，且對朱依然殷殷勉誡，情誼如舊，朱離滬後其留滬眷屬生活費，杜還是按月派人送去接濟。對吳紹澍呢？杜也絕口不作是非評論，偶而有人在他面前談起吳的言行，他也僅是微笑不答，更毫無不愉快的表情，只說：「道義要緊」，正所謂「君子絕交，不出惡聲」的意思。人莫不嘆服他雅量容物的浩然胸懷，然而杜氏豈僅對吳紹澍一人如是呢？

萬金蝴蝶飛・千里贈美人

杜氏一生交友的行徑。處處抱「寧願人人負我」的精神，從集會結社，在廣大的群眾面前，一直到個別間的初交故友，他那豁然開朗的風度，總是始終如一的。譬如抗戰時他旅居重慶，常與川中實業界巨子劉航深、康氏兄弟（康心如、康心遠）等交遊，偶而有一次在撲克遊戲中，贏得康心遠的鉅額支票，杜當場即表示不要，過幾天後，又遇見了康，無意中手伸入衣袋取物，摸出了康的支票，他打著哈哈對康說：「哦！這張支票放在身上久了要忘記的，我輩逢場作戲，何必這樣認真呢？」說罷，將原支票奉還康，康不肯接受，禮讓了好久，他索性拿起支票嘶地一聲撕成幾片說：「我們論交友不在金錢！」

還有，抗戰以前，四川軍人范紹增到上海去遊歷，臨別時前赴杜府辭行，杜問他說：「這次在上海玩得痛快吧？」范答說：「其他都很滿意，惟一缺憾是未得一親海上名舞女黃白英、似乎覺得有點未如所願！」他聽了之後，笑著點點頭：等到范歸抵重慶不幾天，名舞女黃白英果真由滬專程飛渝移樽就教於「范師長」了，杜氏這種盡為朋友設想的風度，雖不足為後世人師法，卻也正是他一生地位成功的最主要因素。

這十餘年來，也有人批評杜月笙那些用以「利民尊士」的錢，幾乎完全是所謂「儻來之物」，這種說法，我們固不能完全贊同，但也不能完全反對；然而，在這個世界上，能像杜氏那樣善於「聚財」而又善於「散財」的人有幾個？多少豪門大亨，吸盡人民脂膏，劫持國庫帑藏，遠走高飛，逍遙海外，貪婪自肥不肯拔一毛以利天下；這些人比起杜氏來又算什麼呢？最近確實消息傳出，杜氏在港死後，所遺財富，約共值美金港幣各十萬元，這個數字還不足以敵豪門九牛之一毛！由此可見縱使杜氏生平財富果為所謂「儻來之物」，也早已在有形無形之中社會化、大眾化了，這正是他所以能成為總統頒贈的「義節聿昭」的杜月笙先生，還有什麼可以可譏的地方呢？

再總評杜氏的為人，數十年來交遊遍天下，自名公鉅卿，文武將相，以及士農工商，販夫走卒，全是他交遊的對象，先聖孔子的「有教無類」，在杜氏卻變為「有交無類」了。世人亦有自命為「溫文儒雅之士者」，譏笑杜氏為「流氓」或「幫會頭目」之流，然而，歷史上之所謂聖主賢君，十之八九都是流氓出身，我們就以劉邦、朱元璋之流，搬出來和杜月笙先生作一比較又顯得怎樣？

蓋棺論定一字褒貶

總之，我們與其說杜氏是一個代表地方的「聞人」，不如說是代表時代的「英雄」，他是二十世紀五十年代上海社會歷史上的中心人物。半世紀來的上海，這一個中國都市的萬花筒，只有在歷史家的顯微鏡下才能夠看清底細；杜月笙，這一位始終是站在政治圈子邊緣的人物，他的操守是舊道德的準繩，而他的一生卻是大時代大洪爐中的火煉。他的死，使人彷彿置身上海黃埔灘頭，聽見這半世紀結束的鐘聲！

這裡，是一篇杜氏生前莫逆之交悼念杜氏的輓文，雖僅短短百餘言，但對杜氏一生處世接物，有極詳盡精擘的評述。用作「杜月笙蓋棺論定」至為恰當，特傳錄如後，作為本文結束：「杜之為人，木訥恂謹，平居行己接物，殊少疾言厲色，亦不作放言高論，望之若鄉愿然。惟遇事能為大眾服務，以助人為快樂之本，茹苦含辛，甘之如飴，殆所謂『站在群眾前線』者也。自慚樸質無文，深知尊士養士，而對政治絕緣；緬懷出身寒微，殫盡竭力，以謀社會福利，而忠愛國家彌切；憑豪俠義勇之身，揖讓周旋於天下，而天下人皆樂與之交，其超邁等倫之道，基於是乎！」

5 說杜月笙先生

馬五

近代中國聞人杜月笙氏，以「出身寒微，樸質無文」之資，抗顏當世王侯將相，卓然樹立，有為有守，視朱家郭解之流，判若霄壤，亦非齊孟嘗所可同日而語。蓋其忠愛國家民族之性，本自天然，固不僅以道義遊俠，廣交天下智勇辯力之士已耳。

杜以滬江浦東貧農子弟，崛赴上海魚市場，赤手空拳，寖成中國實業界巨擘，非有過人之質，不克臻此，非有上海租界，亦不能致此。租界之罪惡固多，然能為中國煦育杜氏一流人物，得於社會國家有所裨助，亦可謂相反相成矣。

俟杜氏之直接參與國事創進運動，濫觴於辛亥大革命時，曾助革命黨人陳其美攻佔上海製造局。嗣後凡護國護法以及民十六年北伐諸役，靡不躬預焉。袁世凱恃以鎮懾江南反對勢力之親信爪牙鄭汝成（上海鎮守使）稽誅於上海外百渡橋，民六海軍肇和兵艦之起義護法，胥為杜之得意傑作，而以民十六年使北伐軍不血刃而光復上海一役，尤膾炙人口。維時國共合作，然暗潮綦烈。滬上為東亞唯一之工商業大都市，產業工人有眾數十萬，共黨早事組織，資為革命偉力。當孫傳芳潰敗，革命軍尚激戰於贛浙境內時，共黨所組武裝工人糾察隊數萬名已控制全上海。迨何應欽將軍之北伐東路軍奄有浙省，進薄春申前夕，杜氏領導在滬黨人楊虎等，匕鬯無驚，不崇朝而盡解糾察隊之甲，迎東路軍前敵總指揮白崇禧款段進入滬市，民間多不知糾察隊何以神龍見首不見尾也。

自北伐告成，迄七七事變，杜氏悠然海上，創進其工商企業，絕口不談政治，亦不參預任何黨派。往事如夢復如煙，渾忘其所以矣。

抗戰軍興，上海迭被兵燹，寇軍百般游說杜氏，利誘威脅，期其歸附，杜毅然屏棄所有創業，南行抗敵。在珍珠港事變未發以前，杜居香港，江南義民得其力而免禍逃生者，不可勝紀。叛人唐紹儀之斃於滬寓客廳，偽上海市長傅筱庵之死於臥室，皆此輩義民之愛國表現也。

杜是在戰時用力最勤，利濟社會頗多者，為綜持中國紅十字會。其一生置姓名於政治場中，唯受任為國民參政員耳。然曾不聞其發言提案，亦不以此號於眾，埋首為國家竭其所能，不矜不伐，殆篤行實踐之素志有然也。民國卅二年春，余於重慶交通銀行樓上與杜閒談，偶論及虞洽卿氏自向政府乞授權專綰滇緬路進口貨物事。余詢其事前知情否？杜言知之，然不欲預其事，免物讓也，且謂：「阿德哥年紀這樣高了，何必呢！」語意蘊藉，然其鑑別利義之思，昭然可親。

杜居巴蜀時，常與劉航琛范紹增及康氏（心如）兄弟等交遊，曾於撲克遊戲中，收得康心遠鉅額支票，杜燦然。越若干日，復遇康，遊樂甚歡，繼而從衣袋取物，見支票曰：「哦，置袋中久忘之矣。我輩逢場作戲，奚認真若是耶？」將還康氏，康不納，禮讓至再，杜毀棄之曰：余輩論交不在此也。抗戰前，范紹增遊滬有日，臨別，杜謂：此行不亦樂乎？范答：他皆滿意，惟不得一親海上名舞女黃白英薌澤，殊耿耿耳。杜笑頷之，范歸未數日，黃女飛渝乞親「范師長」矣。其一生交友行徑，多類是。

杜與近代中國文壇名人章士釗締深交，情誼篤摯。抗戰末期，杜章皆僑寓重慶，時論盛倡民主政治之說，勢張甚。有人慫恿章氏起而組黨，參預國政，章謀之於杜曰：「天下事正可為，吾輩當期有以自立者，余擬名其黨曰「民主」，取法新大陸，事殊易濟，惟缺群眾基礎耳。願奉公為盟主，藉所組合之「恆社」分子為基幹。便莫大焉。」杜謙遜未遑，自承不學，素無政治興趣，勸章當仁不讓，決以人力物力佽助，樂觀厥成。兩人推讓至再，而日軍請降，杜先期已赴皖南屯溪主持沿海抗敵事宜，踉蹌歸滬，議遂中輟。復員後，章民猶馳書囑余得便對杜重申舊議，時杜方辭謝上海市議會議長之選任，謂將以餘年致力於實業，但望余等弼贊章氏成事，然章不能從也。

恆社者，杜氏所資以結納同志之社會團體也。鮮預政事，初以工商界人士為主，抗戰時，漸及其他各階層。標「互助互信」四字為社員守則，而諄諄以道義相勗勉，然摒棄舊有會黨組織之形式焉。朱學範久從杜游，為恆社中堅幹部，重慶校場口事件起，朱及其所領導之勞動協會，反對政府綦力，朱且出任各黨派攻訐政府之總發言人。杜在滬聞訊，迭函箴誡，中有長書一通，剴述道義之言，謂「他人可反現政府，吾弟大不可，蓋吾人素以道義為立身準則也」。意以朱久受黨國培植，乃有今日之成就，義不可負耳。當時朱曾以此書示余，似有所感悟，嗣後政爭飇發，相激相盪，朱竟出於橫決之途，然杜氏猶不忍與之決絕，但盼其毋為某女秘書所蠱惑而已。

杜氏居川時，恆社隨之入陝，所有各省市重要社員，多集巴蜀，因策劃沿海抗敵事項，投身淪陷區地下工作者不少，迨中美合作所成立，杜襄贊之力忒多，因與戴雨農交往，寖成至好。維時恆社幹部嶄然露頭角於黨政場中者，唯朱學範、吳紹澍，陸京士等三數人耳。杜以其不問政治之素志，固不欲為同志戈取政治地位，朱吳陸等之出處，胥其隨份報國之自由行動也。

一日，戴雨農邀杜氏赴其渝市郊外私宅休沐，兩人暢論國事，月旦當代知交之士，戴偶道及朱吳陸三君，杜謂：「你看他們為何等樣人？」戴言：「朱學範太滑頭，吳紹澍有叛相，陸京士或可靠。」杜笑頷之，不以為意，歸而密與親信述戴言，資笑樂。迨抗戰甫告結束，吳果背杜，且反噬，朱亦貌合神離，似不相投矣。然杜夷然無所介懷，於朱且殷拳勉誡，情誼無間，朱離滬後，其家人生計之資，杜按月支應不缺。對吳尤絕口不道是非之言，偶有向其話吳氏言行者，常微笑不答，亦無慍色，祇謂「道義要緊」，蓋猶「君子絕交，不出惡聲」之意也，人服其雅量容物之襟懷焉。然杜不僅對吳氏爾爾也。數十年來，交遊遍天下，自名公鉅卿，文武將相，以及士農工商，販夫走卒，幾曾見其與人有所爭執懟讟之詞色，有所報怨修隙之行為乎？人亦有譏杜氏為「流氓」，為「幫會頭目」者。然歷史上之所謂聖主賢君，十九皆流氓也。劉邦朱元璋之流，以視杜氏為何如？而世之所謂政黨政團，其本質與作為，又視幫會人物為何如也！設使當代人物而能具有杜氏之胸襟與風格，復何共禍之足云耶？

杜氏既無政治興趣，故其一生行徑，除對國家民族始終懷抱忠誠不二之心情外，絕不涉及任何政治派系漩渦中，守其超然立場。民十七年春，南京國府下令討伐當時盤據武漢之「桂系」時，李宗仁方在滬上法租界醫疾，南京密囑杜設法不使宗仁離去，杜笑謝之，謂不能為國內政爭而乖友道也。閩人陳羣自十六年以北伐東路軍政治部主任，因在滬諸多失職而為政府所棄後，潦倒春申，杜氏延其為所創立之正始中學校長者有年，直至七七事變發生，陳甘心附逆，背叛國家，乃與絕焉。

杜於中年後，深感「樸質無文」之缺陷，於文化教育事業，心嚮往之，獨資創辦正始中小學垂廿餘年，抗戰時及戰後，滬上若干報社書局，得其贊助而支持發展者綦夥。凡為文教事宜而向其乞援，微論識與不識，莫不悉力以應，關於社會事業，世人惟知其所締造之杜家祠堂，矞皇宏麗，美奐美輪，然其在浦東高橋所倡設之醫院，利濟社會人群，遠在家祠之上。杜之專力於工商業，始於民國十六年大革命後，頗得金融界名人錢新之之鼓勵贊助，故杜錢交誼彌篤，數十年如一日，臨死猶以錢氏為其料理身後公私未了事項之一知己也。

杜氏成名後，處世接物，欿然若有不足，從無驕蹇詞色，而對知識分子尤能謙撝有禮，寄予同情。抗戰時，前國會名議員贛人湯漪，病死重慶，貧不能殮瘞，振濟委員會主持人許世英擬將公帑佽恤之。杜聞而言於許曰：「國家如明令為湯氏治喪，固無不可，以私誼而使先生費張羅，引浮議，非所宜也。湯氏身後一切所需，月笙願悉任之。」許欣然贊佩有加焉。

杜以「出身寒微」，一生飽經憂患，當其落拓春申江上，日與廣大之勞苦群眾為伍時，無驚人之貌，缺藉藉之名。唯於社會大眾間，本其游俠好義之行，深具信譽，而其恩師王德林亦另眼相看，獎進綦力。然其受知於官府，見重於當世，則湘人張翼樞（驤先）說項之勞，有足多者。

張翼樞者，少時曾隨孫中山先生革命，躬預鎮南關之役，事敗，逃亡巴黎有年，多識彼邦人士。辛亥革命後，歸寓上海法租界，常出入法國領事館，情同客卿，諸多獻替可否。民國三年某月，法租界電車工人大罷工，巡捕房對工人威脅利誘，百般肆應，皆失效，總領事怒然無以為計，就商於張氏。張謂：「何不囑杜某試行斡旋之耶？」領事啞然不可曰：「杜某不過現任巡捕房一小吏耳，烏足語此？」卻之。繼而工潮愈惡化，領事束手。張復進言：「姑試與杜某一談，何如？」領事不得已，偕張往晤杜，杜詢資方以解決條件之最大限度後，但答「試試看」一語，領事亦殊不敢置信杜氏能勝此任，僅言「拜託」二字而別。

杜氏旋與工人代表談判，商定復工辦法，攜見領事，以勞資雙方條件距離太遠，拒不接受。蓋工人所索與資方所願支付之薪給及各種費用，相差約四五萬元之距也！杜一面對領事擔保照官府原定方針辦理，即日復工；一面則對工人聲言，一切均如大家所提條件，經領事畫諾，由本人負責執行。眾大歡喜，群呼「杜大哥嘸啥，閒話一句！」次日即全體復工，了無異議，法領事大驚歎，盛稱杜氏之能，從此倚畀甚殷，不復以小吏輕之矣。杜為不失信於工人，四出向師友親朋告貸乞援，陸續集數萬元墊付勞方，絕口不洩內幕，僅其知己張驤先調悉其情，迨事過境遷，張偶與法領事言之，領事尤嘉其豪俠義勇精神。從此杜氏駸駸乎聲譽雀起，成為法租界政治上不可缺少之有力人物焉。

租界為帝國主義者畸形殖民地，生計複雜，精神腐爛，不愧銷金之窟；以其擁有領事裁判權之故，招徠流亡，藏納垢污，亦號逋逃之藪。自辛亥革命以來，內亂未已，戰爭頻發，全國財富，多集中於上海，軍閥政客，以及游手好閒，挺而走險之輩，僉以上海為尾閭，因而煙賭娼寮，充牣租界，市面固畸形繁榮，不勞而食者亦滿坑滿谷也。

民國十六年大革命後，法國政府似為適應時勢，特派一青年領事來上海，下車即以整飭庶政，嚴禁煙賭為急務，雷厲風行不稍寬假，而其他英日及公共各租界固放任如故也。杜氏與張驥先聞訊曾向領事進言，為保持社會安寧秩序，不宜操之過激，領事謂：「我為租界肅清煙賭，福利人群，奚不可者！」拒不應，飭屬大力執行，毋許怠忽。如是，平日藉此直接間接營生者，頓陷飢餓之境，且不能進入其他租界求生，蓋各有地盤，不容侵犯也。一夕罡風，亂者四起，殺人者，越貨者，放火者，途劫者，遍見於法界；槍聲竊發，旦暮相聞，電柱之上，朝懸一人首，暮絓一人足；捕房門前，時有手榴彈飛炸之聲。恐怖景象，不可終日。領事震怒，飭警探武力彈壓，然皆陽奉陰違，揚湯止沸，旋遣戍軍安南兵出而制止，亦眾寡不敵，驚懼無策。隔鄰英租界以其無故激變自擾，影響英界治安，復有違言。消息達巴黎，法政府電斥領事，謂其少年好事，不識殖民政策之旨。領事大懊喪，問計於張驥先，張曰：此非求助於杜某不可也。即偕往尋杜商對策，杜重申前意，請暫弛禁，庶可為力，否則民不畏死，百術皆窮。領事應諾收回成命。翌日，法租界恬靜如常，了無異狀。

經過是役後，杜氏不特繫法租界安危，且隱然形成上海社會之安定力，黃金榮張嘯林輩，瞠乎遜色矣。

自民國十五年以後，上海時有罷工風潮，而以某年之郵務工人大罷工一役，情勢尤稱嚴重。時杜氏方從事工商企業經營，社會地位日趨騰達，人緣亦益廣泛，挺身調解，彌費精力，仍襲其為大眾福利設想之故智，斥私囊鉅萬，息事寧人，甚得世論獎許，郵工界之印象尤深。朱學範原為郵工人物，因隸杜門下，寖成親信幹部。杜氏在港逝世消息傳播後，有流港上海郵務工人姚根火者，函余頌杜氏當年調解工潮之德，自謂「痛淚濕襟」，以貧不克趨弔，附致輓詞，有「回憶春申承惠時，難忘濟眾福民師，惓懷祖國思遺訓，哭奠無從祇自知」等語，詞雖不佳，然足以徵杜氏之遺愛也。

繼郵務工潮而陸續發生之工商界糾紛，迄蘆溝橋事變前夕，其間不知凡幾，無不經杜氏從中排解，益無不為大眾賠錢了事者。而「一•二八」上海守軍抗倭之役，杜氏領導市民，組「抗敵後援會」，發抒全民愛國熱情，如火如荼，義聲震中外，尤見其對國家民族之忠貞精神，非一般所謂「社會聞人」可等量齊觀也。故戰後，「上海地方協會」之綰領地位，非杜氏莫屬焉。

民國十六七年之交，民黨人士段錫朋及童某許某等，青年跅弛，不守羈勒，在滬組織政團，號「少年建國社」，從事政治活動。資用來源，唯恃當時北方某顯要接濟，而以童某為奔走聯繫者。某次，童自天津以手提箱挾現金隨身，乘舟南下至滬，由匯山碼頭登陸，迨入旅舍，則滿儲現鈔之一箱，竟失蹤，諸人痛惜欲死，而計無所出，有人謂：可試乞援於杜月笙。然苦不相識，乃推許某以上海市黨部委員身分往洽，免嘗閉門羹。杜欣然接見，詳詢經過，語以「姑待下文」。次日，電話速許往，出一手提箱示之曰：是耶？答曰然！再問：中儲何物？謂現鈔。杜夷然諄囑曰：將去仔細清查，如有短缺，可告我。許狂喜持歸，三萬餘現鈔，分文不爽。諸人將禮申謝，杜却之曰：出門靠朋友，此為余力所能及之小事，奚足道耶？

杜之創業成名，蔚為時代英雄，實由租界關係所孕育而來，固矣。然租界聞人孔多也，如黃金榮一流人，其社會地位之獲致，先於杜，其輩分亦視杜為高。顧皆冉冉沒落，自甘沈淪，而讓杜氏後來居上，是必有以異乎常人者在，無疑也。

杜之為人，木訥恂謹，平居行己接物，殊少疾言厲色，亦不作放言高論，望之若鄉愿然。惟遇事能為大眾服務，以助人為快樂之本，茹苦含辛，甘之如飴，殆所謂「站在群眾前線」者也。自慚樸質無文，深知尊士養士，而對政治絕緣；緬懷出身寒微，殫精竭力，以謀社會福利，而忠愛國家彌切；憑豪俠義勇之身，揖讓周旋於天下，而天下人皆樂與之交。其超邁等倫之道，基於是乎！

洪憲六君子之一，湘人楊度（晳子）自負帝王之學，詡為王者師，於孫、黃、康、梁諸當代賢豪，皆多交往。然曾折節與杜氏莫逆，不辭記室之勞。章士釗以文章家而貴為公卿，尤與杜氏締忘年之誼，所撰壽杜六十生辰文，推崇備至，語發真誠，黃炎培於民國十五年北洋軍閥潰滅後，被謚為「東南學閥」，憂讒畏譏，鬱鬱滬上累年，頗得杜氏佽助，史量才主申報時，延黃氏每日為副刊寫稿一段，月致六百金，杜所介也。之數人者，胥當代知名之士，學有本末，行非無謂，然獨不薄杜氏之無文，而願為之友，久要不忘，其故可深長思矣。

人亦有言：杜氏所資之利民尊士者，諸多儻來之物。諒哉言乎！然世之善聚財而又善散財如杜者，安在耶？豪門大璫，鴻飛異域，挾人民脂膏，刦國庫帑藏，貪婪自肥，不肯拔一毛以利天下者，比比然也。杜氏臨死所遺財富，不過美金港幣各十萬耳，不足以敵豪門之一乳媪皂隸也。則所謂「儻來之物」，固已社會化，大眾化矣，此其所以成為「義節聿昭」之杜月笙也，又何譏焉？

抗戰復員後，杜除區處其舊有事業外，別創中匯銀行，規模頗宏，斥資殊鉅，其所鬻社美路新宅代價美金六十五萬元，大部皆投此。原有華格臬路舊宅，則於共黨佔據大陸後，被其子某私行出售，杜氏聞訊馳書阻止，然已無及，且復函乃翁，謂如不同意，可回滬商洽云。是否明知乃翁病莫能興，而故作此遁詞以相搪塞？抑受共黨暗示，欲藉此詎杜氏遄返國內？不可測也。

當卅八年春，共軍進攻上海時，杜以喘疾，息養滬市區十三層大廈中，不復過問時事。惟共黨地下工作幹部，曾以全力爭取杜氏，冀其留滬投靠，「為人民服務」，其情有若當年日寇對杜之百般誘脅然。杜虛與委蛇，不露聲色，迨戰事緊急之際，悄然攜家南行，循跡海隅，以彰素志，韓戰和談之議興，杜深感來日大難，曠時持久，未來世界局勢之演變，莫識所屆，昕夕忡忡在懷，不勝子牟魏闕之思，每與家人親友慨言，「國家到此地步，我已走頭無路，沒法效勞了！」其心情與志事，可知矣。

杜氏嗜皮黃劇，壯年常粉墨登場，串生角。民十九年春，余於杭州西湖博覽會中，曾聆其票演打嚴嵩及與張嘯林合串連環套兩劇，咬字吐音，未脫浦東腔，聽來殊有奇趣，其夫人姚玉蘭、孟小冬二氏，為皮簧歌壇名家，杜氏在滬度其六十壽誕時，姚、孟皆為良人清歌助興，群客讚歎，而孟氏之余派絕藝，尤成今之廣靈散，杜氏既下世，伯牙當不復鼓琴，真覺「此曲祇應天上有，人間難得幾回聞」矣，惜哉！

杜雖缺學養，然量事能識大體，立身不爽大節，鑑人尤具卓見。自由中國勞工同盟主席陸京士，久從游，杜氏素以另眼相看，親信若子弟，自謂與陸有宿緣，又言「有子八人，不若一陸京士之緩急可恃」。孔子言：「雖曰未學，吾必謂之學矣」，杜氏有焉。

杜氏之氣喘宿疾，肇端於抗戰時期之重慶山城生活。復員回滬，迄未痊可，但亦未加劇，忽癒忽否。自僑居香港，易地療養，兩年間僅觸發一次而已。至辛卯春，突患腹脹，消化呆滯，未幾，兩足自腿以下皆麻痺，杜愀然不樂曰：「吾已成張靜江第二矣，尚何生趣可言耶？」友好慰之云：「靜江先生癱瘓後，不特於役國事垂廿年，且納姬生育如故，公何頹喪為？」杜謂：「我不行了！」

迨七月間，病勢日惡化，曾告昏厥，甦醒後，頗感危殆。多延港九著名中西醫診治，未見大效，家人以關切過甚，寖至徬徨失措，就醫服藥，殊無一定主張。杜念及從游廿六年之親信幹部陸京士，連發三急電致臺灣，速其來港，復於廿七日深宵暗自卜卦，謂京士如能於八月一日前到來，病必有救，陸氏原訂八月一日飛港，詎因颱風威脅，飛機停航，杜得陸改期首塗電，黯然語家人，此惡兆也！然陸於八月二日趕至，杜一見大喜曰：「你來了，我不會死了！」兩人歡談數日，頗及身後事，陸慰止之。越八月七日，又忽昏厥一次，乃覺其必不起，囑陸代擬遺囑，計共三通：一為言平生志事與希望者，一為訓勉兒女，一為處分財產。起草後，由陸逐句宣讀，使靜聽，某句稍有懷問，再命解說之，然後邀其故人錢新之顧嘉棠吳開先等到場，與陸氏共四人為見證及執行者，相率簽名其上。時杜病以入膏肓，精神萎頓殊甚，僅能執私章蓋印。然香港法例遺囑非親筆簽名不生效，不得已，杜扶起，攙其手，執筆於處分財產遺囑上書「杜鏞」二字焉。洎餘兩紙，仍蓋章而已。斯時，杜命妻室兒女均在旁見聞詳情，並對錢顧吳陸諸友殷殷致其囑託之意，神智固甚清朗也。

預立遺囑後，病勢亦隨之漸見沈重，杜自分必死，故常拒受藥石，家人勸其服藥或打針，輒曰：「你們這樣是教我多受罪！」峻拒之。然若陸京士向其進言，謂某藥當見效，某針殊有益，即欣然接受焉。臨危前數日，杜語陸氏：恆社為其生平所注視之社會事業，務望大家維繫於不墮，擬留港幣十萬作基金。又以陸氏相從廿餘年，弼助良多，茲當永訣，將以港幣十萬贈留紀念。陸再三婉謝，並懇切安慰，謂恆社同人皆能自立，社務必不廢，基金亦不愁，本人生計差足自給，更毋須先生置念也。杜猶不可，陸言：「先生若希望我今後能繼志服勞，即不宜教我拜受贈金，否則將無能為力矣。」乃點首無言。

自八月十三日以後，寖入昏迷狀態，偶清醒片刻，亦未能多發語言，群醫束手。十四日留港著名中醫師丁濟萬來視疾，不敢擬方，認為危在旦夕間，旋以西法輸血，而體溫高達一〇九度，雖注射退熱針，亦無大效，如此連緜數晝夜。十五日下午二時，其故友洪蘭友來自臺北，以杜昏迷，未便逕趨榻前問疾，託陸京士就枕邊試告之曰：「洪蘭公來了」，杜忽張目示愉色。洪急入，告以奉　蔣總統命　代問候，並謂臺灣情形很好，杜答：「好，大家都好，有希望！」即閉目不復語，延至十六日下午四時五十分，此一代聞人，溘然長逝矣！報載其遺囑，有「深以此身不復及見中華民國之復興為憾」一語，香港社會人士頗感動，出殯之日，天雨霏霏，而弔者空巷來集，相予嗟歎，喪此賢良。杜死時享壽六十四歲，有丈夫子八，女子三，尚有兩女未出閣，故臨終猶以未能盡到父母責任為殘念云。各方挽詞綦多，中以錢新之集聯允足道出杜氏出生平，陸京士一聯最見生死交情也，錢聯云：「名不虛立，士不虛附，其歿也可祭於社」；「憂人之憂，樂人之樂，微斯人吾誰與歸！」陸聯云：「親炙垂廿六年，情深肺腑，誼重骨肉，最難忘另眼相看，風義常超師生外」；「侍疾僅十餘日，遺言在念，顧命恭承，長太息清微永逝，淚痕不為個人沾。」

6 抗戰時期的杜月笙

吳開先

杜月笙先生，交遊滿天下，其生平事蹟，昭昭在人耳目，無待贅述。顧予與月笙先生相之有年，而於抗戰期間，過從尤密，其一言一行俱可視為抗戰史料之片段，世人容或未悉其詳，特就所知，為敘梗概。

一

七七事變突起，抗戰將士，紛赴前線，予以上海市黨部立場，往訪月笙先生於華格臬路住宅，籌商如何發動民眾組織，以援助前線將士。月笙先生懇切表示意見：上海市黨部應速領導全市各團體組織上海市抗敵後援會，並謂：「上海全市只可有此一個組織，市黨部方面積極領導起來，我一定全力協助。」一時月笙先生任上海市地方協會會長，職教社之黃炎培任上海市地方協會秘書長，黃從恿月笙先生以地方協會名義處於領導地位，直接發動民眾，欲藉此打擊國民黨。月笙先生不為黃說所動，堅主非由市黨部領導不可，且不許另立組織，分散力量。

翌日，月笙先生與余邀請潘公展、錢新之、虞洽卿、秦潤卿、黃涵之、徐寄庼、駱清華、陸京士、陶百川、周學湘、童行白等諸先生，集會於中匯銀行，商擬具體辦法，正式成立「上海市抗敵後援會籌備會」，並即假上海市商會召開全市各界代表大會，推定潘、錢、杜、虞、黃、徐等為主席團，三日後即召開大會，工商學各界代表集議者數百人，並由大會推定月笙先生與錢新之、潘公展、黃涵之、秦潤卿、駱清華、童行白、徐寄庼、陸京士、周學湘諸先生為常務委員，陶百川先生為秘書長，下設：籌募、救護、供應、宣傳等委員會。月笙先生以各委員會中最關重要者，為籌募委員會，即自告奮勇，兼任籌募委員會主任，錢新之先生任供應委員會主任。

抗戰後援工作，為市民一致禦敵救國之一種表示，本無歧見可言，但當時情勢，職教社之黃炎培與沈鈞儒等別有企圖，日夜包圍月笙先生，仍欲假上海市地方協會之力量，以打擊國命黨，企圖藉月笙先生之掩護，以發展其親共組織，盡力挑撥離間。月笙先生當時不但不為所利用，且堅決表示：「抗戰後援，是全面的，不是局部的，是一致的，不是分歧的，無論如何，必須在國民黨領導之下，統一組織，始能發揮力量。」其識見之高超，誠足欽佩。宋史盛稱李侗姿稟勁特，月笙先生無多讓焉。

抗戰後援會正式成立伊始，尚無的款，一切費用開支，端賴月笙先生個人墊付。俟後捐款雲集，會中擬先撥還墊款，月笙先生堅拒不受，聲言：「市民捐款，原為忼敵勞軍，我杜某何可扣還？」會中同人以其熱情可感，擬將此項墊款以月笙先生名義移作捐款，伊又聲言：「不可寫我個人捐款，應以常務委員會捐助名義入冊。」諸如此類，不勝例舉。當時月笙先生對抗敵捐款之多，實不可數計。即就予所能記憶而不能忘者有二：

一為赴真茹慰勞張治中將軍部隊。當時張治中將軍言軍中缺乏交通器材，希望滬上人士多多捐助電話用具，及機器腳踏車等。月笙先生返會後，由個人捐助電話總機一具，分機十具，機器腳踏車四部，星夜飭專人送去，但以無名氏名義捐助，自己仍不居名顯功。而當時電話總機，市上缺貨，四出求購，未能立時獲致。月笙先生語余曰：「先把我中匯銀行之電話總機迅速拆下送去，以應軍用急需！我銀行方面，不妨無電話，軍中不可缺此物。」其急公如此。幸當時西門子洋行有總機一具，係屬他人定貨，經楊志雄先生設法交涉，先行購用，中匯銀行之電話總機得免拆除。然其愛國熱情，實至可佩。

尚有一事。是關於張向華（發奎）將軍者。當時張向華將軍駐浦東督戰。月笙先生遣人往詢，前方如有所需，抗敵後援會方面可盡力供應。張將軍以軍需一切俱備，婉謝供應，但只表示歡迎派員前來慰勞，以勵士氣。月笙先生接到去人回報，遂對余曰：「向華先生不需要物資上之軍需供應，又歡迎精神上之代表慰勞，其作風之爽朗，真可敬佩。吾輩站在民眾立場，空口慰勞，似乎有欠隆重，總須送些慰勞品前去纔是。」究以致送何種慰勞品為宜，就商於予。予覺當時市民捐助之毛巾香煙罐頭食物等等，堆積甚多，不妨將此項捐品先去勞軍，使每一士兵分得一件，即以此徵詢月笙先生意見如何？月笙先生微笑曰：「好是好的，似乎還欠隆重一點。我素知向華將軍時赴前線督戰，實太冒險，吾輩為國家珍惜干城之將，當代籌安全之計。」主張除普通慰勞品外，另購一輛裝甲保險汽車，使張將軍馳赴前線，稍減槍彈之險。予極贊同其議，但此項裝甲保險汽車，市上極少，價值奇昂，後援會儲款雖多，支用鉅款購車，恐遭人非議，予考慮及此，微露猶豫。月笙先生毅然對予曰：「兄既贊成，款由我個人負擔，用後援會名義，贈與張向華先生可也。」即以此意見，提交常務委員會決定。越數日，由杜月笙先生偕予及錢新之、潘公展、陳小蝶（定山）、陸京士諸先生，同赴浦東，至張向華將軍總部慰勞，並將捐贈各物分別送去。此裝甲保險汽車，直至抗戰後期，張向華將軍尚在桂林使用。予亦曾在桂林坐過一次，當時張向華將軍問予曰：「認得此車否？此即當年你們上海市抗敵後援會所贈。」蓋張向華將軍尚不知此車實為月笙先生個人出貲所餽贈者。

以上兩事，為予所親歷，世徒知月笙先生，一擲千金，慷慨解囊，不知其出錢出力而不屑沽名釣譽，類多如此！淮南子曰：「有隱行者，必有昭名。」月笙先生在世之日，藉甚一時，殆以其隱行之足式歟！

三

淞滬戰事最激烈時，予奉調赴南京軍委會第六部供職，此後不復與月笙先生謀面，僅互通音訊而已。繼而淞滬京杭相繼撤防，予亦隨部撤赴漢口。兵荒馬亂中未知月笙先生之行蹤，輾轉電訊探問，始知月笙先生於國軍撤退淞滬時，已與錢新之、潘公展、陸京士諸先生等同船赴港。以月笙先生在滬事業之多，門生故舊之眾，聲望之隆，潛力之厚，予深恐其一時不能脫身。如果滯留滬濱，日偽方面必將威脅利誘，而其處境苦矣。今竟棄其財產事業，而毅然決然摒棄一切，離滬赴港，是其深謀遠慮與堅決，有非常人所能及。予於欣慰之餘，即呈部請假，由漢赴港，與商上海抗敵後援會繼續工作辦法。抵港之日，月笙先生談笑自若，告予曰：「抗敵後援工作，不因易地中輟，大部份負責人員仍留上海英法兩租界，繼續辦理救濟難民及醫治傷病兵民事宜，經費來源，預有籌劃。通訊機構經已佈置就緒。今後港滬聲息相通，一切工作以救濟事業為掩護，俾得上海租界當局之同情，而予抗敵機密工作以便利。」並謂漢口恐不可守，將來長期抗戰，必退至四川。但一切生產事業，如何發展，以配合長期抗戰，時為當前一重大問題。港滬航運便捷，今後當使上海工商界知名之士陸續撤退香港，一以免供敵方利用，一以增厚後方生產事業之力量。至上海抗敵事務，仍應設法予以照料，業與新之、公展、京士等分別設法派定人員，負責辦理，並運用來往港滬海員運送機密文件及其他供應，亦已接洽妥當云。

月笙先生處理事變從容指揮之精神，於此一段談話中，即可概見。當時淞滬國軍雖撤離，而上海全市繼續掀起抗戰之高潮，月笙先生策動之力居多。現在月笙先生雖已溘然長逝，誦杜工部「指揮若定失蕭曹」句，不禁感慨繫之。

四

二十八年夏，予在重慶，奉命潛行赴滬工作，經越至港，往晤月笙先生，並密告以此次赴滬之任務，請其協助。月笙先生即謂：「中央此舉，至為緊要，吾兄之使命非常重大。漢奸汪精衛、陳公博等正在滬造謠，若輩與日敵攜手，係獲中樞默許，藉以欺騙人民。兄與上海工商界、銀錢界人士，均極熟稔，此次躬親一行，則真相大白。汪陳輩無所施其術矣。為茲事體大須十分機密，上海方面須先有佈置而後動身。」予笑而頷之。當時予攜有總裁致虞洽卿先生等問候函五件，孔庸之先生致李馥生、秦潤卿諸先生函十數件，當向月笙先生說明予赴滬後之步驟：第一分頭訪問工商鉅子，報導渝中抗戰之決心；第二重行加強上海黨務工作，並與抗敵後援會留滬工作人員重建關係。月笙先生囑余將所攜總裁及庸之先生之函件及密碼，封入小包，由月笙先生派員秘密運滬，並代為致函黃金榮、金廷蓀兩先生說明，此去係奉中央密令，須與上海工商銀錢業鉅子晤面，請假金廷蓀先生寓所，由黃、金兩先生出面宴客，俾易晤面，而不致啟人疑竇。月笙先生之設計至為周密。予抵滬之日，即往訪黃金榮、金廷蓀兩先生。余與黃、金兩先生當時交誼匪淺，兩先生因月笙先生一函之介，竟冒險為予宴客兩次，予得將汪陳輩背叛中央澈底抗戰真相報告於上海工商銀錢界領袖之前，並得與之密切聯繫，使免誤入敵偽之陷阱。

當予乘輪赴滬進入黃浦江時，月笙先生已預囑萬墨林君駕小舟至輪傍迎候，至法租界外灘上岸。一切交通工具及住居寓所均由月笙先生先期通知留滬人員代為佈置。所有恆社在滬社員，均奉有月笙先生命令，絕對服從予之指揮，協助一切，因之予在滬得以順利展開工作，凡屬恆社有關人員開設之茶樓酒肆旅店及戲院工場商店，予均可隨時指定為交通站及秘密聯絡之所。其時予留滬工作年餘，月笙先生所予之助力，誠非片言所能盡述。

予於二十九年夏間，自滬返渝，道經香港，與月笙先生檢討上海方面工作經過。月笙先生問予，此次回重慶後，是否仍須赴滬。予答此次係請假性質，並非奉命調回，依上海情勢而言，中央必須繼續有人在滬督導工作，俾得隨機應付，恐在渝稍事休息，仍須返滬主持。當時月笙先生意見，以為中央各部會派人在滬者，均各自為政，絕無聯繫，在工作上未能相互配合協助，用力多而收效少，應即建議中央，統一滬上工作之指揮，俾收指臂之效。予頗以其說為然，反渝後，即向中央建議。

在予留渝期間，適月笙先生與錢新之先生奉財政部孔部長之邀，飛渝洽商金融問題，得以重晤。月笙先生最關心者，為上海統一工作問題，因即詢予統一上海工作辦法如何決定，予告以已建議中央，尚未奉決定辦法。繼詢予是否再須赴滬，予答以旬內即行。當時月笙先生覺得統一工作辦法未決定之前，可稍緩附滬，囑予同行返港，彼有機會，當向中央進言。不久，中央決定在滬組織工作統一委員會，並指定戴雨農、俞鴻鈞、蔣伯誠、杜月笙四先生及予為常務委員，並又指定余兼任書記長，錢新之、潘公展、陸京士、馮有真、吳任滄、童行白等諸先生均為委員。

五

予赴滬前數日，月笙先生偕予往訪戴雨農先生於其寓所，商定工作計劃後，即在渝召開第一次常務委員會議。當經決定：中央各部會留滬各單位，雖仍分別由主管機關負責指揮，但各該單位在滬負責人每月必須有會報一次，相互商洽，並隨時交換情報；一切有關於整個問題，均應提會討論，在滬各單位負責人均應出席，並指定予負責召集。越數日，予隨同月笙先生與新之先生返港。

在港時，月笙先生又殷殷告予此次赴滬又須從頭做起。所有前次居住處所，均須全部更換。伊並主張設一秘密電臺網，港與滬渝三角互通電訊。因其時月笙先生、新之先生在港時多，而戴雨農、俞鴻鈞二先生在渝時多，各常委如有事商詢，必須隨時通報。滬渝之秘密電臺，早經建立，香港方面之秘密電臺，由月笙先生設法完成。上海各單位召集會議，規定每月一次，據月笙先生意見，其地點必須每次變更，不可固定，並懇切對予曰：「由我責成萬墨林等隨時妥覓開會地點，兄可不必為此瑣屑勞心，總之，力求秘密為上，否則時機不密，一網成擒，則全軍覆沒，危險性太大！」

統一工作委員會在滬正式成立後，第一項工作即盡力勸導工商銀錢界及知識分子，離滬赴港，轉入大後方，以增厚戰時生產之實力。其不能即行離滬，亦堅其信心，不為敵偽利用，此事甚收相當之效力。終汪逆之世，上海所有銀錢業較知名之士，無一敢甘冒不諱而參加敵偽之金融組織者。此事第一由孔庸之部長運用得力；第二應歸功於杜月笙先生之鼓勵成功，因余每次由渝赴滬，孔部長必備函十餘件，囑余分別攜送在滬銀錢界較為知名之士，致慰問之意外，並勉以堅守立場，不與敵偽合作，雖在滬經營，中央必一體予以保護，俾其安心，並保持與中央之關係。而月笙先生則時時來電致候，隨時予銀錢業以指示，如何與中央之政策配合。故中樞發行美金勝利公債時，月笙先生仍能向滬上銀錢兩業勸募頗大之數目，而周佛海之儲備銀行竟拉不到一銀錢業較為知名之士為之工作。當時日人方面始終認為偽政府之不能拉致金融財政界人士為之合作，已證明偽組織之不能與中央抗爭，更使日人鄙薄汪周之能力，而日益渺視偽組織之無能。其實資源委員會在西南主辦工廠，極需滬上熟練工人，月笙先生來電囑為盡力協助。予即商同總工會在滬負責同志周學湘先生等，暗中募集機器、紡織、造紙等業工人百數十人，由恆社在滬負責人員派人分水陸兩路護送，陸路經杭州、紹興、金華導赴內地；水路則購船票送港，再由月笙先生遣送內地。此一部份之熟練工人，對抗戰期間後方生產方面貢獻頗多。當時資源委員會駐滬機關所發旅費，工人常有嫌少爭多之事，月笙先生聞之必解囊相助，促勸速行，任務因而達成。

予在上海，每月會報頻繁，誠如月笙先生所言，每次會報開會，均由萬墨林君臨時佈置。就予所能記憶者，在法租界月笙先生之所有公館，均先後借用數次，金廷蓀先生寓所，虞如品先生寓所及趙培鑫先生、江一平先生、俞松筠先生、朱文德先生等寓所均曾一再借用，其餘在為予素不相識而至今不知其為何人者亦許多，問諸墨林君，但云恆社社員住宅而已。

當時在滬工作較為繁劇，需款孔亟，中央匯款，時有脫期之虞，月笙先生知予經濟拮据，不敷運用，函囑其滬上有關事業機構，不時墊付，其超出預算之數，亦從未請中央撥還。

敵偽在滬綁架暗殺之風漸熾，甚至日有所聞，月笙先生每有信來，總以予之處境為念，切囑謹慎，並戒日間外出，凡日間必須處理之事，均囑其親信人員代勞。所不幸者，萬墨林君即於其時以被綁架聞。月笙先生在港聞訊，速電囑予迅速移寓。萬墨林君亦一硬漢，雖備受敵偽酷刑，而對中央在滬機關人員始終不吐一字。當時彼為與余最接近而連絡奔走最多之一員，如果稍無骨氣，或禁不起嚴刑，則中央在滬各機關有大部摧毀之可能！萬墨林君為追隨月笙先生極久之人，受月笙先生之薰陶特深，故遇緊要關頭，能發揮月笙先生之俠義精神。

六

萬君墨林終於獲釋，一幕驚心動魄之悲劇，告一段落。予又請假返渝，途經香港，與月笙先生相見。其時上海敵偽方面明綁暗殺，無惡不作，而英法租界當局懾於日人之氣燄，已無法保障中央留滬工作人員之安全。當將上項情形詳為面陳，月笙先生勸予寬心，此後如能不再去滬最佳，若依情勢推斷，恐仍不能不去耳。同時囑予在港休息數日後，再赴渝報告，並約在港委員俞鴻鈞、錢新之、王新衡諸先生，開會討論此後工作。

予返渝，休養一月，其年秋間，復來香港。月笙先生知予又將赴滬，謂此次去滬，更為冒險，敵偽方面在香港已設有機構，專事偵查往來滬港人士，余告以此行先赴菲列濱，由菲列濱乘船直接去滬，月笙先生認為此計可行。即為予致電在菲列濱之王正廷、楊光甡、朱少屏三先生，時王正廷先生在菲交通銀行任職，楊光甡先生任駐菲總領事，朱少屏先生任副總領事。

瀕行時，月笙先生告予曰：「頃得確報，知共產黨徒潘漢年，已與偽特工負責人李士羣取得連絡，相互協助，并聞潘漢年在滬，即住李士羣之私寓，務必互為利用予兄等以打擊，因共產黨欲在滬發展民眾組織，是國民黨在滬地下工作人員為眼中釘。我兄此去，風險更大，而敵人亦多。但願吉人天相，如有緩急，當盡力幫助，赴滬請與徐采丞先生多多接洽。」一番警惕又溫存之臨別語，分手依依，黯然淚下。

予搭機首途。抵菲時，王正廷、楊光甡、朱少屏三先生均已接杜電，知杜有好友來菲，不知姓名，迎候於機場。見余下機甚驚奇。楊先生即密詢余是否赴滬，余實告知，並請楊先生代購赴滬船票。在菲候船週餘，始得成行。船至滬濱，墨林來候，及往晤徐采丞先生。采丞先生謂已接杜函，自當盡力協助，惟今後工作進行，必須格外審慎，變換方式，不可如過去之胆大，並告予：「國際情勢，已甚危急，恐日美遲早難免出於一戰，屆時上海租界必盡為日方佔領。中央留滬人員應早為佈置，並已勸月笙、新之二先生亦不應再留居香港，應早日赴渝，免被日人浮害。」此又是審查周詳之良言，予殊銘感。

此次滬上住所，由采丞先生之力另為設法。予與工昨人員晤面後，當經決定，局勢雖危，非至無可為力時，留滬人員不得撤退。同時分訪工商界人士勸速離滬赴渝。徐寄廎先生連袂赴港，由月笙先生招待赴渝。

三十年十二月八日夜，太平洋戰爭爆發，日軍侵入上海英法租界。月笙先生時已在渝，急電囑予離滬。予以其時應付劇變，未能離去。英法兩租界法院守正人員及新聞界正言、中美等報館工作人員均徬徨在滬，欲去內地無法成行。余盡力籌款託墨林、文德二先生分別致送旅費，並由恆社關係分別派員送至金華。而留滬各同志之旅費，一時無法籌措，國家銀行已被日偽接收，重慶方面無法匯款，急電月笙先生，請為設法。月笙先生亦知急需，除請徐采丞先生盡力設法外，並電其滬寓，將月笙先生個人所有房產道契，向上海四行儲蓄會抵押貸款。同時錢新之先生電四行儲蓄會，囑接受押款，供予使用。因當時不能再留急需赴內地之人員，如法院忠貞之士，及新聞界早為敵偽指名擬加拘捕之人，須即分送旅費，以速其行，而留滬工作者，又須撥款另覓居處。一切比較前曾半公開之地址，均不可再用，祇能放棄，重新覓屋佈置，需費實巨。最後由月笙先生請渝地聚興誠、川康等川幫銀行匯款來滬，始將當時急迫困難情形得以解決。凡此所需款項，均係月笙先生自己墊撥。

自此以後，月笙先生幾每日來電，詢予何時動身。予答以未奉中央命令，不敢擅離，且其時中宣部代表馮有真先生在渝請示，常委蔣伯誠先生已由港取道來滬，亦無確信，青年團亦無負責人在滬，予如離境，工作即行解體，勢亦不能不留駐上海，以示與各同志甘苦相共。洎後月笙先生晤見朱部長騮先，使之中央意旨，仍須留予在滬。不復促於離滬，而每次來電，殷勤慰勉之詞，有加無已，其情感之重，始予振奮！

三十一年三月十八日晚間，予突被捕。直至十月十一日經徐采丞先生之多方設法，使得恢復自由。徐采丞先生處已電積尺餘，均為月笙先生探詢情形，撥款營救，並囑接濟我家屬之電。采丞先生奉命維謹，為予奔走達數月之久。一面請顏惠慶先生等出面說情，一面向日方軍政人員致送厚禮，並對看守獄吏以至承審人員，予以厚賂，聞月笙先生個人耗費在百萬元以上。采丞先生之公子振華君，於予被捕之次日，因奉父命來予寓，亦一併捕去，雖早獲釋放，而無辜殃及，采丞先生不以此介懷，其胸襟之豁達，實足欽重。滬上工作機構所有用具，及余寓所之一切器具，均向月笙先生之杜美路新宅中借來，月笙先生不但未曾用過，且亦有未曾寓目者。予被捕時，一並被偽方特工沒收以去。

予獲釋之消息傳至重慶，月笙先生首先來電，慶予更生，並囑速走；另電采丞先生為予設法促行。予以工作未了關係，延至三十二年三月，中央派員到達之後，余交清手續，始得啟程返渝。月笙先生躬親迎予於渝郊。見予後，緊握予手，喜極淚下，並謂予曰：「今日我始放心矣。」

予靜居重慶凡三年，一無工作。月笙先生之予素無積蓄，時予贊助，每一晤及，輒詢問起居，關切之情，溢於言表。

嗚呼！月笙先生謝世長辭，棄予而去矣！懷人億事，能無泫然？流水高山，仰知音而靡極！炙雞絮酒，圖追報以何從？拭淚記此，悲愴曷已。

7 杜月笙拒絕赴臺定居內幕

唐人

大陸解放之後，上海青幫大亨杜月笙遠走香港，臨老且病之時，即使蔣介石頻頻召喚，杜就是不願意去臺灣。他為什麼不去臺灣？恐怕與一九四九年七月間，國民黨機關報《中央日報》一篇嚴厲批判杜的社論有關。

一九四八年十一月一日，保密局呈給蔣介石一份密電，直接道出杜月笙採取反制手段，報復國民黨當局「經濟管制」的幕後原因：

保密局（民國三十七年）十一月一日南京徐自強函呈：滬市經濟管制失敗之內幕。青年黨《中華時報》發行人宋益清，向曾琦報告稱，滬經濟管制之失敗，係政府既懲辦杜維屏破壞金融案於前，不應放棄孔令侃大量囤積於後，致使杜月笙極度不滿，將所能控制之工廠，均以原料缺乏為辭，逐漸停止開工，並促成黑市交易，搶購風潮，藉以報復。

呈閱

上海「經濟管制」失敗，蔣經國黯然下臺。不久，淮海戰役兵敗如山倒，蔣介石被迫下野，僅能以國民黨總裁身分，在老家奉化溪口遙控國民黨軍政首長。

倏忽之間，已到一九四九年六月間，客居香江的杜月笙，修書一封，寄到臺北草山（即後來的陽明山）「總裁辦公室」給蔣介石。杜月笙信中告訴蔣介石，他將盡力勸阻滬上企業領袖返回上海。這些企業家個個身懷巨資，他們的動向決定了中國金脈的流向。此時旅居香港的上海工商領袖，在北京方面的不斷勸導之下，紛紛表示要回上海，重拾舊產業。

杜月笙信上聲稱，所幸上海港口遭國民黨海軍封鎖，這批人有家歸不得，只得暫留香江。杜建議蔣，要讓滬上商人斷絕了返鄉的念頭，索性還是「封鎖沿海各港」。

蔣介石隨即回覆杜月笙：

……至建議封鎖沿海各港一節，政府並已決定一律停止開放，先生此次毅然離滬，足徵國家民族意識之堅強，佩慰奚如。……除此盛暑，至希加意珍藏，餘不一一。

順頌近祺

中正手啟

蔣介石擔心江浙商人挾巨資返回已解放的上海。如此，內戰局勢將更不利於國民黨。故而，蔣三番兩次命洪蘭友（時任「國民大會」秘書長）、王新衡、潘公展（曾任國民黨中宣部副部長）等人，絡繹於途，不斷聯繫杜月笙。在蔣的心目中，杜月笙當前最大的利用價值，就是拴住旅港的上海企業家，不讓他們連人帶錢重返上海。

狠批杜月笙

然而，令人不可思議的是，就在洪蘭友受蔣介石之命，赴港探望杜月笙之後，報社已遷往臺北的《中央日報》，突然在七月十八號刊出了一篇以《本黨歷史的新頁》為題的社論，點名直指杜月笙是「實辦流氓、土豪劣紳」。

這篇社論，以提出「三點意見」為名目，開宗明義，揭開了聲色俱厲的批判序幕：

……過去黨中若干有力的同志為了避免改造政治社會的麻煩，也為了自己的利益，便丟開主義而各行其是。在上海、漢口、平、津及廣州的同志，都在有意無意之間和實辦流氓妥協，在其它各省市的同志，亦均與土豪劣紳結不解的政治緣。

社論以空前高調的語氣聲稱：

實辦流氓、土豪劣紳，本都是時代的渣滓，應在肅清之列，但由於一些有力同志的畏難苟安，不去肅清他們，結果他們的勢力就反而壯大起來，變成了各地的實際統治者。別的且不說：上海為什麼變成最容易發炎的盲腸？豈不是因為它早成為「聞人」的天下？這聞人也者就是流氓頭的代名。那些流氓頭是由吾黨同志一手提拔起來的，但在它的羽翼豐滿之後，就幾乎變成了上海的皇帝。我們只要看上海參議會議長一席竟是聞人杜月笙辭而不就的位置，以及去年上海的限價政策之突然受到聞人的逆襲而崩潰，都可以想見那些「聞人」之已取得上海實際統治權，與夫我們少數同志養虎貽患的不智。

《中央日報》稱杜月笙為「實辦流氓」、「土豪劣紳」、「時代渣滓」，並且將蔣經國上海打老虎限價政策的潰敗，說成是受到杜月笙「逆襲」而崩潰。

文章接著說道：「現在我們不能再妥協下去了，也不容再苟安下去了，……就是實辦、流氓、土豪、劣紳乃至於若干軍閥的殘餘勢力，也應該加以掃蕩。……買辦、流氓、土豪、劣紳，以是軍閥的餘孽，也是三民主義前途的障礙，不肅清這些障礙，我們就永遠沒有方法可以推行，以實現三民主義為目標之政治的經濟的措施。」

不可思議的是，社論在字裡行間挑明了是要幫一向以「青年導師」自居的蔣經國發聲，無形中把寫這篇社論者的底牌洩了光：「本黨應將『戡亂建國』任務的大部分，交給青年去執行……。其實，所有能寫下可歌可泣歷史的人，多半是青年，或是善於領導青年的人。……我們希望中樞能劃出一部分『戡亂建國』的工作交給青年，一方面讓多數正苦沒有出路的青年得到工作，一方面讓青年的熱誠轉化為『戡亂建國』的行動，務使本黨能從此進入更活躍的青年期，然後，『戡亂』的最後勝利才會屬於本黨。」

蔣介石匆忙宣慰

蔣介石此刻正為國共內亂，惶惶不可終日，驚聞《中央日報》隔山打牛，惟恐杜月笙一氣之下，撒手不管上海旅港企業家的閒事，立即命洪蘭友急赴香江收拾善後。等洪蘭友急匆匆從廣州趕到堅尼地十八號杜公館，屋裡早已人聲鼎沸，罵聲不絕。

洪蘭友抓緊機會婉言解釋，此次完全是《中央日報》報館裡一兩個人的胡作非為，絕非黨中央的意思，蔣先生已經交辦，嚴懲撰稿人，這事與蔣公絕無關係，請杜老爺子息怒云云。

杜月笙畢竟不是三尺童子，他哪會輕信底下人捅婁子的說法。一屋子的門生故舊，東一句西一句，群起為杜月笙打抱不平，洪蘭友完全插不上話。

神色倉皇地走出香港堅尼地十八號杜公館，洪蘭友趕緊給蔣介石發了一通密電，匯報香港的緊急情況。

急令洪蘭友赴港安撫杜月笙的同時，怒不可遏的蔣介石又召來陶希聖（國民黨中央宣傳部副部長、國民黨中央第四組主任），要他即刻找《中央日報》社長馬星野，嚴懲寫稿的評論員，並命陶希聖即日趕赴香港，親自登門道歉。

「總裁辦公室」秘書室主任黃少谷，見蔣盛怒不已，知道事情鬧大了，趕緊以國民黨中央的身分，一連發了兩通電報給洪蘭友，重託洪全力安撫杜月笙。急電曰：「廣州洪秘書長蘭友兄：經呈奉諭請兄再行宣慰，以釋誤會，等因特達。弟黃少谷。」

洪蘭友覺得，杜月笙正在火頭上，此時登門表達歉意，不僅「難於為辭」，更是事倍功半。思來想去，忽然靈機一動，與杜月笙同列「上海大亨」的王曉籟，如今也避難香港，江湖兄弟流落異地，亟需有人伸出援手，若有人雪中送炭，必能讓其感奮莫名。不妨在王曉籟身上做些功夫，說不定可以幫上大忙。洪蘭友因而致電建議蔣介石，蔣介石深表贊同。

蔣介石當即電令洪蘭友，趕緊代表他去探望王曉籟，代表致送慰問金港幣一萬元。看完王曉籟，再代表蔣去拜訪杜月笙、錢新之這班上海青幫首領。並假借蔣介石有意招商，到後方興辦工業，欲借重滬上商旅共襄盛舉。洪蘭友前腳跟才踩進杜公館，蔣介石又交代陳立夫，代表國民黨前往香港宣慰杜月笙。黨政大員穿梭往返，杜公館貴客盈門，大有昔日十里洋場盛況。

王曉籟接到洪蘭友轉來蔣介石的一萬港元，點滴在心頭，趕忙給蔣介石打了一通電報，以表感謝。得知王曉籟電謝蔣先生，洪蘭友驚覺雪中送炭之計果然見效，打鐵趁熱，洪蘭友立馬要求王曉籟居間協調，人情攻勢之下，杜月笙也不好再公開抱怨蔣氏父子，一場風暴儼然已經平息。

一九四九年九月二十八日，杜月笙請錢新之帶著親筆信到廣州見蔣介石：

總統鈞座：六月間曾肅寸稟，計蒙鑑察。鏞月來養疴香江，滿冀賤恙得早痊復，趨轅叩謁，藉傾愚誠，奈喘病未痊，稍一行動即氣逆力乏，欲行輒止者屢矣，心餘力絀，徒喚奈何，倘能勉強成行定當趨前聆訓。……。茲因應不能來穗，特乘錢新之先生之趁轅之便，肅奉寸稟，並託代陳種切，謹此敬請鈞安

杜鏞　謹上　九月二十八日

杜月笙這封信全文約僅五百字，主要說明因苦於氣喘病發作，行動不便，故而無法親自登門拜訪。

這封信才送到蔣介石手上不久，蔣馬上又命洪蘭友、陳立夫，兵分二路，再次分別到香港表達宣慰之意，邀請杜月笙抽空到臺灣見面，並再三交代洪蘭友、陳立夫二人，務必請託杜月笙力阻旅港滬商返回上海，以免資金流入共方之手。

為了答謝蔣介石的宣慰，一九四九年十月二十日，杜月笙給蔣介石寫了一封信。信中給蔣介石碰了一個軟釘子，自稱痼疾仍未痊癒，不便普謁蔣先生。至於原本滯留香港的上海企業家，已有部分人士重返滬上。

一九四九年十一月二日，蔣又從臺灣捎來一信。杜月笙依舊無動於衷，他把這封催駕信函，和其它的蔣介石函牘，一同鎖進了記憶深處，直到一九五一年病死香港。

8

江湖奇人杜月笙

王覺源

交遍海內譽滿海內

向有二十世紀現代朱家、郭解之譽，三十六年前在香港逝世的上海聞人杜月笙，在國內國外，都是人們所最熟知的。

上海江浙一帶，不用說「杜月笙」三個字，更是家喻戶曉。他交遊遍海內，聲譽滿海內，無論識與不識，對他都欽崇備至。上海十里洋場、租界上，雖是洋人的勢力範圍，但社會上事無鉅細，當沒有辦法解決之際，洋人也得登門請教，祇須杜月笙「閒話一句」（上海人一般口語，信守不渝的意思）便萬事皆了。甚至地方行政當局，每遇棘手難辦的事，請他出面設法主持處理，亦常迎刃而解。故他當時在上海的社會地位，頗有舉足輕重與決定的力量。而其俠義之風，尤普及於江浙社會，蔚成一種風尚。由此亦足見其潛勢力之雄厚。

杜月笙其人，可謂正與太史公司馬遷所言相合：「其言必信，其行必果，已諾必誠，不愛其軀，赴士之阨困，既已存亡生死矣，而不矜其能，羞伐其德。」（豪俠列傳）視為俠義，實不為過。宜其物望攸歸，眾心信服。他在上海，為社會服務了四十年，不曾在政治上做過什麼官。一生所主持負責的，都是一些經濟機構與社會工作。他所經營的事業與領導工作的頭銜，有時竟達四、五十個之多，多得連他自己都弄不太清楚，而必須用幾個秘書協助。幾乎全上海的銀行、銀號、公司、商行、報社等公益、慈善、救濟機構，很多都是由他擔任董事或董事長。五花八門，兼資並蓄。這樣一個社會傳奇性的人物，他的生平事蹟，真是多采多姿。民國三十六年，他六十歲時，曾出版一種《杜月笙大事記》。逝世後，又有《杜月笙先生紀念集》數冊。當年的報章雜誌先後也有不少報導。不過以上有關他的文獻資料，包羅雖廣，記載雖豐，總難免於遺珠。茲就個人過去耳食之言，回憶之所及，又少見於其他記載者，隨筆記之於此，藉存此一江湖奇人動人的遺風雅範。

少年孤苦賦性俠義

杜月笙，名鏞，江蘇上海市浦東高橋鎮人。清光緒十四年（一八八八）陰曆七月十五，即舊俗中元節日，生於貧寒之家。三歲喪母，五歲失父。六歲入學，僅讀書四個月，因束脩無所出，遂廢學。年十五，入上海南市十六舖某水果店充店員，賴少數工資以維生活。為人最講義氣，好主持公道。每遇街頭羣兒因故爭吵或打鬥時，他偶見之，便不因關係生疏，挺身而出。像成年人一樣，為之排難解紛。常以「君子動口不動手」、「有理好講，勿傷和氣」勸慰羣兒。鬧事的小孩，得其勸慰，多為心服。以後凡遇有爭執不能調和之事，輒呼：「去請月笙哥來評評理，看誰不對？」及杜月笙至，問明情由，三言兩語，即可使雙方嫌惡化解，言歸於好。杜月笙雖年輕識淺，言行即能服眾。如此俠義，似為其天性使然。以後他在上海社會一切行俠仗義的活動，也就是這樣展開來的。

不過，亦不必為賢者諱。他到了二十歲以後，由於社會不良環境的引誘，也開始不務正業，染上壞習腐行，狂嫖濫賭，吸食鴉片，甚至販賣煙土，護娼包賭等等。所幸他由於經驗的教訓，尚能自我覺悟，自我收斂，漸漸改邪歸正。俗云：「浪子回頭金不換」，杜氏的新生活，亦就從此開始發皇了。所以我們對於一個不太平凡的人，似乎不必用庸俗的眼光去衡量，或者用衛道的假面具來排斥他。他之轉變，即始於入了黃金榮之門。時黃為上海聞人，任上海法租界捕房總探。杜月笙初為黃效力奔馳，黃夫人以杜穩重可靠，視為心腹，提升為黃公館司理賬務。後來黃以惺惺相惜，除與杜月笙結為義兄弟外，且合作經營許多工商事業。杜月笙漸多積資。以曾拜青幫首領陳世昌（通字輩）為師，列悟字輩。民國初年，他也開設香堂，收弟子，展開其幫會活動，藉以展佈其俠義行為。

韓非子云：「儒以文亂法，武以俠犯禁。」杜月笙任俠，但極小心謹慎，明辨是非、順逆，不僅不許濫以武犯禁，相反的，且常以俠為維護地方秩序的安定力。蓋上海租界地區，受帝國主義國家所統治，華洋雜處，藏垢納污，良莠不齊，三教九流，作奸犯科之輩，無所不有。國際間雖有東方巴黎之稱，而國人則向視為萬惡的淵藪。租界行政當局與租界居民，向有一種河水不犯井水的默契。祇要在租界法律之內，各安所業，不作過份越軌之舉，多年來雙方大體尚能和平相處，安靖無事。到了民國十六年，法國租界新任駐滬總領事某，下車伊始，尚未瞭解環境，即厲行嚴禁鴉片、賭博、娼妓。乃不知此三者，實租界內很多男女賴以維生的資源，若輩以生路截斷，一些三教九流之徒，乃羣起反對，到處起而殺人越貨，放火劫奪。不但黑夜為非作歹，尋且白晝不避，把原來安定的法租界社會，頓時造成了恐怖世界。租界當局已經束手無策。眾意：惟有請杜月笙出面，設法挽救，或可轉危為安。杜以維護地方治安責任所在，義不可辭，乃挺身而出，登高一呼。各方響應！這真不啻一針嗎啡、補劑，使法界治安，次日便復舊觀，平靖如常！從亦正如小學生，喧鬧一堂，祇要老師輕輕的叫一聲，全堂便鴉雀無聲的肅靜下來一樣的靈效。從此杜月笙的聲譽，便大振於黃浦江頭。法界當局，以杜月笙聲望既隆，肯負責，有擔當，便堅決邀之參加法界巡捕房的工作，俾時有所借重。法界居民，則尤視為中流砥柱，深慶地方領導有人。

待人以誠自律適度

杜月笙雖好行俠義之事，但其體型，則非一般所想像的魁梧健壯，身懷絕技，如虬髯客或大刀王五一流的偉丈夫。他僅具瘦長身材，貌不驚人，「郭解短小，杜鏞清癯」，恂恂如書生，頗有弱不禁風之慨。濃眉直鼻，雙目炯炯有光，聲音嘹亮，能言善辯。治事明敏，勇於負責。生平不穿西裝，更不愛異服奇裝，經常著中式短打衣裳，必參加正式集會場合，才著長衫，盛會則另加馬褂。以表現樸素為尚，毫不講究華貴。中少年時代，雖氣慨不凡，亦縱情於酒肉與聲色犬馬之好；但晚年生活，則一變故態，平淡中帶有一點別緻。隨遇而安，飲饌無擇。惟愛飲濃的紅茶，不愛用茶杯，常用一把精緻的小茶壺，作為飲具。曾以體弱多病，在精神不繼時，則間藉阿芙蓉以提神。猶常恨自己身體不爭氣，致不能與鴉片絕緣。

抗戰勝利後，民國三十六年，適逢杜月笙六十生辰。上海各界人士舉行公祝於上海愛文義路麗都花園。其祝壽徵文序言中，有云：「先生未嘗咀嚼經史，而立身處世，於大道之行，儼合符節。亦未居吐握之位，而待人接物，四海之內，洽若兄弟。」言約而簡，恰如其人。所以，杜月笙不僅自視很平凡，尤富而好禮。日常既少疾言厲色，亦絕無憤世嫉俗之心。待人接物，一秉至誠。常語其家人及弟子云：「待人必須以誠。人即欺我於一時，吾能以誠感之，使他心悅誠服。處世之道，盡在一誠，爾等舉一而反三，便可盡交天下士。」故杜月笙生前能友天下士，而天下之士，亦樂與之友。如抗戰勝利後，有成都記者團來滬觀光，擬晉訪杜月笙，託人先容。杜連聲說：「看我，不敢當。我當盡地主之誼，招待遠客。」隨命家人籌備，定期迎賓，設宴於浦東同鄉會。這不但能見其謙恭下士與富而好禮之風，所謂「盡地主之誼」者，他家中更是座上客常滿，養士盈門庭，賓至如歸，有居數年或半載者，尤司空見慣之事。

杜月笙在其臨終遺囑中，第一句話，即坦承：「余樸質無文。」這是由於他幼年失學之故。但其求知的意志卻很強。自入社會服務以後，雖百物紛忙，猶不忘努力向學，未嘗或輟。如他原不會寫字，慢慢練習，不久便能自己簽名，以代其原始的手印或蓋章。每天的報紙，他原不會看，便要秘書讀給他聽，大小新聞連廣告等，都不讓遺漏。他一面用心聽，一面注目看，積時既久，聽多了，看多了，自己也能誦讀，更能看一些俠義小說。故其中年以後，很多文事，已能無師自通。秘書們所撰文稿，居然也能握管修改，而且所修改者，亦常恰到好處。後來他出門或有遠行，亦不必隨帶秘書。

居室較廣樸實無華

以杜月笙的財勢潛力而言，他的生活享受，已可隨心所欲，無求不遂；但他始終不忘其本——出身寒微，保持儉樸素風。偶有享受亦自律適度，絕不過分。至其居室，祇以眷屬口眾，經常門客又多，因之，私宅雖相當廣闊，但仍樸實無華。「春申門下三千客，小杜城南五尺天」，便是他安身立命之所。

抗戰勝利後，他在上海的居處，即華格臬路季梅路口的舊第（民國十四年建成），原和張嘯林比鄰而居，共一大鐵門出入，頗似一宅兩戶。他所懸用的門聯，經常是「友天下士，讀古人書」。前者故能交遊與聲譽遍海內；後者正是彌補幼年失學之方；彷彿舊家故宅的門聯，頗有古老傳統不忘本的遺風。但每屆新年，他亦未能免俗，必令家人用新桃換舊符。對一年三節禮俗，亦極注意。室內佈置，有西式的、中式的。滿懸當代顯要具有上下款的照片。陳設物品，新舊並具，雖不顯豪華氣派，但別有一種格調，令人見之，頗有瀟灑別緻如其人之感！這與一般豪紳鉅賈，層樓高閣，宅第連雲，花園、流水、假山、石窟，應有盡有者，比較起來，却與「家無餘財，衣不完采，食不重味，乘不過軥牛」（遊俠列傳語），有相形見絀，顯得寒傖之感！

杜月笙在中日戰前，原在上海杜美路修建了一所住宅，落成之初正待喬遷，相傳杜月笙頗相信風水之說，當找了一位風水家「劉神仙」者，前來堪輿一番。劉神仙看了以後，直告以「新廈不吉，且將有多人喪命。」杜月笙聞之，頗耿耿於懷，終未遷居。及抗日戰起，初被德國人徵用，旋由日本憲兵隊佔據。後來我愛國志士，在此被集體或個別屠殺而犧牲者，更不知有多少，似劉神仙之言，固不幸而中矣。戰後，杜月笙懍於此種情況，更不敢自居。曾借給戴笠將軍，做了軍統局駐滬的辦公機關。

中共侵據中國大陸之前夕，杜月笙已預作了逃離之計。杜美路的住宅，便以四十萬美元的代價，讓給美國駐滬領事館。這些都不過是閒餘之話；但杜月笙取得這筆房款後，便以十萬美金，託宋子良（時中國國貨銀行行長）滙美儲存，以備不時之需。不料以後竟成為杜月笙身後最大的一筆遺產。

在野之身革命抗戰

杜月笙一生，既已服務社會為目的，對於國民革命與抗戰建國大業，自然也不會落後於人。

他不但以在野之身，自動自發，竭全力以赴。雖不是持槍桿上戰場，直接殺敵致果；最重要的，多在間接的協辦軍需，籌措軍餉與宣傳工作。其次，便是做些他人所無能為力，而他又能優而為之的事，這就是剷除革命與抗戰途程中的障礙。因為在革命與抗戰的巨潮中，有些反革命分子與附敵之大奸臣寇，常藉上海外人租界作護符，做些秘密活動，破壞革命與出賣國家民族的勾當。上海租界，本為政府勢力鞭長莫及之處，而杜月笙私人之力，卻能善以處之。杜月笙居常，固不同意以武犯禁；但為國家民族的利益，必要時，有非「不擇手段」不可者，也祇好捨小節而全大義。也是「隨分報國」之一途而已。

關於前者，自然很多，而尠為一般人所悉者，如「九一八」東北事變，馬占山抗戰嫩江橋，杜月笙率先捐輸銀洋十萬元，作為倡導。「航空救國運動」展開，杜月笙亦首捐私資四萬元，購飛機兩架，一贈飛將軍孫桐崗（杜月笙門徒）；一贈上海飛行社。民國二十一年「一二八」淞滬抗戰，杜月笙成立上海市各界抗敵後援會，先倡捐獻勞軍、置酒犒師，以振奮士氣民心。「八一三」全面抗戰發動，杜月笙負責上海地方協會與中國紅十字會，出錢出力，皆全力以赴。日偽簽訂密約，二十九年一月，杜月笙協助陶希聖、高宗武揭佈日偽陰謀。並助陶希聖等三十六人，於民國三十一年春，由香港經東南亞投奔重慶。一面又掩護蔣伯誠、吳開先等在上海進行地下工作。上海淪陷，日偽積極謀收杜月笙以為己用。杜月笙明大義、識大體、辨是非、知順逆，絕不受敵偽之威脅利誘，毅然於二十六年秋，南下香港，寄居九龍柯士甸道時，猶每日下午必渡海至香港，主持策反工作，並協助抗日志士，轉移及加入抗戰陣營。直到日本陷港九，他離開港九時始止。

民國三十四年秋，盟軍計畫在江浙沿海一帶登陸。杜月笙雖「不在其位，不謀其政」，但仍不辭艱苦，抱病與戴笠將軍（後墜機失事殉國，杜月笙痛哭失聲），共效馳驅，東下吳越，策劃在敵後響應盟軍反攻，指揮忠義救國軍作戰，阻止日軍敗退擾滬。及聞日本投降始兼程回滬，為安撫上海地方而籌劃、而效力。

關於安撫上海地方，就作者所悉，如洪憲皇帝袁世凱在滬的爪牙：上海鎮守使鄭汝成之被狙殺於上海外白渡橋，民國六年護法之役，肇和兵艦起義於黃埔，幾全為滬方所策動與資助。十六年，革命軍北伐，上海不戰而下，李寶章（孫傳芳部師長，一隻腳跛子）、畢庶澄（張宗昌的部將），不能立足而逃遁；使上海人民生命財產保全至巨。抗日時代的上海聞人張嘯林（曾與杜月笙結為兄弟，且曾比鄰而居）於民國二十九年八月被刺於其汽車司機。偽上海市長傅筱庵，被其私宅花匠以斧狙擊於臥室。

唐紹儀（少川，廣東人，民元北京臨時政府內閣經理）多年與袁世凱深交，歷任政府要職。後與袁世凱交惡，投入革命陣營，仍居要津。民國二十七年，上海淪陷，日人陰謀利用之組偽政府。唐紹儀意動，即欲粉墨登場，終被擊殺於其家之客廳。

以上張、唐二人，皆被日偽收買利用的大漢奸，上海志士，能除惡於未發，弭禍於無形，杜月笙潛著之功績，更能無法估量的。

憂人之憂急人之急

前中國勞動協會理事長朱學範原是杜月笙最器重的弟子之一。抗戰勝利以後，不滿中央的各黨各派，勾結中共，與中央對抗，朱學範亦參加了反政府活動。

民國三十六年一月杜月笙曾親赴香港，向朱忠告，勸之早自覺悟。而朱平日對杜月笙素為尊崇備至，常謂：杜月笙平日對人，不但在精神上，能推心置腹；事實上，尤能憂人之憂，急人之急，始終不改其仁人君子的風範。朱在重慶無事閒聊時，亦愛談杜月笙的故事。有幾件關於助人濟急者，也頗具趣味性。

時間是在民國十五年，楊杰（字耿光，雲南大理人，曾任副參謀總長、駐蘇大使，民國三十八年被刺於香港）為中國自蔣百里後之又一位軍事學家，時任陸軍大學校長，不知係何種理由與採什麼手段，在上海娶得一妾。因欠付身價，被索債者逼償，因之於上海西藏路一品香飯店（旅社），限其自由行動。楊不得已，亟電告杜月笙請援。杜月笙至，明事之本末後，立付三千元，討債者始散去。吳鼎昌（達銓，曾任貴州省主席）在南京任實業部長時，其子就讀於上海，不專於學，而沉迷於舞廳。吳屢施管教，皆未見效，乃電請杜月笙代為約束，並迫令回京。杜月笙當命江北一小開胡某，許以大新舞廳，歸其獨自經營；但須派人將吳子送京交到。事雖不著痕跡而解決了，但杜月笙暗中損失，亦屬不貲。

北洋政府時代的國會議員湯漪（字斐予，江西泰和人，梁啟超的弟子），抗戰時民國三十一年四月，病逝於重慶。身後蕭條，無以為殮。時許世英（靜仁，安徽人，民國二十五年任駐日大使，來臺後，任總統府資政）先生，任賑濟委員會委員長（時湯漪任委員），擬撥公款，為之治喪。杜月笙聞而止之曰：「政府如有明令，為湯先生治喪，花費公款，自然應該。今徒以私人交誼而動用公款，事理殊欠妥當。杜某今願以一己之力，為湯先生了其後事。」此非僅輕財仗義，公私分明，交情益顯。

杭州裡西湖西冷橋隅，有一名勝地，原為「武松衣冠塚」。凡讀過施耐庵所作水滸傳的人，都會佩服景陽岡打虎武松的神威，和醉打蔣門神，殺死潘金蓮、西門慶的英勇行為。他的墳墓，正史不傳。據說武松曾來過杭州，因為民除害，打死一個貪官污吏，被捕下獄，瘐死牢中。杭人德之，特為立塚，以資紀念。現在此塚久已蔓草荒煙，失其勝跡之名。民國十九年，「西湖博覽會」在杭州舉行。杜月笙應邀蒞臨西湖遊覽，因景仰武松的為人，且具惺惺相惜之懷。時有倡議重修武松墓者，當經眾議定費用為三百元。杜月笙適在座中，隨曰：

「不建墓則已，要建就要造得像樣一點。」聲言：「願獨捐資千元，不須別煩諸位。」迨幕完工，題碑，議不能定。杜月笙亦立命題為「宋義士武松墓」，眾皆服其明捷之才。

閩人陳羣（老八），民國十六年，革命軍北伐時，任東路軍總指揮部政治部主任。卸職後，落魄上海，幾瀕絕境。往見杜月笙，思有所歸。時杜月笙正在法租界，創設一所「正始中學」。杜月笙未加深考，當委之任校長。固在利用其才，多少亦寓有救濟之意存乎其中。當杜月笙與黃金榮、張嘯林、王柏齡、楊虎等結義時，也把陳羣拉入在內成為金蘭五兄弟，亦足見杜月笙對陳之重視。及汪精衛組偽政府於南京時，陳羣不但背棄了杜月笙，且變節做了偽江蘇省政府主席。杜月笙以其深負所期，復附逆為奸，乃與之割席絕交。及日本投降後，陳亦自知罪該萬死，為逃避國法之制裁，於清理財產，遣散若干小老婆，邀請親朋宴別之後，乃服毒自殺。倒也死得乾脆俐落。

善散其財禮賢下士

杜月笙原是一個純粹布衣平民，雖然輕財，但其金錢亦非儻來之物。遊俠傳有云：「近世延陵孟嘗、春申、平原、信陵之徒，皆因王者親屬，藉於有土卿相之富厚，招天下賢者，顯名諸侯。……閭巷之俠，修行砥名，聲施於天下，莫不稱賢是為難耳。」像杜月笙這人，既無父祖豐富的遺產（薄產也無），亦乏達官貴人的祿人，祇因善於聚財，亦善於散財。會散才會聚，故其生平，為人排難解紛，幼已成性。凡事之可以財物和解者，輒私納之金使寢，而當事者亦常不知情。本其愛眾濟世之懷，凡救災卹貧，解囊毫無吝色。社會福利公益之事，策劃創建，更不遺餘力以赴之。

抗戰之前，上海華商電車公司，因勞資糾紛而罷工。杜月笙積極支持，並獨捐助勞方銀元三千。上海郵務工會罷工，中國紡織工會鬧風潮，杜都表同情，各捐助十萬銀元，乃使風波消弭於無形。三十六年夏，蘇北黃泛，洪水成災。江蘇省主席王懋功，特兼程來滬，集江蘇同鄉暨旅滬聞人，為災民呼援請命，杜不僅親來參加，且邀約霍寶樹（上海救總分署署長）、束雲章（中紡公司總經理）等富紳巨賈偕往，共襄私舉，始能達其理想的救濟結果。

杜月笙亦深明財聚則才散，財散則才聚的道理。上述能急人之急，固其一端。同時，他樂於養士，亦善於用士。故其「恆社」數千弟子，亦尠有不用命者。尤其他的本身，因少時缺乏文學修養，對於文學人士，更特予垂青禮遇。如楊度（晳子，湖南湘潭人，有才子之譽，洪憲六君子之一），自捧袁世凱行帝制，組織籌安會失敗以後，受到全國各方的攻擊，幾無地以自容，潦倒於上海。「國人皆曰殺，杜鏞獨憐才」，門客其家有年，禮遇不稍懈。毛澤東的掛名老師，孤桐章士釗（行嚴，湖南長沙人），自北洋政府時代的教育總長下臺以後，無所依附，飄零黃浦灘上，亦門客於杜家，且屢受經濟上的援助。章原為中國有名的法學家（抗戰前在上海任律師），及毛澤東偽人民政府成立，章任中共中央文化研究館館長，便由杜家門客，轉作了毛家的門客。

民國三十一年，杜月笙旅寓雲南昆明，遇一文化難民某，登門求謁。云由江漢逃滇，形容憔悴。時杜正擬出門，上冠生園飲茶。知其來意，竟毫無考慮，傾其袋中千餘元，悉以濟此流落異鄉的文化人。及離冠生園掏錢付賬時，始悟其囊已空如洗。後來還是陪從的客人，墊付茶資。抗戰勝利後，杜任上海申報董事長。但申報盈餘不及上海新聞報。某年，新聞報年終紅利，每員工加發四個月薪水，而申報僅能發兩個月。申報員工，便要求與新聞報看齊。杜於董事會議時，慨然承諾，其不敷之數，全由其個人彌補。當令會計部門，向中國通商銀行（杜月笙私有）交涉轉賬。且謂：報社皆大小文士聚集之所，他們辛苦終年，也是值得慰勞的。

故杜之於錢財，向無計較的習慣，支出超過預算，乃是常有的現象。祇是傷了賬房先生的腦筋。在他卻「千金散盡還復來」，實不遜於「陶朱公之三致千金」。

不念舊惡不忘舊恩

遊俠列傳有云：「家無餘財，衣不完采，食不重味，乘不過軥牛。」杜月笙的生活，雖未臻此，其儉樸之德，克己之懷，亦彷彿近之。這是因為他雖具有遊俠的心腸與作風，實又陶朱公之流亞，亦俠亦商，卻不盡同於朱家、郭解之流。杜所營工商事業，門道繁多，也並非一帆風順，偶不順利，即常不免捉襟見肘。加以平日手頭開支，又向不量入計出，一時將伯之呼，通融之託（即今日之調頭寸），自然有所不免。抗戰前之某年，適屆舊曆年關，杜以債臺高築，年關難過，乃往商之於中國銀行總經理張嘉璈（公權，江蘇人，歷任國府部長或金融財政首腦），願將其個人的不動產，向中國銀行押借銀洋三十萬元。當被張婉言拒絕。事聞於交通銀行總經理錢新之（永銘，浙江人，金融界首長、國大代表），乃親造訪杜，自請願以信用借款貸予全數。張嘉璈聞之，頗有慚感，復請參加與交行合貸。杜亦以一客不煩二主，婉言謝之。從此杜月笙以錢新之知己最深，肝膽相照，能濟人燃眉之急，因之交誼日深，終其生未改，亦特禮重之，經常稱錢新之為「先生」，以示不忘。

民國二十五年，張嘉璈出任國府鐵道部長。蒞任之初，一日忽登杜月笙之門。杜對於往事，毫無芥蒂，即起出迎。張猶提及上次貸款之事，極表歉忱，繼請對鐵路交通予以協助，求無事故發生。說者有謂：張亦未免自暴其短，以小人之心，度君子之腹。這固是第三者所不便置詞評議的。不過，杜當時既未記念往事，對張嘉璈所謂協助之事，反予滿口應允。一諾千金，終上海淪陷於日本之前，京滬、滬杭甬兩條鐵路，迄未聞有不幸的事故發生，而杜之不念舊惡，亦實非常人所能企及。

杜月笙與宋子文（曾任財政部長）兄弟，素為金融界道義之交。民國二十六年正中日關係緊張之時，日人願斥資日幣三千萬元，與杜合組「中日建設銀公司」，以與宋子文的「中國建設銀公司」抗爭。日人陰謀，不外藉此分化中國財金領袖，破壞中國經濟建設。杜月笙洞燭其奸，即嚴拒之。杜豈見利忘義、不念舊恩之人?!日人雖心計詭詐多端，其實並未瞭解到杜為何許人！

二十年「九一八」東北事變後，國人痛惜國土淪喪，對張學良便有很多指責。張亦似惡夢初醒，在北平停留一時期之後，便偕其妻于鳳至與趙四小姐來到上海。杜為盡地主之誼，竭誠歡迎，並特安排住在上海福煦路一八一號。張原有一種不良嗜好，經杜婉言勸勵，張亦決心戒煙，且表現於行動。在此期中，亦即張新生活的開始。而杜待友直諒之功，實未可沒。張戒絕嗜好之後，二十二年四月遊歐，二十三年一月返國，重擔黨國大任。後來不幸而發生西安事變，這不但出乎杜意料之外，亦誰也沒有想到的事。

民國十三、四年時，四川軍人范紹增（海庭，曾任軍師長）挾其多金，流連於上海十里洋場，經常出入歡場，逐美徵歌，揮金如土。范原作客於杜家，杜以其豪爽率直，亦多予優待。范將返川，以久擾杜之故，臨行敬以四萬元紅包，以餽杜月笙的子女，另厚賞其僕役。杜不拒亦不謝。及餞別宴中歡談時，杜詢以「此行其樂如何」？范直以「恨未能一親黃白英之香澤」對。杜月笙當亦微笑置之。黃白英者，係上海當年的紅舞星，與范感情尚洽。及范返四川防次，未久，杜隨以巨資取得黃白英，派人護送至川。范既感杜送美之義，亦杜不輕受施，有情之必報。古人云：「施人慎勿念，受施慎勿忘」，與不念舊惡，不忘舊恩，杜月笙都可說是「於身無虧」。

地下市長江湖領袖

杜月笙以布衣起家發跡於平淡中，表現特殊，不待爵而尊，不因祿而顯，不以學而名。不沽名釣譽，而名譽自至；不求聞達而自聞達。他在上海，有「地下市長」之稱，出上海有「江湖領袖」之譽。故他所至之地，大眾無不聞名而來，以能瞻仰顏色為快。不過，杜月笙世居於浦東高橋，及長，都以上海為其發展的根據地，很少出門，尤其離開上海遠至內地或海外。

民國三十年十二月八日，太平洋事變前夕，他曾應政府當局之邀，與虞洽卿、錢新之諸人，由港飛渝。雖屬因公，以不願接受公家的招待。寄寓於重慶市繁華地區大樑子打銅街交通銀行的三樓。據說是盛老四（名恩頤，清名臣盛宣懷第四子）作了東主。一切起居生活，相當能夠適應。惟因其早患有哮喘痼疾，先不慣於香港的潮濕，此時也不慣於重慶的濃霧，時有遷地為良的打算。嗣經多數朋友的建議，終以考察實業名義，做了一次遠遊西北之行。

杜月笙於三十一年十月遠遊西北，歷時數月。西北父老兄弟，無論識與不識，莫不引頸佇望，爭以地主之誼欣接嘉賓。四川省主席張羣（岳軍），邀宴於成都（省會所在）。川、陝、鄂三省邊區總司令祝紹周（芾南，浙江人，民國六十五年病逝於臺灣）迎賓於漢中。西北公路局長何競武，招待於四皓莊。人稱西北王的胡宗南，則掃塌於西京。以一布衣，其行止動公卿，驚地方，這自是很少見的現象。

當其在成都時，各界盛開歡迎大會。京劇界人士為投杜之所好，則舉行公演。時有二位老伶人，年近古稀，早已退休劇壇，亦主動要求義務參加合演。主其事者，為新鮮、為熱鬧，當允所請。蓋此二伶以前曾是上海劇臺演唱的角色，以時運不濟，命途多舛，異鄉潦倒，欲歸不得。幸得杜月笙的協助，始得返回故鄉，今特藉此機會前來串演，不外不忘舊恩，略表敬意而已。

杜月笙行旌，某日擬夜宿川北桐梓，邑人聞訊，便夾道郊迎。並於道旁設置紅緞椅披座位，民眾供設香案以待。杜至促坐，羅拜不已。杜頓感驚訝，莫名其故。嗣經一位老者說明，杜使明其原委。蓋當十餘年之前，四川曾發生一次大旱，赤地千里，哀鴻遍野。杜月笙曾積極設法轉運糧食，賑以大量米票，活人無算。故邑人咸視杜為萬家生佛，至今未忘，實大有「郭解入關，關中豪傑，知與不知，聞其聲，爭交驩解」的盛況。

杜月笙此次西北之行，除在重慶開設「中國通商銀行」分行外，在蘭州也籌設了該行分行。同時，利用西北毛產，與毛虞岑合資在蘭州創辦「中華毛織廠」。對於西北實業的推動，甚有影響。尤其使他不能忘懷的，就是西北人士對他熱愛之情。故杜反重慶以後，猶感慨的說：「我一生祇知替大眾服務，盡人的本分而已。今不圖承大家這樣愛護，實慰平生！」這輕描淡寫的幾句樸質的話，平淡無奇，實出於五衷，發乎至情。較一般才俊之士萬言文章，或達官貴人高談闊論、長篇演說，或自己不能以身作則，開口對人便大施教訓者，感人更深。尤其「盡人的本分」，我輩豈能毫無媿色？

不涉政治不干祿位

杜月笙生性不幕虛榮，不求聞達，名利之途尤恐避之不及。這些特點在他表現於實際行動者，既不插足政治，亦不干祿求官。據說：他一生僅做過兩次中央民意代表，一為對日抗戰時的國民參政員，一為三十五年的制憲國大代表。兩次掛名無印的官，一為民國十六年，蔣總司令介公聘為總司令部少將參議，一為十八年，蔣介公聘為海陸空軍總司令部中將參議。都是因為工作方便的需要，勞心費力，貼老本的事。為國家，為社會，他尤樂而為之。

抗戰勝利前後，重慶各黨各派人士組黨結派之風，盛極一時。杜月笙門客章士釗曾慫恿他追逐時潮，以「恆社」（為社團結弟子之組織，類似幫會，成立於二十二年。戰前有弟子近千，戰後逾二千人）社員為骨幹，自組「民主黨」，願推為領袖，杜謙讓再三，終拒所請。但為敷衍章士釗的情面，祇答允使恆社的弟子們，共舉章為黨魁。但章以腐朽書生，空談文事，或擅其長；以言實際組織行事，則難當其任。所幸未久日本投降，組黨之議始寢，杜也才脫離了章士釗糾纏。

抗戰勝利之後，杜月笙回到上海，仍如戰前一樣，以在野之身，服務於地方社會。責任不辭，功成不居。民國三十五年，上海市民原以極大多數的選票，選舉杜為上海市議會議長。他再三謙辭，終讓賢給了潘公展（六十四年病逝於紐約）。其他如全國銀行公會，選他為理事長，便推給了李馥蓀。全國工業總會理事長，在選舉之前，便已堅決謙辭。全國紡織業聯合會理事長，屢辭不獲，不得已聲明僅負名義，而以實權委之束雲章。所以杜月笙即使服務地方，亦同樣淡薄名利。尤以自己身體羸弱，深恐不能盡其責任，反而誤了國家社會。這並不是他故作矯情謙讓，所以大家也很能體諒他。

最大嗜好就是皮黃

杜月笙自脫離青少年時代的荒唐生活以後，可說沒什麼不良嗜好。如要說他有嗜好的話，那就是特愛皮黃。但他僅會六齣戲，加以喉嗓土音很重，雖練習有素，咬字吐音仍未全脫浦東鄉音。他也自是其是，不管其他。

杜月笙愛皮黃，一生別無所獲，卻獲得了早享盛譽的兩位名藝人的垂青，先後都成了月笙哥的夫人。四夫人姚玉蘭，原是上海共舞臺的紅女伶，與杜於十八年結婚。另一人就是私戀多年，三十九年來香港後，才與杜補行婚禮的五夫人孟小冬。孟係余叔岩的再傳弟子，早膺有「冬皇」的榮封，名揚京滬。他有五位夫人，唯有這兩位卻是以嗜好相同，惺惺相惜而結合的。

杜對於皮黃，不但愛聽愛看，興之所至，有機會亦常粉墨登場，客串一番。戰前某年，上海聞人虞洽卿的壽辰，寧波旅滬同鄉會為設祝壽堂會，杜月笙與姚玉蘭兩人，即客串《四郎探母》一戲，姚飾鐵扇公主，唱做俱佳，四郎杜月笙，亦大有風頭。民國十九年，浙江省政府主席張靜江（人傑，浙江吳興人，曾在海外經營古董生意，獲利頗豐，悉以濟助革命）在浙江杭州西湖舉行萬國博覽會，杜與張嘯林、楊嘯天（虎）等上海聞人，都應邀前往參觀。時楊嘯天在西冷附近山上，建築一座美侖美奐的崇樓高閣，藉機舉行落成宴客。杜與張嘯林合串了《打嚴嵩》與《連環套》兩齣平劇，座客皆覺大飽三福——口福、耳福、眼福。

至於杜月笙與孟小冬這段由戲劇同好而結合的姻緣，亦相當曲折有趣。杜原早傾心於冬皇，當「八一三」抗戰發生，杜與孟不約，皆由滬至港。因各較閒散，見面機會既多，過從亦日益親密。及三十年「一二八」太平洋美日戰爭爆發前夕，杜以公赴渝，久滯未歸，孟小冬最初猶留香港以待，不久，亦北上至平，似已成了分飛勞燕。孟在北平，以生活關係，重理舊業，登臺演唱。杜在渝，則舊情難忘，每至深夜，必以短波無線電收聽孟小冬在平登臺演唱的轉播。杜用情之深，似以一聆珠喉亦可稍獲慰藉！

以後直到三十九年，大陸赤燄遍地，杜與孟小冬皆避難香港，始得重敘舊盟，補行婚禮，冬皇才正式成為杜氏家族的一員，杜亦更有快慰平生之感。杜月笙逝世後，冬皇夫人以知音難再，亦謝絕紅氍毹上再現身手。雖間逢嘉慶盛典，偶或一露色相，卻又不是一般顧曲周郎可以欣賞得到的。

誓不帝秦避港養痾

中共竊據中國大陸以後，乃中國歷史空前未有的奇變。天下洶洶，進退失據。將校武夫、文人學士，屈節投降，賣身投靠者，實繁有徒。最大多數的人，思想上既充滿了矛盾，行動上則徘徊觀望。終於闖進鐵幕，不由選擇，唯有歸順。杜月笙則預見機先，曾告誡家人、親友、弟子，遷地為良，趨吉避凶，皆應早為之備。杜本人經考慮決定後，即於三十八年四月，毅然挈眷南赴香港，賃居堅尼地道。時中共以杜尚有剩餘價值，可以利用，便一再派員赴港遊說，以名利作誘餌，打起偽主席毛澤東的招牌，恭迎駕返上海，為所謂人民政府效力。時王曉籟（上海聞人，曾為上海商會會長）、劉鴻生（浙江人，經營實業致富，有實業大王之稱，四十五年死於上海）、吳蘊初（葆元，江蘇人，以天廚味精致富，曾當選為國大代表，四十二年死於上海）等，受了中共的哄騙，皆已動心，於三十八年先後北返大陸投靠。唯有杜月笙早已誓不帝秦，毫不為所惑。或謂：這與其健康亦有關係。其實杜早嫌香港潮濕太重，如僅為養病設想，上海又略優於香港。故杜不返滬，非為病體，實大義所使而然。

杜月笙時年已逾六十。因生長於江南，不服香江水土，心臟亦覺衰弱。在港養疴期間，既少外出應酬，亦尠公私勞累，但經年餘修養，仍無起色。原患哮喘痼症，反益加劇，幾整日不能離開氧氣。尋且半身不遂，不能離開床褥。

加以國事日非，時傳噩訊；而私人在經濟上之有出無入，物質上既日趨艱困，精神上尤感苦悶。自覺心餘力絀，又計無所出，悶悶不樂，終日不解愁顏，常慨乎其言曰：「國家民族，到了這步田地，我亦走投無路，無從效力了。悶到死，我也將去矣。」當期並重時，蔣前總統介公曾派洪蘭友（國民大會秘書長），由臺專程飛港，問疾於病塌。杜月笙深表感謝，得悉臺灣都在進步之中，猶含笑斷斷續續而言曰：「好！大家都好！有希望！」其弟子陸京士（立法委員，七十二年病逝臺北）由臺赴港探疾，杜自知已少生望，並擬將所準備的一筆巨款，交囑陸京士，照顧「恆社」社員。陸以杜正需錢治病，除婉卻之外，並告以臺、港所有「恆社」社員，各營生業，咸能力爭上游，且都惓惓未忘師恩，更無勞恩師罣慮。杜色稍霽。

一代奇人八子三女

杜月笙病纏床褥，突發高熱，已達一百零九度。雖經中西名醫細心診治，因以精、氣、神三者均虛，反魂乏術，終於民國四十年八月十六日，在他六十四歲生辰的前一日，溘然長逝。按照陰曆計算：他生於中元節日，歿於中元節前日。或謂：亦太巧合，必有其異乎凡人的身世，異乎凡人的經歷。其然乎，其不然乎！杜逝世後，其家人宣佈他所預立的遺囑：

「余樸實無文，生平未嘗參加實際政治，然區區愛國之懷，不敢後人。遠如辛亥革命及討袁之役，余因追隨邦人君子之後，盡其棉力，效奔走之勞。近如北伐統一及對日抗戰，更懍於國家民族之大義，益勵素志，兼因一己事業上之負荷較重，故對國家之貢獻機會，亦隨之較多。他如生產建設或社會事業，凡可福國家而利民生者，無不唯力是視。誠以余出身寒微，所受國家社會之恩賜殊多，義之所在，不敢不盡力以赴之也。比年以來，夙疾頻發，以國難未已，憂心如搗，體力日益不支，愧不能再有所報奮。茲當永訣，深以未能目睹中華民國之復興為憾；但望余之子弟及多年從遊之士，能繼余志，各竭忠誠，隨份報國，是所大願。」

遺囑簽字，註明為「四十年八月七日」。其中除勉其家人子弟與門徒繼承遺志外，就是以未能看到光復大陸為念。其愛護國家民族之心，更躍然紙上。實大有陸放翁「王師北定中原日，家祭毋忘告乃翁」，雖死不忘之慨。

杜月笙的喪訊傳出，香港社會人士多表傷感太息。隨停靈於香港萬國殯儀館治喪。蔣前總統介公賻贈「義節聿昭」四字，以旌表之。各方所贈祭幛輓聯，懸遍祭壇內外，自有不少佳章傑作，這在《杜月笙先生紀念集》中，已多收刊。出殯之日，素車白馬，弔者塞途。時天空陰霾四佈，細雨霏霏，亦似為斯人之痛而掉淚者然！越二年——四十二年六月，始運靈安葬於臺灣臺北汐止。杜月笙有五位太太，元配沈月英、繼配陳夫人、三夫人孫佩豪、及前述姚、孟兩夫人。子孫滿堂（八子三女）。

智者好人所以為奇

杜月笙歸真反璞，生世算是完了。古文學人士替他人做傳記或寫墓誌，最後照例來一套什麼「贊曰」、「銘曰」，吹捧歌頌的駢體四六文章。現在雖用不著如此虛偽舖張，也不妨說幾句老實話。綜杜月笙一生，其初之不務正業，亦類今太保流氓。及其憬悟，又能從善如流，不私其財，不自求享受，不為兒孫稻粱謀，專注社會大眾，關心民生福利，素行急公仗義，濟困扶危，皆視為「盡人之本分」。以一布衣而名動公卿，往來顯貴，亦無逢迎驕矜的俗態與矯情奪理的言行。所創「恆社」，以「互助互信」相勗勉，立為共同守則。雖負俠義之譽，絕不以武犯禁。蓋以為人和藹謙恭，與世無爭，與人無怨，而又功在國家社會。此其所以難能可貴耳。

上海乃至江浙一帶，大佬、好老、闊老、強老多矣，而「名不虛立，士不虛附」（史記語），試問尚有誰能出杜之右！故以智愚論人，不如以世俗之見論杜月笙，杜月笙直是一個愚到極點的智者。以好壞論人，如不以一般觀點看杜月笙，杜月笙乃是一個壞到頂點的好人，此其所以為奇也。余無適當之詞來紀述他，祇好譽之為江湖奇人。

9

杜月笙俠義天下聞

黃立懋

劉三今義士，
媿殺讀書人。
風雪銜盃罷，
關山拭劍行；
英雄須閱歷，
俠骨豈沉淪，
亦有恩仇託，
期君共一身。

——清龔定盦送劉三詩

嘗考史記、遊俠列傳：儒與俠都稱於世。有布衣之徒，設取予然諾，千里誦義，為世不顧死，故朱家郭解之流，名不虛立，士不虛附，太使公贊之。反之，至如朋黨宗彊比周，設財役貧，殘暴親凌孤弱，恣欲自快，游俠亦醜之；於以知俠義之風，亦是我國民主文化優秀之特點也！

環顧近世，江南之區，以一布衣卓然有駕乎燕趙感慨悲歌之士，不僅有戰國時代的「孟嘗君」和「信陵君」廣交天下士，以俠腸義膽之心胸，遂成英雄豪傑，尤其能深明民族大義，庇護社會人羣，匡護社稷安危，為舉世朝野所一致景仰者；蓋棺定論，殆為上海浦東杜月笙氏其人其事呢！

活動機智判斷力強

杜氏名鏞、字月笙，一八八八年生於滬江之浦東，是一個貧農的子弟，幼年沒有受過良好的教育，當滿十歲的時候，他便赤手空拳地渡過了滾滾的黃浦江，潛身於上海魚市場，出賣氣力換人家的白飯。這時候的杜月笙，已經是一個充滿著活動、機智、與判斷力過人的小伙子，成天混在一羣和他年齡不相上下的孩子中，每當發生一些激憤不平或爭權奪利的糾紛，他總是用理智去判斷，多少孩子們吵得面紅耳赤，握緊拳頭準備打架的時候，他又總是心平氣和地勸告人家：「君子動口不動手。」因此，他那老成持重，講求道理的風度，漸漸在夥伴中樹立起威信，以後每當孩子們有了糾紛，幾乎打得頭破血流，便立刻有人建議說：「別打了！請月笙哥來評評理看！」也正因為他那不偏不阿的態度，毫無意氣用事，終於大家很願意接受他的調解，化干戈為玉帛，變仇敵為友好。

生性豪爽貴賤相交

歲月如流，當杜月笙先生二十幾歲時候，他在上海灘上奠定了江湖領袖的最初基礎。接著他曾在上海法租界做過事，並得力於湘人張翼樞（驥）說項舉薦之勞，以受知於官府，見重於當世。對於法國領事館與華人在租界衝突流血事件，曾排難解紛平息不少次！從此不特身繫法租界安危，而其他英、日及公共租界，以物望所歸，也莫不敬畏杜氏為人之公正與其任俠之機智，他常為了一件對國家社會有益的事，或拯救一位患難中的朋友而一揮千金萬金，不稍顧惜！他天性豪俠，納交不分貴賤，都是肝膽相照，如有急難，赤忱伸援，從不猶豫，故海上豪俠之士皆宗之。無形中構成安定社會間廣大深遠之力量！且亦寖成了中國實業界巨擘！由平凡而達到不平凡，非有過人之質，不克臻此，非有上海租界，亦不能至此，租界罪惡固多，然能為中國煦育杜氏一流人物，得於社會國家有所裨益，亦可謂相反相成焉。

有天下士讀古人書

杜氏在海上之舊居（華格臬路），有門對一副，每逢農曆元旦，重寫一次，但字句歷年不變，上聯曰：「友天下士」，下聯曰：「讀古人書」。他以幼年限於環境，少讀書史，但平時倩人講解歷史故事，尤傾心於英雄豪傑掌故，以補讀書之不足。他每對人言：「處世之道，盡在誠字。」舉一反三，始可以言交友矣。

杜氏以一地方人士身分，直接參與國事創進運動，濫觴於辛亥大革命時，曾助革命黨人員陳其美攻佔上海製造局。嗣後凡護法以及民十六年北伐諸役，莫不竭盡心智，為政府效命；袁世凱恃以鎮懾江南反對勢力之親信爪牙鄭汝成（上海鎮守使）稽誅於上海外白渡橋，民六海軍肇和兵艦之起義護法，胥為杜氏得意傑作！尤以民十六年北伐軍不血刃而光復上海一役，最膾炙人口，維時國共合作，然暗潮激烈，滬上為東亞唯一的工商業大都市，產業工人有眾數十萬，共黨早就組織，資為革命後盾；當孫傳芳潰敗，革命軍尚激戰於贛浙境內時，共黨所組武裝工人糾察隊數萬名已控制全上海。迨何應欽將軍統率的北伐東路軍奄有浙省，進薄春申前夕，杜氏突以迅雷不及掩耳之勢，起而領導在滬革命黨人楊虎等，不費一槍一彈，在旦夕之間，盡將數萬糾察隊繳械，歡迎東路軍前敵總指揮白崇禧將軍浩浩蕩蕩進入滬市，當時民間多不知糾察隊竟何以神龍見首不見尾呢？

自從國民革命軍北伐告成，一直到七七蘆溝橋事變，這十餘年間，杜氏悠悠居處海上，悉心致力其個人工商企業，絕口不談政治，也不參加任何黨派，除了主持過上海「地方協會」和「上海市抗敵後援會」「中國紅十字會」救護傷兵，大規模的募款救濟難民之外；他在上海從未擔負過任何有政治色彩的職務，祇有後來在重慶時代受任為國民參政員。但始終沒有聽見他發言或提案，更從不以此名義號稱於眾人之前。抗戰勝利後，上海參議會的議長一席，本來以壓倒多數當選，但他終於也堅決辭讓改選為潘公展了。

恆社同人互助互信

假如說杜氏生前在上海，曾領導過甚麼派系組織，在社會上潛存若干勢力的話？那恐怕就僅一名為「恆社」的團體，擁有「杜氏門人」起初約在五百人左右，完全是社會性公開社團形式，標「互助互信」為社員守則。很少干預政事，組成分子初以工商界人士為主，抗戰時，漸漸擴及其他各階層，以致不僅上海有杜月笙，於是漢口市有某某人被稱為「漢口杜月笙」，四川省某某人被目為「四川杜月笙」，這三個字有一種「普通名詞」（Common Noum）的作用了。這三個字的意義，不僅僅是私人的姓名而已。就在他這一次旅行中，四川、陝西與甘肅三省有不少敬仰他的人，投到他門下，執弟子之禮，他的偶像也開拓了領域，從長江下游，伸展到了西北。我想「恆社」的社員，已不下數千人了。

日寇誘惑無動於衷

自抗戰爆發，上海淪陷，日寇多方誘惑，餌以市長，杜不為動，於是杜氏拋棄他在滬之資產與心血結晶的一切事業，毅然決然前來香港，以免本身陷入敵人重圍！至論其滬上的事業：如自辦中匯銀行，通商銀行，遍設工廠，創立各種工商集團與文化教育事業；獨資創辦正始中小學廿餘年，他若許多報社書局，得其贊助支持發展者，僕更難數！又世人惟知他在浦東建造的杜家祠堂，如何壯麗堂皇，其實他在浦東高橋所倡設的醫院，利濟社會人羣，卻遠在杜家祠堂之上呢！

他到香港後，就把策動後方與淪陷區的反抗工作擔負起來，他指揮上海的社會性地下工作挽救了不少上海士紳逃出虎口，免受敵人的利誘威脅，並組織青年，予以資助與鼓勵，使赴後方參加抗戰陣營，其功績誠不亞於戰場上出生入死之戰士！較之在上海之張嘯林變節漢奸，助日作倀，卒為愛國之士其司機所狙殺之。黃金榮居滬依違兩可，逢迎日寇不斷，三人之品格大白。至於叛逆唐紹儀的被刺於滬寓客廳，偽上海市長傅筱庵的送命於臥室，都是這一批在杜氏感召下的義民的愛國表現。杜氏智慧過人，凡係政府託他的事情，無不一一做得妥當，其時經常往返港渝之間，向國府報告或請示，對於東南陷區工作，盡了許多規劃和指導的任務，那時汪精衛偽政府，和日本政府簽訂的賣國協定，兩方正在進行尚未發表之際，重慶國民政府，已先得全文，立予發表，世界震驚！殆不知該項協定之獲得，還是仗著杜先生秘密設法去弄到的。

組織公司爭取物資

民三十年秋冬之交，杜先生到了重慶，恰值太平洋戰事發生，香港淪陷，他自此長住在重慶，他看到後方工業建設之迫切需要，拿他個人的力量和聲望，在重慶建立了幾個紡織工業、航業、麵粉業，同時並領導辦了幾個運輸和貿易機構，為國家增加生產，爭取物資。蓋其時對外路線，僅滇緬路一處可通，道路崎嶇，尤其彼時軍實為重，民用物資，均在次要之列，遂組設規模宏大之「中華實業信託公司」，凡係自陷區爭取或由仰光購運來之物資，皆由「中華實業信託公司」負責供應，悉照政府價格，售於物資機構，無論何人，不得兼作營業，其律己之嚴，與其公忠為國之精神，實堪欽佩！

關中大旱親往放賑

杜氏趁此時機，並曾考察西北之行，沿途所經城鎮，凡機關、團體、民眾相率郊迎，以一覩杜氏風采為快！遂後在西北也領導辦了一個頗具規模的毛紡織廠和一家冶金廠，其實他的社會力量，不但長江南北有極大的力量，即在陝西關中一帶，提起他的名號，無人不知。因杜氏早在民國十年，陝西關中大旱成災，杜自己親赴關中放賑，活人無算。故此次赴西安，省府主席祝紹周、司令官胡宗南、杜氏門生西安通商銀行經理王寶康等前來迎接，沿途家家戶戶軍居民設置香案，跪地恭迎，杜氏弄得莫名其妙，非常不過意，自己走下車來答禮。後來知道那些人是感激他民國十年放賑之恩的！這在抗戰西北一段佳話！他辦的通商銀行在西北特別有信用，與此亦不無關係。

籌款解紛無錢過年

杜氏一生最難能可貴者，雖起自寒微，而氣度恢宏，出自天性，所謂士先器識而後文藝，杜氏足以當之而無愧！據滬上錢新之先生一席談有云：「那一年秋冬之間，上海工潮蓬勃，經濟治安，陷於極度不安之際，上海郵務工會，因為待遇的關係，鬧了一場很大的風潮。那時杜先生在勞工方面，已有了力量，而他又天生有一種善為排難解紛的精神，經過多次的折衝，才知道局方與工會方面的距離，是有十萬元之相差，他有毅力，他有力量，自己籌了十萬元，把這一次風潮，輕輕的平了過去。賠了錢不願為人知道。同時還有上海的紡織業，勞資雙方也鬧了不小的糾紛，自然又找杜先生來調停其事，其複雜和困難的情形，也不亞於郵政工潮。結果呢，杜先生又不聲不響掏了十萬元，把這件事也敉平過去，於是，大家就對他更進一步的敬愛。但是祇知道解決了糾紛，不知道他貼了這許多錢呢！可是到了陰曆年關的時候，竟然窮得過不了年，拿了他僅有的房地產道契託我轉向銀行借了三十萬元，才渡過了年關。雖然他家中賬房間內，依然照他年年的慣例，預備著一束束的本票和支票或現款，救濟他的窮朋友，或經濟不好的親戚，無論識與不識，凡有求他的，無不滿意而去，故也年年到了年夜，鬧著窮，即此慷慨和熱心，從彼時到現在，恐怕還找不出第二個人呢！」

以在野身熱心國事

不僅此也，杜氏對國事，極為熱心，誠如後來他的遺囑所言：「余樸質無文，未嘗參加實際政治，然區區愛國之心，不敢後人……誠以余出身寒微，所受國家社會之恩賜殊多，義之所在，不敢不努力以赴之也……」雖然，杜氏未嘗實際參加政治。這是他的絕頂聰明處，事實上，他在這幾十年中，都是在野之身，影響了政治。如　總統蔣公，在北伐時期，還直接找杜襄助，抗戰時期的戴笠，更倚仗杜氏之助，予敵偽以各種打擊。國民政府之敵後工作，以上海為中心，而政府在上海社會中，初無潛力，戴笠求助於杜，杜慨允之，親為策劃，凡政府在上海之地下機關，皆以杜之關係，遂獲立足地。當杜氏偕俞鴻鈞、錢新之、陸京士諸先生自滬赴港時，杜屬他的門人萬墨林以開米店留滬，為清理一切未竟之事。二十七年墨林至港問起居，杜面諭其速反滬為國努力，而以謹慎將事為本。凡中樞留滬者，其善為隱護之，且助其工作進展。故蔣伯誠、吳開先諸先生及戴雨農（笠）將軍部署之在滬者，皆與墨林相往還；墨林以杜先生一言協助，不敢少懈！惟戴將軍以杜先生毀家紓難，獲助尤多，遂結為生死之交！抗戰勝利前夕，三十四年秋，杜偕戴雨農將軍自渝飛浙東某地，準備潛返上海郊外，以策應配合美軍登陸閩浙，反攻上海，惟杜氏等甫離渝，原子彈即在日本擲下，而杜氏等在浙東將擾敵背，以利戎行，甫抵淳安，而日本降！迨戴將軍飛機失事遇難！杜先生痛哭三日，雖管鮑、張范之交不是過也。又聞楊耿光在港遇刺時，杜曾搖頭太息至三！蓋戴楊均杜之至友也。

疏財重友趣事紛傳

在抗戰勝利十五年前，楊耿光在滬因娶一妾，遭索賞者包圍於一品香旅館，亟電杜請援，杜至聞悉其事，立出三千元，遣散眾人，此雖屬小趣聞，但亦可知杜之重友誼耳。至杜早年在滬嘗與博徒賣漿者游，博進多金，杜知其將破產，乃莞爾而笑曰：「戲耳！遂還券不受竟焚之。」諸如此，猶為餘事呢！抗戰時，杜氏旅居重慶，常與川中實業巨子劉航琛、康氏兄弟（康心如、康心遠）等交遊，偶而有一次在撲克遊戲中，贏得康心遠的鉅額支票，杜當場即表示不要，過幾天後，又遇見了康，無意中手伸入衣袋取物，摸出了康的支票，他打著哈哈對康說：「哦！這張支票放在身上久了要忘記的，我輩逢場做戲，何必這樣認真呢？」說罷，將原支票奉還康，康不肯接受，禮讓了好久，他索性拿起支票嘶地一聲撕成幾片說：「我們論交友，不在金錢。」還有，抗戰以前，四川軍人范紹增到上海去遊歷，臨別時前赴杜府辭行，杜問他說：「這次在上海玩得痛快吧？」范答說：「其他都很滿意，唯一缺憾是不得一親上海名舞女黃白英，似乎覺得有點未如所願！」他聽了以後，笑著點點頭：等到范歸抵重慶不幾天，名舞女黃白英果真由滬專程飛渝移樽就教於「范師長了」，杜氏這種盡為朋友設想的風度，雖不足為後世人師法，卻也正是他一生地位成功的主要因素。

木訥恂謹助人為樂

杜氏之創業成名，蔚為時代英雄，雖由租界關係所孕育而來，然租界聞人孔多也，如黃金榮一流人，其社會地位之獲致，先於杜，其輩份亦視杜為高。顧皆冉冉沒落，而讓杜氏後來居上，是必有異乎常人者在！杜之為人，木訥恂謹，行己接物，殊少疾言厲色，亦不作放言高論，望之若鄉愿然。惟遇事能為大眾服務，以助人為快樂之本，而忠愛國家彌切；憑其揮金如土之習，仗豪俠義勇之身。揖讓周旋於天下，故無往而不利，茲更舉一事以明之：「當民國十六、七年之交，民黨人士段錫朋及童某許某等，青年跅弛，不守羈勒，在滬組織政團，號『少年建國社』，從事政治活動。資用來源，唯恃當時北方某顯要接濟，而以童某為奔走聯繫者。某次，童自天津以手提箱挾鈔隨身，乘舟南下至滬，由匯山碼頭登陸，迨入旅舍，則滿儲現鈔之一箱，竟失蹤，諸人痛惜欲死，而計無所出，有人謂：『可試乞援於杜月笙。』然苦不相識，乃推許某以上海市黨部委員身分往洽，杜欣然接見，詳詢經過。語以『姑待下文』。次日，電話速許往，出一手提箱示之曰：是耶？答曰然！再問：中儲何物？謂現鈔。杜夷然諄囑曰：將去仔細清查，如有短缺，可告我。許狂喜持歸，三萬餘現鈔，分文不爽。諸人將禮申謝，杜卻之曰：出門靠朋友，此為余力所能為之小事，奚足道耶？」

當代名士折節相交

洪憲六君子之一，湘人楊度（晳子）自負帝王之學，詡為王者師，於孫、黃、康、梁諸當代賢豪，皆多交往，然曾折節與杜氏莫逆，不辭記室之勞。章士釗以文章家而貴為公卿，尤與杜氏締忘年之誼，所譔壽杜氏六十生辰文，推崇備至，語發真誠，黃炎培於民國十五年北洋軍閥潰滅後，被謚為「東南學閥」，憂讒畏譏，鬱鬱滬上累年，頗得杜氏佽助，史量才主申報時，延黃氏每日為副刊寫稿一段，月致六百金，杜所介也。之數人者，胥當代知名之士，學有本末，行非無謂，然獨不薄杜氏之無文，而願與之為友，久要不忘，其故可深長思矣！

抗戰時，前國會名議員湯漪（江西人）病死重慶，其遺屬貧困得喪葬費也無從籌措，當時賑濟委員會主持人許世英擬撥支一筆公款用作料理湯氏的喪事，被杜氏知道了，他連忙勸止許世英說：「國家如果明令為湯先生治喪，自然沒有不可以的地方，而現在單以私人的情誼，而使湯先生死後還承受非公開的待遇引人非議，實在不很恰當。湯先生身後一切所需，統由我一人負擔！」許世英曾大為他這一番話所感動，益增對杜氏的敬仰。從這裡可以看出，杜氏的交友重道，豈只限於活人而已！

善聚善散義節聿昭

人亦有言：杜氏所資以利民尊士者，諸多儻來之物，諒哉言乎！然世之善聚財而又善散財者，安在耶？豪門大豪門大璫，鴻飛異域，挾人民脂膏，刮國庫帑藏，貪婪自肥，不肯拔一毛以利天下者，比比然也。杜氏臨死所遺財富，不過美金港幣各十萬耳，不足敵豪門之一乳媼皂隸也。則所謂「儻來之物」，固已社會化，大眾化矣，此其所以為　總統蔣公賜旌題「義節聿昭」之杜月笙也。又何譏焉？

杜氏居留重慶時代，「恆社」也隨他遷入四川，所有各省市重要社員，大都集中在重慶，在他勉勵感召下，投身淪陷區參加地下工作的很不少，及至中美合作所成立，杜氏囊贊更多，因而與軍統局戴雨農將軍交往甚密，終成至好。當時「恆社」幹部中，嶄然露頭角於黨政場中的，唯有朱學範、吳紹澍、陸京士等三數人，杜以其本人不問政治的素志，當然也不喜為他自己的「門人」界取政治地位，朱、吳、陸等人的出處，全任憑他們個人的自由發展。其後戴一次邀杜於私寓休沐，兩人暢談國事，杜偶以朱、吳、陸之何如為問：雨農謂朱、華而不實，其弊過於詭；吳有叛骨，日後有反變之虞。陸京士則有忠節，獨可靠也。杜頷之，不作一語。歸而密與親信述戴言，資笑樂。迨勝利歸京滬，朱學範也騰達了；吳紹澍在上海青年團中也獨霸為王，氣甚凌人，而未幾，戴將軍猝死！大陸既易手，朱學範、吳紹澍皆以叛國叛友聞；獨陸京士始終忠節，隨政府走臺灣，為自由中國勞工同盟主席，比歲來奔走不憚勞苦。杜於死前曾對友人言：「我與京士有宿緣。」又言：「有子八人，部若一陸京士之緩急可恃。」其愛京士，竟如是深也。

效忠蔣公徹始徹終

杜氏尚有幾經時代考驗而值得大書特書的一件事：當抗戰勝利將臨之時，樞府苦心孤詣，力圖肇立民主政治，爰由國民黨發起召集各黨派舉行全國政治協商會議，野心之士，莫不思於勝利前夕，有所作為，紛事進行組黨參加，冀與國民黨分庭抗禮，以謀勝利後之政治發展也。杜氏功德昭彰，自為彼輩力相爭取之對象。初、早期政客，薄有才名之章士釗執律師業於滬濱，以杜氏素常愛重文人故，夤緣時會，作杜府座上客，而利用杜氏之關係，頗有裨益於其業務。既中日變作，杜氏恐章晚節不堅，或為日人所利用，遂迎其赴渝，共寓於南岸。章日常無所事事，終日詩酒流連，煙霞嘯傲，杜氏則竭力供應，無使其缺也。章之為人，自負甚高，雖年逾耳順，壯心似猶未已，若有大志存焉。當政府協商會議籌備期間，即百般遊說杜先生，敦其出面組黨，並欲奉為黨魁，以利號召。杜氏頗不耐其糾纏，乃約「恆社」同人共議，以作最後之決定。民國三十三年孟秋，假渝市朝天門良廈聚會（張裕良之渝宅），恆社同人遵召準時到會，未幾，見杜先生偕章緩步而入，盛宴遂開。是日，章之興會極高，飲酒獨多，宴罷，章請杜先生致詞，杜則以無話可說為辭，囑章自述意見，其時恆社同仁頗感愕然，以未悉有何重要事件。章乃不辭靦腆，自座起立，以其湖南口音極濃之官話，向眾陳說：「我章某素來擁護杜先生，際茲勝利不遠，國民黨開放政權之時，正乃我輩組織政黨，參與國是之機會，在座諸君均係追隨杜先生有年者，如奉杜先生為領袖，相信此一政黨之成立，必可造福於邦家。」語畢，與會同仁始知究竟，而情緒則不免緊張，蓋杜先生雖無黨派之屬，但恆社諸同仁中頗多國民黨籍，且已有悠久之歷史者，因之均面面相覷，顯有兀突之感。

其時，杜先生略無詫異之色，情態頗為輕鬆，遂徐徐而言：「章先生的話，你們都聽到了，本人祇知道擁護蔣先生，有蔣先生在，國家纔有希望，用不著我們來組黨，就是要組黨，靠我們幾個人有什麼用。」而章意有未甘，又說：「不是這樣說，我們要有抱負，誰要發展抱負，當自組黨為始，組黨則非杜先生出而領導不可。」於是恆社同仁紛起發言，其最終之意見，係以杜先生之意見為意見，章則反覆陳詞，極力勸說，似仍不欲放棄其主張，最後，杜先生起立致詞，謂：「我想，章先生既然決心組黨，我個人即奉之為黨魁，我亦是加入其政黨的第一個黨員，至於諸位願否參加，悉憑自決。」杜先生此一結論，頗使章士釗啼笑皆非，於是此夕組黨會議，遂在杜先生明智結論之下，宣告結束，翌年，勝利復員，反滬之後，即未嘗獲聆章士釗有組黨之偉大抱負矣。

因此，我們去研究杜氏的為人，會感覺到光是用「勇敢」「智慧」「魄力」「義氣」等字來形容他，還是不夠。在他的身上，還可以發現一股「正氣」。所謂正氣，絕非投機取巧之徒可能稟承的。在眼前這個時代，這個社會，差不多已近人間廣陵散了。……從而知其判斷力是驚人的，精細，周密，再加上世故人情，一言一語，自有其服人的力量。進一步說：與其說杜先生是一個代表地方的「聞人」，不如說是代表時代的「英雄」或一個「傳奇人物」。時勢造英雄與英雄造時勢，他同樣是二十世紀下半世紀的上海社會歷史上的中心人物。他的一生，便是一部珍貴的社會史。

彌留之際關懷大局

杜氏於三十八年因共匪叛亂，慨然離滬，暫寓香港，藉以養疴。肇自抗戰居重慶時，得氣管炎症，復以盡瘁國事，無暇根治，居港數年，迄未使病狀進步，以致心愈憂鬱，體力愈衰。延至四十年八月十六日下午四時五十分，卒於港寓，享壽六十有四。當病重前數月，兩腿忽痲痺沒了知覺，醫藥罔效，他心裡大感煩悶，常向友好說：「我已經是張靜江第二了，還有甚麼意思呢！」從此他自信生機將困，姚孟諸夫人，日夜侍奉湯藥，子女媳孫亦輪值看護，但有許多未了事宜，急需安排，連發三個急電，催促在臺灣的親信幹部陸京士來港，八月二日陸到來，一見大喜道：「你來了，我就不會死了！」兩人接連談了三、四天，但猶有樂生之念，嗣對他身後一切公私事宜，囑陸氏代書遺言，由他口述，計共三通，除已經在報上刊載一通外，另有訓勉兒女和區處家事者各一通，代書之後，由他從枕上取出私章蓋上，另由在榻前的故交錢新之、吳開先、顧嘉棠、陸京士等簽名見證，又叫兒女們在旁聆聽內容。十五日下午二時卅分，他的故友洪蘭友自臺北來視疾，洪告以持有　總統蔣公函囑代慰問，並說臺灣情形很好。他答道：「好，大家都好，有希望！」即閉目昏睡，直至次（十六）日下午四時五十分溘然長逝於堅尼地臺港寓中。當彌留時許世英伉儷聞訊趕至，目覩故人永訣，不禁老淚縱橫，痛哭失聲！而在旁親友等百餘人，亦無不眼淚奪眶而出，其感人之深，於此可見！

素車白馬生榮死哀

當即移靈萬國殯儀館，禮堂內杜老遺像之上為　總統蔣公旌題的「義節聿昭」。兩旁懸掛輓聯，不計其數，第一對：是許世英輓的，「班生投筆，卜氏輸財，歷濟艱危昭史乘；范式憑棺，伯牙碎琴，忍教生死隔襟期。」其餘佳作者，亦復不少。如錢新之輓云：「名不虛立，士不虛附，其歿也可祭於社；憂人之憂，樂人之樂，微斯人我誰與歸。」允作道出杜氏生平。陸京士輓云：「親炙垂廿六年，情深肺腑，誼重骨肉，最難忘另眼相看，風義常昭師生外；侍疾僅十餘日，遺言在念，顧命恭乘，長太息清徽永逝，淚痕不為個人沾。」最見生死交情也。洪蘭友輓云：「亮節皎當今，平生歷濟艱危，共仰英雄真本色；彌留猶待我，至死無忘家祭，痛哭乾坤一布衣。」公誼私情，昭然若揭。而各方悼文電唁，亦不一而足。八月十九日上午十時大殮，杜老有五位夫人，元配沈夫人前卒，繼配陳氏、孫氏、姚氏、孟氏，兒子八人：曰維藩、維垣、維翰、維寧、維屏、維新、維善、維嵩，均卓然有成。除老二在美，老四在上海未趕到外，其餘都在港親視含殮。女公子三人：曰美如、美霞、適金，均姚出，曰美娟，孟出，孫九人，孫女二人，均幼就讀。上午十一時親友公祭，由許世英主祭，陪祭者為屈映光、錢新之、許崇智、王正廷等卅八人。十二時為蘇浙同鄉會公祭，由徐季良主祭。十二時三十分為恆社公祭，由沈楚寶主祭。下午二時一刻出殯，上至達官貴人，下至販夫走卒，前往靈堂致祭，沿途萬人空巷，送殯執拂者亦達數千人。香港政府特加派交通警察及摩托車巡邏指揮，維持交通秩序，素車白馬，行列浩蕩，首以 總統蔣公旌題的「義節聿昭」鮮花綴成橫額前導，繼為香港中華廠商聯合會，蘇浙旅港同鄉會，恆仁同仁致祭儀仗，暨各方致送之花牌與送殯行列，其中隔以滿載七百餘花圈祭幛之卡車七輛，中西樂隊十隊，繼後即為杜氏之靈輀與銜接之送殯私家車百餘輛，行列長達數哩，沿途鼓鈸，管絃哀樂齊鳴，天陰微雨絲絲，倍覺人天同悲！辭靈後，數十轎車乃經大道中，大道西，西營盤，薄扶林道，經香港大學至大口灣，停柩東華醫院義莊。

靈櫬運臺歸依國土

民國四十一年十月二十五日，為杜氏靈櫬移臺之期，是日上午九時起，通往東華醫院義莊之交通，座車絡繹不絕，各方親友紛紛前往奠別。此次靈櫬移臺，一切事務悉由香港東華醫院主席李應生親自負責主持，該院為防止歹徒滋事，保護靈櫬登輪之安全，事先並未對外公佈，故前往奠別之弔客，僅有杜老相交有年之親友及恆社同仁約二百餘人。十一時靈櫬移出中堂，安置於特備之大型汽車上，並覆以素緞，上書「歸依國土」四字，下為前往奠別之親友題名。中午十二時，靈輀到達敵產碼頭，太古輪船公司亦派員在場照料，李應生先生與送往碼頭之親友復於靈柩登輪前作最後之祭奠，祭畢，盛京輪員工已全部準備妥當，並啟門迎接，至下午一時靈柩移置盛京輪之大艙，該輪並於下午五時起碇，乘風破浪，駛向臺灣。

盛京輪於二十七日下午七時三十五分，駛抵基隆港口，載來此一代人豪之靈輀，金廷蓀先生特囑其哲嗣金元聲隨同姚夫人暨公子維垣，女公子美如、美霞等隨輪侍柩到臺。當時赴基隆碼頭迎靈親友及恆社同仁約三百餘人。基隆各界人士，於聞悉杜先生靈柩抵臺，紛紛空巷來集，參與祭弔，八時三十分，靈柩在哀樂聲中自盛京輪上以起重機徐徐移弔登岸。八時五十分，首由許世英、李石曾、洪蘭友等在碼頭祭奠，旋由基隆市輪船公司設奠弔祭，於九時十五分祭畢，最後由四週綴以素花之大卡車載運靈櫬直駛臺北，暫寄極樂殯儀館。

出殯行列蜿延里許

杜氏靈櫬移臺後，即著手勘察墓地，由大陸工程公司建築工程完竣後，並由在臺友好組織「杜月笙先生靈櫬安厝委員會」，安厝委員會委員為：王寵惠、于右任、許世英（以上三先生兼召集人），陳誠、張其昀、王世杰、吳忠信、莫德惠、張羣、吳鐵城、何應欽、顧祝同、錢大鈞、俞鴻鈞、谷正綱、洪蘭友、張道藩、何成濬、馬超俊、黃少谷、蕭同茲、鄭介民、毛人鳳、王新衡、黃伯度、吳開先、陶一珊、吳三連、陶桂林、祁大鵬、王繹齋、季源溥、劉航琛、呂光、楊管北等三十五人，並推定陸京士為總幹事，楊克天為副總幹事，朱品三為總務組長，王兆槐為交通組長，吳樂園為厝務組長，朱庭筠為祭典組長，趙君豪為文書組長，唐纘之為招待組長，水祥雲為攝影組長。迄至四十二年六月二十八日為　杜先生靈櫬在臺灣安厝吉期，是日上午八時起，位於臺北市南京東路口之極樂殯儀館，弔客絡繹蒞止，靈堂門首額書「杜月笙先生靈櫬安厝祭堂」，靈堂內佈置簡單肅穆，正中恭懸　總統蔣公頒題「義節聿昭」四字橫額，下置　杜先生遺像，各色花菓，陳列供桌，素燭清香，煙雲繚繞，四壁滿掛輓聯祭幛，先後前往致祭者約數千餘人。參加公祭單位，有：國民大會代表全國聯誼會暨江蘇聯誼會、上海市參議會、全國工業總會、全國商聯會、全國船聯會、上海市工商界同仁、江蘇同鄉會、交通銀行、臺北市總工會、上海市新聞界同仁、上海法政學校校友會、大秦紗廠、司法院、臺灣銀行計核室、恆社等，十時三刻，安厝委員會由于右任院長主祭，許世英、王寵惠、張羣、吳鐵城、何應欽、顧祝同、錢大鈞、何成濬、張道藩、洪蘭友、谷正綱、黃少谷、黃伯度、劉航琛、蕭同茲、吳三連等三十餘人陪祭。祭畢，至十一時移靈發靷，首由警察局摩托警車分列前導，繼為喪旗、樂隊、素坊、遺像、靈輀，殿後執紼者所乘大小汽車約百餘輛，由南京東路口向中山北路南行，再折往中正東路，出殯行列浩蕩，綿延里許，載往汐止，沿途民眾，爭相翹睹，十一時三刻抵達汐止，汐止鎮公所特假入山口設奠公祭，並紮有素坊，李勝德鎮長代表全體鎮民獻祭之後，以紅緞覆蓋之靈櫬，由十六人抬至街後里大尖山麓之厝地，至十二時正舉行安厝典禮，許世英、于右任、何應欽、何成濬、張道藩、洪蘭友、谷正綱、錢大鈞、陶希聖、蕭同茲、陳訓悆暨親友等五百餘人，均冒盛暑親臨厝地致敬，臺灣省新聞處電影製片廠，亦於是日派員蒞場拍攝電影片。靈櫬於下午零時三十分進厝，家屬在厝前備饌祭奠，鄰近高僧亦特趨至厝地獻誦佛經，厝地在臺北縣汐止鎮大尖山麓西側與名剎「靜修禪院」毗鄰，背向東南面向西北，蒼松翠竹，景色幽靜，係由祁大鵬先生勘定者，厝地經一婉蜒甬道而入，甬道上豎立石牌坊一座，上鐫　總統蔣公親頒之「義節聿昭」四字，備極莊嚴。

魯殿靈光蓋棺論定

按以上杜氏行述與死後哀榮，他之潛勢力究有多大，可想而知，有人說：臺灣一定要爭取他，因為一旦反攻大陸，把他的靈柩運到上海，他還會「顯靈」，在上海地方上，仍可發生使你想不到的作用。固然，滔滔天下，誰為魯殿靈光？杜氏以一布衣，始終與國府站在同一陣線，為國府效力，雖寄跡香港，而心志臺灣，終以病魔浸尋，心力交瘁，而溘然長逝！蓋棺論定，有足多者，復見其遺囑公諸報章時，不識有些人亦自覺汗顏否？

第三部

杜月笙移靈臺灣記錄

義節聿昭
杜
15-D328

艱危知勁節
然諾重平生

1

杜月笙先生遺囑

余樸質無文　生平未嘗參加實際政治，然區區愛國之懷，不敢後人。遠如辛亥革命及討袁之役，余固追隨邦人君子之後，盡其棉力，效奔走之勞。近如北伐統一對日抗戰，更懍於國家民族之大義，益勤素志。兼因一己事業上之負荷較重，故對國事貢獻之機會，亦隨之較多。他如生產建設或社會事業，凡可福國家而利民生者，無不唯力是視。誠以余出身寒微，所受國家社會之恩賜殊多。義之所在，不敢不盡力以赴之也。比年以來，夙疾頻發，以國難未已，憂心如擣，體力日益不支，愧不能再有所報奮。茲當永訣，深以未能目睹中華民國之復興為憾，但望余之子弟及多年從遊之士，能繼余志，各竭忠誠，隨分報國，是所大願。

中華民國四十年八月七日

2 杜先生逝世記

陸京士

先生於三十八年因共匪叛亂，慨然離滬，暫寓香港，藉以養疴。先生自抗戰居重慶時，得氣管炎症，以在野之身，盡瘁國事，無暇根治，時發時癒，常以氣壓高低可測知病狀輕重。嘗謂人曰：「寒暑表即在吾身，黎明可知今日氣候如何。」居港數年，名醫良藥，類多遍試，然迄未使病狀進步，因是心愈憂鬱，體力愈衰，先生為一富有毅力，富有奮鬥創造精神之哲人。雖老病侵尋，而豪氣橫溢不減當年，惜為病魔所纏心餘力絀。嘗謂：「欲行不得，欲言不能，無異活死人。」內心上之痛苦可知。

先生從事工商，領袖社會，未嘗涉及政治。然對國際局勢與國內之觀察，精闢深澈，令人折服，始終認為共產黨，係賣國賊集團，雖僥倖得圖逞於一時，決無成功之理。吾人應把握時機，政府從事改革，勵精圖治則三五年內，定可光復大陸，還我河山。先生自十六年參與清黨以來，即對共黨深惡痛絕。嗣雖有甘言餂之者，先生終不為所動。故家破，事業為劫奪攫取，處之泰然。先生重氣節，講道義辨忠奸，明是非，決不為一己之私，出賣靈魂，認賊作父。易簀前尚謂「國家大事，到此地步，實深痛心，共產黨不來，我尚不至於死，黃帝子孫與漢賊決不兩立。蔣總統待我至厚，我雖非食祿黨國，然決不向他人投降」。其忠義之氣，豈常人所能及耶。

當四十年七月下旬，接先生函謂：邇來病狀惡化，體力益衰望即來港一晤。讀之衷心，至為焦慮，遂即辦理出入境手續，並飛函慰問。先生平日視余為家人父子，感召特深！竊念今次甚為不詳。先生之病，恐難挽救。爰於整裝待發之際，就商於洪蘭友、陶百川、劉航琛、王新衡、呂光諸先生，有關萬一不幸之一切善後事宜。諸先生與先生有深厚之交誼，無不盡情指示，余一一錄入日記，以備不測時之參考。七月廿七日又來電促行，廿九日再接急電謂：病危速來。乃於八月一日清晨五時赴機場，準備飛港。詎意因香港有颱風氣候惡劣，飛機停航，彌感焦急！不得已改於翌（二）日搭民航隊機飛港。颱風雖過，風雨未停，氣候尚未正常，旅程危險；飽受虛驚。於午刻幸平安降落九龍機場，吳開先、沈楚寶、杜維藩、朱文德諸兄均至機場等候，見余安然抵港。莫不驚喜交集，並謂先生病篤，日夕渴望余來，當隨同搭車至堅尼地臺十八號。先生聞余至，欣然強起。余即趨前問安，先生快慰，莫可名狀，欣感至於淚下，緊握余手不放，此種誠摯熱愛之情，難以言語形容。家中家屬親友皆相視無言。嗚呼！先生盼余至，而余不能已先生之疾；先生愛余厚，而余不能報先生於萬一，更無言以慰先生，其苦悶於心中者，為何如耶！且睹先生不忍釋余手之情況，無限酸楚；而又忍淚不敢泣。今日思之，此情如昨，愴痛曷極！余追隨先生廿餘年，對先生之持躬處世，所知較深。侍左右未曾稍離，偶一二日不見，必來電相詢，家人父子，殆不是過，豈止師生之誼哉！先生逝矣！每感此真情之流露悲不能釋。先生告余曰：「自七月初旬起，兩足忽麻痺，不能行動，晝夜不能眠，氣喘益烈，病狀嚴重，恐將不起，不能不有所囑託，函電促來，即為此故再遲延，恐將不及，汝今來吾心安，垂危之病，或將得救。」余竭力安慰，並請靜養，先生欣然精神亦為之一旺。午間並陪同進餐，先生病中睡眠飲食無定時，能入睡時間甚短，能甜睡之時間更少，故無分晝夜，若睡若思時有呼喚，或需湯藥，或有囑付。余自到港隨侍病榻，須臾未離。先生氣喘病甚重，平時即須以氧氣助呼吸，偶一去之，即使睡眠中，立感呼吸困難而醒覺。余於此時特加注意，每日下午二時左右，始抽身至友人處，略事休息片刻即返，恐其有所呼喚。中西名醫如梁實鑑、吳必彰、丁濟萬、吳子深、朱鶴皐等皆屬常年醫生，均有深厚之友誼，無不謂此次病狀嚴重，恐非藥石所能奏效，「精氣神」三者缺乏，恐難持久。姚、孟諸夫人，日夜不分，侍奉湯藥，子女媳孫亦輪值看護，無不虔求上蒼，早占勿藥。先生亦自知病重，不時對家人有所囑付。四日晨囑余速為準備後事，甚至棺廓衣衾，無不一一詳示。六日下午七時半邀請先生友好錢新之、金廷蓀、吳開先、徐采丞、顧嘉棠等商於寓所，一切身後事宜。遵照先生面示原則，參照在臺諸友好商定諸端，決定遺囑三件，對社會國家者，訓勉兒女者，及對家屬財產處理者，當將會商內容面報先生。先生聚神傾聽，除略加指示修正外，一一表示首肯。同日下午九時新之、開先兩先生及家屬均在榻旁時先生情緒似覺為定，並告諸人此時病重原因及家庭瑣事，再謂：「尚有款項一筆，為數不多，託在美國某君保管，某君重義，雖此款祇我及某君二人外，無第三者知悉，僅有此現款，遺留家屬生活之需。」七日晨五時病狀突變，言將永別了，並囑余對諸弟妹多加協助。繼續負責維持，謂做事須要毅力，但亦須要金錢。旋對家人云：「陸某有港幣十萬元存我處，應即歸還。」言之再三，余當眾鄭重否認其事。先生愛護之深，用心之苦，豈常人哉！豈常情哉！余祇有始終銘感而已！是日終日囑付家事有條不紊，又謂：「自共匪為禍大陸以來，即以杜美路住宅出售，所得之款，以為逃難之資，迄今將罄。物資上日趨艱困，而精神上，尤為苦悶，悶悶不樂，悶到底，我將去矣。」是日下午六時起忽然暈迷不醒，脈搏停止，小便自洩。至六時二十分，吳必彰醫師趕來，用手術施以急救呼吸方法，至七時始漸甦醒，恢復呼吸。至七時二十分漸見平復。八時打二次強心針，情狀逐漸好轉。至八時四十五分，勉強坐起，即請錢新老、徐采丞、吳開先、顧嘉棠諸先生，並囑余將遺囑三件，逐一朗讀，先生頷首示可。由萬君助其執筆簽名蓋章，並由見證人分別簽蓋。以完備手續。當時家屬親友環立滿室，氣氛嚴肅，悲痛緊張，無不以一代人豪行將永別，為之愴痛流淚也。八日為立秋節，時醒時速，大小便困難，非助以手術不可。口常乾燥飲西瓜汁。十二時左右忽清醒，告大家：「有事可在此時詢問，我要說的話都已說了。」尚有家務數則關照，再詢美國某君有回電來否！余當答已有復電。先生頷之，再謂病已至此，萬勿強以藥物維持，使我臨終受苦。九日晨二時後精神恍惚，神志糢糊。對眾人謂一切辦了，何故再使我痛苦，並謂擬遷至養和醫院診治。囑為設法，往與醫生商酌。然以病狀為此嚴重，似不宜途中顛波，因此作罷。自後病勢日趨惡化，日夜昏迷，語意不清，十三日上午三時半，昏迷不醒，知覺消失。急請梁醫生吳醫生等打急救針。諸友亦先後至，不久雖漸清醒，但群醫咸謂：「回生乏術祇不過拖延時間耳。」惟家屬以一息尚存，總期挽救於萬一，此乃骨肉之常情，非親友所可勸阻。十四日晨二時十分接血漿二百五十C.C.計一小時四十分，至三時三刻完畢，兩眼時開時閉，譫語不已。至六時一刻忽然暈厥，不省人事面色灰清，呼吸停止，全家惶急之至。後經看護注射強心針，約八分鐘始甦醒，及梁、吳諸醫師趕來診治，均謂病狀無望。至此終日昏迷，有時雖尚能張眼，惟口已噤，似欲言而不能，苦痛異常，下午三時約集恆社同仁從事一切後事之準備。十五日上午四時用銅梗通小便，昏迷依然，下午二時一刻余陪伴由臺來港省疾之維善弟，至病榻前，幾經呼喚，先生祇張目表示欣慰之意，旋即閉目無語。二時三十分洪蘭友先生兼程自臺抵港急趨病榻首先向先生代致總統慰問與眷念之意。並謂臺灣一切奮進，國事前途光明在望。請靜養勿憂。先生頷首示謝，竭力張目視蘭友先生，堅執其手，泫然出涕發其最後興奮之語曰：「大家有希望。」此五字響於吾人耳際，亘久不絕！嗣及閉目入睡，狀入沉迷，只餘微弱之呼吸，兩足逐漸發冷，諸醫會商再行打針，然亦不過時間延續而已。八時半打強心針鹽水針數百C.C.至十六日下午一時半，眾親友以於事無補，徒增痛苦，家屬同意停止。時手足冰冷，面色灰白，呼吸急促，至下午四時五十分溘然長逝。家屬全體環跪送終，呼天搶地，親友在場者有錢新之、洪蘭友、金廷蓀、吳開先、楊志雄、楊管北、江幹庭、呂曉光、劉丕基、史詠賡、翁古青、張松濤、李宗文、宣鐵吾、林嘯谷、沈楚寶、袁國樑、嚴欣淇、侯國華、趙培鑫、趙班斧、徐懋棠、朱文德、胡敍五、萬墨林、顧嘉棠等，江幹老以八十高齡，痛哭失聲。許靜老夫婦聞耗趕來，撫榻痛哭，老淚縱橫。諸親友目送此曠代英豪與世長辭，莫不傷悲哭泣。即時移靈香港萬國殯儀館。弔者萬人。出殯之日，萬人空巷，同聲哀悼！先生出身寒微，以一己之聰明才智與夫為人忠肝義膽，經數十年之堅苦奮鬥，領袖群倫，盡忠國家，義聲所播，歸孺皆知。「杜月笙」三字，已成民間之一種義俠典型。名傳不朽，千古留芳。余輓之曰：

親炙垂二十六年情深肺腑誼重骨肉最難忘另眼看風義常超師生外

侍疾僅十餘日遺言在念顧命恭承長太息清徽永逝淚痕不為個人沾

先生於余，恩重如山，哀感之忱，豈一聯所可盡耶？不過聊塞余之悲懷於萬一而已。先生之義節忠貞，事功行誼當世之耆賢長德為文舉述足備史家之蒐採者多矣，余小子何敢贊一辭，謹記先生逝世之情形而為余所親承者如上。

中華民國四十二年九月三十日

杜月笙先生靈櫬安厝
杜
15-5050

牛眠已卜
然諾
艱危知
歇浦風淒
班君投筆卜氏輸財
以海上聞人

3 靈櫬移臺

民國四十一年十月二十五日，為先生靈櫬移臺之期，是日上午九時起，通往東華醫院義莊之交通，座車絡繹不絕，各方親友紛紛前往奠別。此次先生靈櫬移臺，一切事務悉由香港東華醫院主席李應生親自負責主持，該院為防止歹徒滋事，保護靈櫬登輪之安全，事先並未對外公佈，故前往奠別之弔客，僅有先生相交有年之親友及恆社同仁約二百餘人，計：王正廷，錢永銘，金廷蓀夫婦，吳開先夫婦，陳孝威，邱訪陌，成舍我，徐學禹，楊管北，陶桂林，楊志雄，顧蘭蓀，鄭哲丞，程伯庵，李祖萊，李祖永，王禹卿，張善琨，趙亦宜，榮鴻慶，張麗英，許品英，邵景甫，徐士浩，鍾秉鋒，鍾華珠，侯厚培，劉丕基，史詠賡，陳漢清，莊叔豪，唐炳麟，范文豹，林嘯谷，徐沈玉，邵珠塵，李德英，陸菊森，陸輔臣，錢芝菁，盛泮澄，糜維雅，張勇保，曹子嘉，黃蔓耘，俞振飛，褚君玉，楊震明，唐星海，邱子唐，束雲龍，董俊英，吳文政，袁炳文，鄭采舫，馬少荃，田安邦，王先青，吳昭文，張克英，趙班斧，王南山，黃述明，徐懋棠，孫一平，竇曉東，尹致中，徐采丞，楊志游，張啟昌，駱清華，嚴欣淇，嚴許仲芳，李晉，倪士欽，費幼如，胡友仰，胡嚴月娥，蘇光明，沈秋雁，褚士倚，李華，陳明德，區顯祖，錢逸家，陳彼德，錢錫家，張文耀，季叔明，徐仁，李寒祥，楊傑遇，劉慶章，楊元初，舒菊英，周世恩，黃振東，許密甫，孫養農，胡譞，劉建郡，王瑞芝，任莘壽，郭筠峰，徐大統，陳皖，吳兆麟，沈闕玉，翁左青，毛和源，王志聖，殷德貞，陳燮南，徐學武，蔡文娟，張瑞伯，徐紀人，王賢清，李猷，董浩雲，王雲槐，李平山，何樹成，陸良炳，龔耀顯，于壽椿，朱世慶，劉靖邦，顧聯青，俞丹菊，沈楚寶，陳廣才，鄭顯民，袁國樑，董紹箕，侯國華，嚴承德，張杜濤，陳鳴山，趙培鑫，朱鶴皋，趙培元，吳泰勳，黃啟崟，朱筠湄，嚴再生，吳季玉，朱文熊等。是日上午九時十五分，東華醫院主席李應生率同該醫全體工作同仁設奠公祭，繼後，各親友及恆社同仁循序焚香奠別，靈堂佈置，莊嚴肅穆，四週白壁，備形哀戚。十一時靈櫬移出中堂，安置於特備之大型汽車上，並覆以素緞，上書「歸依國土」四字，下為前往奠別之親友題名。中午十二時，雲輀到達敵產碼頭，太古輪船公司亦派員在場照料，李應生先生與送往碼頭之親友復於靈柩登輪前作最後之祭奠，祭畢，盛京輪員工已全部準備妥善，並啟門迎接，至下午一時靈柩移置盛京輪之大艙，該輪並於下午五時起碇，乘風破浪，駛向臺灣。

盛京輪於二十七日下午七時三十五分，駛抵基隆港口，載來此一代人豪之靈輀，金廷蓀先生特囑其哲嗣金元聲隨同姚夫人暨，公子維垣，女公子美如，美霞等隨輪侍柩到臺。當時赴基隆碼頭迎靈親友及恆社同仁約三百餘人，計有，許世英夫婦，李石曾夫婦，洪蘭友，陶百川，吳開先，程滄波，陸京士，蕭同茲，沈琪，毛向新，石鳳翔，毛虞岑，陳訓悆，呂光，周學湘，顧嘉棠，陳一清，呂咸，何競武，張華水，陶一珊，俞叔平，梁永章，趙志垚，陳文奎，郭永定，楊克天，水祥雲，陸蔭初，朱品三，于松喬，邊定遠，范鶴言，鄒馨棣，汪竹一，王兆槐，徐寶泰，萬墨林，朱文德，殷新甫，朱庭筠，俞康，李鴻球等。

基隆各界人士，於聞悉先生靈柩抵臺，紛紛空巷來集，參與祭弔，並對先生之逝，相予嗟嘆。八時三十分，靈柩在哀樂聲中自盛京輪上以起重機徐徐移弔登岸。八時五十分，首由許世英，李石曾，洪蘭友等在碼頭祭奠，旋由基隆事輪船公司設奠弔祭，於九時十五分祭畢，最後由四週綴以素花之大卡車載運靈櫬直駛臺北，暫寄極樂殯儀館。

4 安厝經過

先生靈櫬移臺後，即著手勘察墓地，由大陸工程公司主持建築工程完竣後並由在臺友好組織「杜月笙先生靈櫬安厝委員會」，藉以主持安厝事宜。安厝委員會委員為：王寵惠、于右任、許世英（以上三先生兼召集人）陳誠、張其昀、王世杰、吳忠信、莫德惠、張群、吳鐵城、何應欽、顧祝聞、錢大鈞、俞鴻鈞、谷正綱、洪蘭友、張道藩、何成濬、馬超俊、黃少谷、蕭同茲、鄭介民、毛人鳳、王新衡、黃伯度，吳開先、陶一珊、吳三連、陶桂林、祁大鵬，王繹齋、季源溥、劉航琛、呂光、楊管北等三十五人，並推定陸京士為總幹事，楊克天為副總幹事，朱品三為總務組長，王兆槐為交通組長，吳樂園為厝務組長，朱庭筠為祭典組長，趙君豪為文書組長，唐纘之為招待組長，水祥雲為攝影組長。

民國四十二年六月二十八日，為　先生靈櫬在臺灣安厝吉期，是日上午八時起，位於臺北市南京東路之極樂殯儀館，弔客絡繹蒞止，靈堂門首額書「杜月笙先生靈櫬安厝祭堂」，靈堂內佈置簡單肅穆，正中恭懸總統頒題「義節聿昭」四字之橫額，下置　先生遺像，各色供菓、陳列供桌、素燭清香、煙雲繚繞、四壁滿掛輓聯祭幛，先後前往致祭者約數千餘人，計有王世杰、桂永清、郭寄嶠、朱家驊、徐永昌、程天放、何應欽、張群、王寵惠、謝冠生、于右任、許世英、黃少谷、顧祝同、屈映光、朱紹良、堯樂博士、錢恩亮、錢納水、張道藩、葉公超、祝紹周、陳勤士、狄膺、嚴家淦、谷正鼎、湯恩伯、葉秀峰、丁治磐、張茲闓、余井塘、秦德純、劉哲、蔣鼎文、王懋功、俞飛鵬、馮治安、何成濬、鄭彥棻、賀國光、俞鴻鈞、浦薛鳳、雷震、吳鐵城、錢大鈞、谷正綱、劉汝明、洪蘭友、陶一珊、陶希聖、黃伯度、胡健中、毛人鳳、鄭介民、方治、端木愷、王新衡、吳開先、馬超俊、沈慧蓮、邵華、吳三連、鄧傳楷、蕭同茲、李中襄、劉泗英、陳仙洲、季源溥、陳訓悆、吳望伋、王撫洲、成舍我、章嘉、李樸生、項昌權、陳保泰、謝耿民、東雲章、李大超、王譯齋、陶桂林、秦汾、石鳳翔、劉航琛、孫桐崗、陳紀瀅、施復昌、張彼德、俞濟時、許紹棣、周雍能、周象賢、許丙、葉溯中、楊濟華、陶百川、張強、時壽彰、華壽嵩、張壽賢等。先後參加公祭之單位、有：國民大會代表全國聯誼會暨江蘇聯誼會，上海市參議會，全國工業總會，全國商聯會，全國船聯會，上海市工界同仁，江蘇同鄉會，交通銀行，臺北市總工會，上海市新聞界同仁，上海法政學校校友會，大秦沙廠，司法院，臺灣銀行計核室，恆社等，十時三刻，安厝委員會由于右任院長主祭、許世英、王寵惠、張群、吳鐵城、何應欽、顧祝同、錢大鈞、何成濬、張道藩、洪蘭友、谷正綱、黃少谷、黃伯度、劉航琛、蕭同茲、吳三連等三十餘人陪祭。祭畢，至十一時移靈發靷，首由警察局摩托警車分列前導，繼為喪旗、素坊、樂隊、遺像、靈輀、殿後執紼者所乘大小汽車約百餘輛，由南京東路口向中山北路南行，再折往中正東路，出殯行列浩蕩，綿延里許，載往汐止，沿途民眾，爭相翹睹，十一時三刻抵達汐止，汐止鎮公所特假入山路口設奠公祭，並於路祭所在，紮有素妨，李勝德鎮長代表全體鎮民獻祭之後，以紅緞覆蓋之靈櫬，由十六人抬至街後里大尖山麓之厝地，至十二時正舉行安厝典禮，許世英、于右任、何應欽、何成濬、張道藩、洪蘭友、谷正綱、錢大鈞、陶希聖、蕭同茲、陳訓悆暨親友等五百餘人，均冒盛暑親臨厝地致敬，臺灣省新聞處電影製片廠，亦於是日派員蒞場拍攝電影片。靈櫬於下午零時三十分進厝，家屬在厝前備饌祭奠，鄰近高僧亦特趨至。厝地獻誦佛經，厝地在臺北縣汐止鎮大尖山麓西側與名剎「靜修禪院」比鄰，背東南面向西北，蒼松綠竹，景色幽靜，係由祁大鵬先生勘定者，厝地經一蜿延甬道而入，甬道前矗立石牌坊一座，上鐫總統親頒之「義節聿昭」四字，備極莊嚴。

北望神州萬

義聞長
寶島名

5

迎月笙先生靈櫬歸葬國土

陳定山

昔太史公傳遊俠，列朱家郭解諸人，不過排難解紛，權行閭里而已。傳季布季心，不過有聲梁楚，出守河東，然諾致距而已。未有身不出里閈，而名滿天下；未嘗讀書，而致天下之士集而皆為己用；及其成名，則又恂恂儒雅，慎處其厚積，有萬石君之風；所謂裒集眾幹，裘非一狐，三代之際非一士之智者，微斯人孰能得之，信可謂非常人矣。僕不文，不足以傳君，然少長於君，平日相處如兄弟行，於其燕居，頗相接，蓋亦申申然數親其顏色矣。君暇日亦好山水遊；余初見之東天目山巾，時紫藤花方盛開，滂山如瓔珞，忽有呼騶連二十餘騎，自虎尾嶺沿危而下者，山中人皆呼杜先生至矣。余望之其人頎而碩，目炯然有光輝。左右顧盼，有虎癡者，人告我云是名張寅。余觀二人，名勢相若，然杜君骨幹翛然，有名人風度，張君較粗豪，為不侔矣。次日，復值之於西天目祖庵，時白雲滿山，白猿攀澗而渡者數百，眾僧以饅首投澗中，猿一一取之，其數以千，猿皆跳躍，繞庵如羅拜者。眾曰，是杜先生齋僧猿也。余觀之，若陰有兵法部勒者，由是心奇其人，而君亦奇余，遂訂交於山中。自後君每游浙中山水，必招予同，與之言，彬彬有雅度，而君實未嘗讀書，君亦不諱。君雖以游俠得名，然未嘗不親禮儒士，如楊晳子、陳人鶴、章孤桐皆嘗為之主筆札，故於文字得失，皆小能言之，但不能書耳。

晚年始學書，其作押，輒曰鏞字一桀，吾無奈何爾矣。張寅好作擘窠書，名山佛寺，疥壁多有，君則深自謙抑。晚年對客，兢兢仍如不能書者，而古今書家之美惡，君皆能辨之矣。君雖交遊遍天下，揮金若土，然未嘗經營田舍。獨為杜氏祠堂，則輪奐之美，甲於東南。落成之日，天下名士豪傑名宦貴顯無不畢集，君乃大啟堂宇，集天下之名伶，優戲以款之。劇目之盛，雖清內禁無以過，至今有保其時一劇目單以為榮者，蓋歷盡天下昇平之盛矣。然自後亦不常作，迨抗日勝利後，君壽六十，始義演，悉舉募款以濟天下之飢渴者。然何戡舊人，嘉榮前輩，零落盡矣。君亦以是忽忽不樂。時余叔岩弟子孟夫人獨執歌壇牛耳，如杜甫見公孫大娘弟子舞劍器渾脫於大歷間也，乃納孟夫人於專房，而天下之歌皆在君之室矣。當抗戰前，君每夏，必至莫千山避暑，張嘯林有別墅曰林海，修竹數十萬竿，臺榭百棟，豢鹿鶴珍禽，望之如神仙之居。君入山，輒主其家，所攜，則皆詩文士風雅友也。余數與君共晨夕，文酒無虛日，然君攖肺渴，每夜使一小郎搥嗽不止，時民國二十年事也。其後，轉輾滇蜀，僑寓屯溪最久，肺渴更劇。然二十年中未嘗臥疾，每對人，必正衣冠，終日無倦容。以視張君之笑傲涕唾，視天下人如無覩者，判若雲壤矣。以是人輒多君為有禮君子焉。君亦有劉毅癖，一博鉅萬無吝色。初寓重慶，蜀中名流豪士，皆與博進，悉勝其所具有。明日，乃焚券，悉以返。於是蜀中之豪者皆失色，以君真天下士不可及也。君大節凜然，不苟同於流俗，每國家有大事，君無不赴義而先行，凡世之君子，皆能傳之矣。余獨識其小者，及親見者，皆無不使天下之人氣奪，季心劇孟云何哉。政府遷臺，君獨以疾不能從，鬱鬱居港，憖遺以歿。今其柩將歸葬於臺灣，是可謂不沒君之志矣，故為文以迎云。

劇孟敵國，季布然諾。天下歸心，布衣吐握。義氣凜凜。誠義是榷。隨國西行，捷於載槖。一言成蹊。桃李蔭幄。市義四方，風采如玉。釋難解紛。肆志辭祿。邦國再殄，心長力薄。臥疾海澨，振衣戒沐。臨命易簀，首丘是囑。靈輴返旐，神風肅肅。

編後記

蔡登山

為增補《杜月笙傳》之內容，特從杜月笙去世週年後，恆社的同人所編的《杜月笙先生紀念集》初集、二集中，擇其有關史料的部分，彙集為《杜月笙側寫》。其中有陸京士所寫的〈杜先生逝世記〉是親眼所見的一手報導，另有〈杜月笙先生遺囑〉，有〈靈櫬移臺〉、〈安厝經過〉，陳定山的〈迎月笙先生靈櫬歸葬國土〉，如此讀者當明一代人豪雖於一九五一年八月十五日病逝香江，但他的靈櫬在一九五二年十月二十七日以盛京輪載抵基隆港口，一九五三年六月二十八日永眠於臺北縣汐止鎮大尖山麓西側與名剎「靜修禪院」比鄰，蒼松綠竹，景色幽靜，蔣介石親頒之「義節聿昭」四字，備極莊嚴。是許多人不知杜月笙之墓廬在臺灣之汐止，特將相關記載之文獻蒐存在此集內。

另蒐集有杜月笙之子杜維藩所寫的〈我的父親杜月笙〉、〈過庭錄〉則可見其孺慕之思。吳開先的〈抗戰時期的杜月笙〉及唐人的〈杜月笙拒絕赴臺定居內幕〉都是作者親歷或有所根據的，絕非一般誇誇其談者。馬五（雷嘯岑）為資深報人，曾為《香港時報》社長，〈說杜月笙先生〉一文，曾連載於《香港時報》一九五一年八月二十日起至九月一日，其時杜月笙方病逝香港，四天後該文刊出，亦見其筆力與時效，非資深又快筆之報人，不能為也。金風的〈杜月笙先生六十年江湖傳奇〉則刊於臺灣《鈕司雜誌》第一卷三期，王覺源的〈江湖奇人杜月笙〉則刊於《中外雜誌》第四二卷第四期，黃立懋的〈杜月笙俠義天下聞〉則刊於《藝文誌》第一八九期。此皆內容紮實，言之有物者。當然還有不少資料，因篇幅所限，未能收入此集中，則等日後有機會再行收入。僅綴數言，是為編後記。

上海大亨杜月笙

作　　者 / 胡敍五
主　　編 / 蔡登山
責任編輯 / 蔡曉雯
圖文排版 / 張慧雯
封面設計 / 陳佩蓉

發 行 人 / 宋政坤
法律顧問 / 毛國樑　律師
出版發行 / 秀威資訊科技股份有限公司
114臺北市內湖區瑞光路76巷65號1樓
電話：+886-2-2796-3638　傳真：+886-2-2796-1377
http://www.showwe.com.tw
劃撥帳號 / 19563868　戶名：秀威資訊科技股份有限公司
讀者服務信箱：service@showwe.com.tw
展售門市 / 國家書店（松江門市）
104臺北市中山區松江路209號1樓
電話：+886-2-2518-0207　傳真：+886-2-2518-0778
網路訂購 / 秀威網路書店：http://www.bodbooks.com.tw
國家網路書店：http://www.govbooks.com.tw

2013年5月BOD一版
定價：320元

國家圖書館出版品預行編目

上海大亨杜月笙 / 胡敍五著.-- 一版. -- 臺北市 : 秀威資訊科技, 2013.05

面； 公分. -- (讀歷史 ; PC0296)

ISBN 978-986-326-090-5 (平裝)

1. 杜月笙 2. 傳記

782.886 102004101

讀者回函卡

感謝您購買本書，為提升服務品質，請填妥以下資料，將讀者回函卡直接寄回或傳真本公司，收到您的寶貴意見後，我們會收藏記錄及檢討，謝謝！

如您需要了解本公司最新出版書目、購書優惠或企劃活動，歡迎您上網查詢或下載相關資料：http:// www.showwe.com.tw

您購買的書名：______________________________

出生日期：________年________月________日

學歷：□高中（含）以下　□大專　□研究所（含）以上

職業：□製造業　□金融業　□資訊業　□軍警　□傳播業　□自由業

□服務業　□公務員　□教職　□學生　□家管　□其它_____

購書地點：□網路書店　□實體書店　□書展　□郵購　□贈閱　□其他

您從何得知本書的消息？

□網路書店　□實體書店　□網路搜尋　□電子報　□書訊　□雜誌

□傳播媒體　□親友推薦　□網站推薦　□部落格　□其他__________

您對本書的評價：（請填代號　1.非常滿意　2.滿意　3.尚可　4.再改進）

封面設計____　版面編排____　內容____　文／譯筆____　價格____

讀完書後您覺得：

□很有收穫　□有收穫　□收穫不多　□沒收穫

對我們的建議：______________________________

____

____

____

請貼
郵票

11466
台北市內湖區瑞光路 76 巷 65 號 1 樓
秀威資訊科技股份有限公司 收
BOD 數位出版事業部

（請沿線對折寄回，謝謝！）

姓　　名：＿＿＿＿＿＿＿＿　年齡：＿＿＿＿　性別：□女　□男

郵遞區號：□□□□□

地　　址：＿＿＿＿＿＿＿＿＿＿＿＿＿＿＿＿＿＿＿＿

聯絡電話：(日)＿＿＿＿＿＿＿＿＿(夜)＿＿＿＿＿＿＿＿＿

E-mail：＿＿＿＿＿＿＿＿＿＿＿＿＿＿＿＿＿＿＿＿